사이버 보안을 위한 머신러닝 쿡북

파이썬으로 구현하는 80가지 머신러닝 알고리듬

Machine Learning for Cybersecurity Cookbook

사이버 보안을 위한 머신러닝 쿡북

파이썬으로 구현하는
80가지 머신러닝 알고리듬

엠마누엘 츠케르만 지음   장기식·김우석 옮김

i!i
에이콘

에이콘출판의 기틀을 마련하신 故 정완재 선생님 (1935-2004)

| 지은이 소개 |

엠마누엘 츠케르만 Emmanuel Tsukerman

스탠퍼드 대학교Stanford University를 졸업하고, UC 버클리UC Berkeley에서 박사학위를 받았다. 2017년 츠케르만 박사의 안티-랜섬웨어 제품은 「PC Magazine」이 선정한 2018년 랜섬웨어 10대 제품에 이름을 올렸다. 2018년에는 3만 명이 넘는 고객을 대상으로 한 팔로알토Palo Alto 네트워크의 와일드파이어WildFire 서비스를 위한 머신러닝 기반의 순간 판별 악성코드 탐지 시스템을 설계했다. 2019년에는 최초의 사이버 보안 데이터 과학 강좌를 개설했다.

| 기술 감수자 소개 |

알렉산더 오시펜코 Alexander Osipenko

계산 화학computational chemistry 학위 과정을 수석으로 졸업했다. 석유 및 가스 산업에서 4년 동안 실시간 데이터 스트리밍과 대규모 네트워크 데이터를 다뤘다. 그러고 나서 핀테크 산업과 사이버 보안 분야에서 일했다. 현재 침입 탐지와 내부자 위협 탐지에 AI의 잠재력을 최대로 활용하는 회사에서 머신러닝을 이끄는 전문가로 일하고 있다.

야세르 알리 Yasser Ali

중동에 있는 탈레스Thales의 사이버 보안 컨설턴트다. 사이버 보안 모범 사례 구현과 중요 기반시설 보호, 레드 팀 구성red teaming, 침투 테스트penetration testing 및 취약점 평가, 버그 바운티bug bounty[1] 프로그램 관리, 웹 및 모바일 애플리케이션 보안 평가 등과 관련해 기업에 컨틸팅과 자문 서비스를 제공한 경험이 풍부하다. 또한 정보 보호 산업의 토론과 패널, 위원회, 콘퍼런스의 주제 발표자이며 전 세계의 다른 미디어 플랫폼에서 정기적으로 활동하는 전문 트레이너다.

---

1 특정 기업의 제품이나 서비스의 보안 장치에 내재하는 결점이나 취약점을 발견한 화이트 해커에게 포상금을 지급하는 제도. (출처: 국립국어원) – 옮긴이

| 옮긴이 소개 |

장기식(honors@nate.com)

경찰청 사이버안전국 디지털포렌식센터에서 디지털 포렌식 업무를 담당했다. 이후 경찰대학 치안정책연구소에서 데이터 분석과 머신러닝 기술을 접한 이후, 데이터 분석을 기반으로 한 머신러닝 기술을 연구했으며, 이 경험을 바탕으로 현재 아이브스 AI LAB에서 데이터 분석과 딥러닝 기반 영상 보안 솔루션 개발 및 연구를 책임지고 있다. 번역서로『보안을 위한 효율적인 방법 PKI』(인포북, 2003), 『EnCE 컴퓨터 포렌식』(에이콘, 2015), 『인텔리전스 기반 사고 대응』(에이콘, 2019), 『적대적 머신러닝』(에이콘, 2020)이 있다.

김우석(javaone@nate.com)

2004년 경찰청 사이버테러대응센터에서 처음 디지털 포렌식에 입문해 한전KDN에서 정부기관 사이버안전센터에서 에너지·산업·무역의 보안관제 총괄, 침해사고대응 업무와 보안솔루션 개발에 참여해 해킹에 대응하는 기술 연구했고 현재는 전력 ICT 분야에서 전력 효율화를 위해 EMS^{Energy Management System} 개발 담당으로 전력 수요 예측 및 발전 예측 등에 머신러닝을 접목시키고 있다. 번역서로 『적대적 머신러닝』(에이콘, 2020)이 있다.

│ 옮긴이의 말 │

사이버 공격과 방어라는 총성 없는 전쟁은 우리가 모르는 사이에 계속 되고 있다. 사이버 보안을 위해 암호 기술을 기반으로 한 응용 기술이 개발돼 핵심 기술로 발전돼 왔다. 사이버 보안은 단순히 정보를 보호하기 위한 개념으로 시작됐지만 지금은 그 적용 범위가 다양해졌다. 악성코드를 사용한 공격 등 해커의 공격을 탐지하고 막는 역할까지 담당하게 됐다. 그러나 기존의 규칙을 기반으로 하는 보안은 한계에 봉착했으며, 이를 극복하고자 빅데이터 분석과 머신러닝 기술이 사이버 보안에 적용되고 있다.

이 책은 머신러닝 기술을 사이버 보안에 적용할 수 있도록 80가지가 넘는 머신러닝 알고리듬을 파이썬으로 구현해 소개한다. 사이버 보안 담당자들은 머신러닝을 사용하는 최신 트렌드의 공격 기법과 머신러닝을 사용해 공격에 대응하는 방어 기법에 익숙해져야 할 것이다. 이 책은 독자들에게 도움이 되리라 확신한다.

책을 번역하는 동안 뒷바라지를 해준 나의 소중한 반쪽 유원정에게 고맙다는 말을 전하고, 주말에도 제대로 놀아 주지 못한 딸 현아와 아들 서준에게 미안하다는 말을 전하고 싶다. 또한 언제나 나에게 힘이 돼 주는 AI LAB 팀원들에게도 내 팀원이 돼 준 것에 감사를 표하고 싶다. 마지막으로 이 책이 제대로 번역돼 출간될 수 있도록 도와주신 에이콘출판사의 권성준 사장님과 관계자분들께도 감사의 마음을 전한다.

장기식

최근 머신러닝은 ICT에서 빼놓을 수 없는 분야가 됐으며 특히 사이버 보안에서는 없어서는 안 될 기술로서 절대적 위치를 차지하고 있다. 그러나 정교해진 해커와 새로운 취약점에 대한 공격을 완화하기에는 보안 분야의 한정적 데이터로 인해 발전이 느리다. 즉 학습할 데이터를 얻지 못해 어려움을 겪고 있다.

이 책은 사이버 보안에 중점을 두고 있어 현업 보안 솔루션 개발자 및 보안 머신러닝 종사자들에게 적합하다. 그리고 전반적인 사이버 보안 문제를 해결하고자 기본적인 알고리듬부터 NLP(자연어 처리)까지 다뤄서 체계적으로 지식을 습득할 수 있어 보안 관련 개발자들에게도 추천한다. 특히 멀웨어, 피싱 URL, 침입, 스팸메일 등을 탐지할 수 있는 시스템을 구축할 수 있어 보안 솔루션 개발에 상당히 도움이 될 것이라 기대한다. 마지막으로 최근 각광을 받고 있는 NLP와 GAN도 다루고 있어 진정으로 독자들에게 도움이 되리라 확신한다.

2004년부터 현재까지 든든한 형님이신 장기식 박사님께 감사하고 머신러닝 개발에 많은 도움을 주신 나의 수학 조력자 ㈜디로그 대표 서승철 님께 감사의 마음을 전한다.

김우석

| 한국어판 감수자 소개 |

신경아(fruitnara@korea.ac.kr)

고려대 정보보호대학원 박사 과정을 수료했고, 서울호서전문학교 사이버 해킹 보안과 교수와 에이쓰리시큐리티 보안 컨설턴트, 글로벌 엔지니어링 회사에서 프로젝트 IT 매니저로 일했다. 현재는 에프원시큐리티 악성코드 대응 사업부에서 악성코드 대응 사업과 AI 기술을 연구 개발하고 있다. 관심 분야는 AI와 악성코드, 웹 보안이다. 번역서로『ASP.NET』(사이텍미디어, 2002)와『ASP 설계하기』(한빛미디어, 2001)가 있다.

서광석(kevinlee@korea.ac.kr / https://www.rimala.net)

서남대학교 교수를 역임했으며, 현재 ㈜한국정보보호교육센터 원장으로 재직 중이다. 2004년에는 정보통신부 국가 사회 정보화 유공 국무총리 표창을 받았고, 고려대학교 정보보호대학원, 국민대학교 대학원 등에서 강의를 하며, 현재 시큐리티허브의 이사로도 재직 중이다. 다년간 정보보호 관련 교육과 컨설팅을 수행한 경험을 바탕으로 KISA SIS 자문위원과 대검찰청 디지털 자문위원으로 활동했다. 대표적인 저서로『수론과 암호학』(경문사, 1998),『암호학과 대수학』(북스힐, 1999),『암호와 대수곡선』(북스힐, 2000),『초보자를 위한 암호와 타원곡선』(경문사, 2000),『정보 보호 고급(ICU)』,『페르마의 마지막 정리』(교우사, 2002),『인터넷보안 가이드북』(그린, 2003),『인텔리전스 기반 사고 대응』(에이콘, 2019) 등이 있다.

| 차례 |

1장   사이버 보안을 위한 머신러닝   31

| 들어가며 |

오늘날 사이버 위협은 모든 조직이 직면하고 있는 주된 문제 중 하나다. 이 책에서는 텐서플로TensorFlow, 케라스Keras, 사이킷런scikit-learn 등 다양한 파이썬 라이브러리를 사용해 사이버 보안 연구자들이 직면하는 일반적인 도전 과제와 일반적이지 않은 도전 과제를 해결한다. 기존 사이버 보안 도전 과제에 관한 지능적인 해결책을 구현하고, 점점 더 복잡해지는 조직의 요구에 부응하는 최첨단 구현을 구축하는 데 도움이 될 것이다. 이 책을 다 읽고 나면 여러분은 레시피 기반 접근 방식을 사용해 사이버 보안 위협을 억제하기 위해 머신러닝 알고리듬을 구축하고 사용할 수 있을 것이다.

▌ 이 책의 구성

컴퓨터 보안을 강화하고자 머신러닝 알고리듬과 기술을 구현해 자신의 능력을 한 단계 끌어올리려는 사이버 보안 전문가와 보안 연구자를 대상으로 한다. 사이버 보안 영역에 스마트 기술을 적용하려는 데이터 과학자와 머신러닝 개발자에게도 도움이 될 것이다. 이 책을 읽으려면 파이썬의 실무 지식과 사이버 보안 기본 원리를 숙지하고 있어야 한다.

▌ 이 책에서 다루는 내용

1장, 사이버 보안을 위한 머신러닝 사이버 보안을 위한 머신러닝 기본 기술을 설명한다.

2장, 머신러닝 기반 악성코드 탐지 샘플에 대한 정적 분석과 동적 분석을 수행하는 방법을 설명한다. 또한 계급 불균형class imbalance과 오탐률FPR, False Positive Rate 제약과 같은 사이버 보안 영역에서 발생하는 중요한 머신러닝 도전 과제를 해결하는 방법도 다룬다.

3장, 고급 악성코드 탐지   악성코드 분석을 위한 고급 개념을 설명한다. 또한 딥러닝을 사용해 난독화되고 패킹된 악성코드에 접근하는 방법과 N−그램 특성의 집합을 확장하는 방법, 그리고 악성코드를 탐지하는 방법뿐만 아니라 생성하는 방법도 다룬다.

4장, 소셜 공학을 위한 머신러닝   머신러닝을 사용하는 트위터 스피어 피싱 봇Twitter spear-phishing bot을 구축하는 방법을 설명한다. 또한 딥러닝을 사용해 여러분이 원하는 대로 표적이 말하는 것을 녹음하는 방법도 다룬다. 이 외에도 거짓말 탐지 주기를 살펴보고, 학습 데이터 집합에 있는 것과 비슷하면서 새로운 리뷰를 생성할 수 있는 순환 신경망RNN, Recurrent Neural Network을 학습하는 방법도 설명한다.

5장, 머신러닝을 사용하는 모의 해킹   모의 해킹penetration testing과 보안 대책security countermeasure을 위한 다양한 머신러닝 기술을 설명한다. 또한 토르Tor 트래픽의 탈익명화와 키보드 입력 동작keystroke dynamics, 악성 URL 탐지 등 좀 더 전문화된 주제를 다룬다.

6장, 자동 침입 탐지   머신러닝을 사용하는 몇몇 침입 탐지 시스템의 설계와 구현을 살펴본다. 또한 이 탐지 기술은 사례에 종속적이고, 비용에 민감하며, 근본적으로 불균형한 신용카드 이상거래의 도전적인 문제를 해결한다.

7장, 머신러닝으로 데이터 보호 및 공격하기   머신러닝을 사용해 데이터를 보호하고 데이터를 공격하는 방법을 설명한다. 또한 하드웨어 보안에 대한 머신러닝 응용 중의 하나로 인공지능AI, Artificial Intelligence을 사용해 물리적 복제 방지PUF, Physically Unclonable Function 기술을 공격하는 방법도 다룬다.

8장, 보안 및 개인 AI   텐서플로 연합 프레임워크TensorFlow Federated framework를 이용하는 연합학습 모델federated learning model을 사용하는 방법을 설명한다. 또한 암호화된 계산encrypted computation의 기초에 관한 자세한 설명과 함께 케라스와 텐서플로 프라이버시를 사용해 MNIST에 대한 차등 프라이버시 심층 신경망을 구현하고 학습하는 방법도 다룬다.

부록   사이버 보안 데이터에 관한 머신러닝 도전 과제를 처리하기 위한 기반 구조를 만드는 방법을 설명한다. 또한 가상 파이썬 환경을 사용해 패키지 충돌을 피하면서 서로 다른 파이썬 프로젝트에서 원활하게 작업할 수 있는 방법도 다룬다.

█ 이 책을 최대한 활용하려면

파이썬과 사이버 보안에 관한 기본 지식을 갖고 있어야 한다.

예제 코드 다운로드

한국어판에서는 기존 원서 예제 코드를 수정해 제공한다. 에이콘출판사의 도서정보 페이지인 http://www.acornpub.co.kr/book/ml-cybersecurity-cookbook에서 코드 파일을 다운로드할 수 있다.

원서의 예제 코드는 https://github.com/PacktPublishing/Machine-Learning-for-Cybersecurity-Cookbook에서 확인할 수 있다.

컬러 이미지 다운로드

이 책에 사용된 스크린샷 및 다이어그램의 컬러 이미지가 포함된 PDF 파일은 https://static.packt-cdn.com/downloads/9781789614671_ColorImages.pdf에서 내려받을 수 있다.

에이콘출판사 도서정보 페이지 http://www.acornpub.co.kr/book/ml-cybersecurity-cookbook에서도 찾아볼 수 있다.

▌ 편집 규약

이 책에는 몇 가지 유형의 많은 텍스트 규칙을 사용한다.

문장 안에서의 코드: 텍스트와 데이터베이스 테이블 이름, 디렉터리 이름, 파일 이름, 파일 확장자, 경로 이름, 사용자 입력에 있는 코드 단어를 나타낸다. 예를 들면 다음과 같다.

"X_outliers에 레이블을 추가한다."

코드 블록은 다음과 같이 설정된다.

```
from sklearn.model_selection
import train_test_split import pandas as pd
```

모든 명령줄 입력이나 출력은 다음과 같이 작성한다.

```
pip install sklearn pandas
```

볼드체: 새로운 용어나 중요한 단어 또는 화면에 나타나는 단어를 나타낸다. 예를 들어 메뉴나 대화 상자의 단어를 다음과 같이 진하게 표시한다.

"초매개변수 조정에 관한 가장 기본적인 접근 방식을 **격자 검색**이라고 한다."

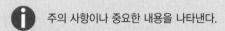

주의 사항이나 중요한 내용을 나타낸다.

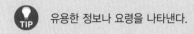

유용한 정보나 요령을 나타낸다.

▎ 절

이 책에서 자주 등장하는 몇 가지 제목(준비와 하는 방법, 작동 방법, 더 많은 것, 참조)을 볼 수 있다. 다음과 같은 절section 제목을 사용해 레시피 완성 방법을 명확하게 설명한다.

준비

'준비' 절에서는 레시피를 통해 기대하는 바를 설명하고, 레시피에 필요한 소프트웨어나 예비 설정preliminary setting을 준비하는 방법을 설명한다.

실행 순서

'실행 순서' 절은 실행 순서를 설명한다.

레시피 설명

'레시피 설명' 절은 일반적으로 실행 순서에 따른 결과에 관해 자세한 설명으로 구성된다.

추가 정보

'추가 정보' 절은 레시피를 더 잘 알 수 있도록 레시피에 관한 추가 정보로 구성된다.

참조

'참조' 절은 레시피에 관해 다른 유용한 정보에 관한 링크를 제공한다.

▌ 연락하기

독자의 의견은 언제나 환영한다.

정오표: 콘텐츠의 정확성을 보장하고자 모든 주의를 기울였지만, 실수는 일어나게 돼 있다. 이 책에서 실수를 발견했을 때 우리에게 알려 준다면 감사할 것이다. www.packtpub. com/support/errata를 방문해 책을 선택하고, Errata Submission Form 링크를 클릭한 다음 세부 정보를 입력하기 바란다. 한국어판의 정오표는 에이콘출판사 도서정보 페이지 http://www.acornpub.co.kr/book/ml-cybersecurity-cookbook에서 볼 수 있다.

저작권 침해: 인터넷에서 어떤 형식이든 불법 복제물을 발견한 경우 URL 주소나 웹사이트 이름을 알려 주길 바란다. 자료에 대한 링크를 copyright@packt.com으로 보내 주길 바란다.

문의: 이 책에서 궁금한 점이 있으면 메시지 제목에 책 제목을 언급하고 customercare@ packtpub.com으로 이메일을 보내 주길 바란다. 한국어판에 관한 질문은 에이콘출판사 편집 팀(editor@acornpub.co.kr)이나 옮긴이의 이메일로 문의해 주길 바란다.

사이버 보안을 위한 머신러닝

1장에서는 머신러닝의 기본 기술을 설명한다. 흥미로운 사이버 보안cybersecurity 문제를 해결하고자 이 기술을 책 전체에서 사용한다. 군집화clustering, 경사 부스팅 트리gradient boosting tree[1] 같은 기본 알고리듬과 불균형 데이터imbalanced data, 오탐지false-positive[2] 악성코드 사이버 보안 제약과 같은 일반적인 데이터 도전에 대한 해결을 모두 설명한다. 사이버 보안에서 머신러닝 실무자는 끊임없이 진화하는 환경에서 엄청난 양의 데이터를 사용하고 솔루션을 만들어야 하는 특별하고 흥미로운 위치에 있다.

---

1 부스팅은 여러 개의 단순하면서 약한 학습기(weak learner)를 결합해 순차적으로 학습하고 예측하면서 잘못 예측한 데이터에 가중치(weight)를 주면서 학습기의 오류를 보완해 나가는 학습 방법을 의미한다. – 옮긴이
2 통계학에서는 제1종 오류(type I-error)나 거짓양성, 또는 위양성(僞陽性)이라고도 하지만 악성코드와 같은 위협을 탐지하는 것이 주된 목적인 사이버 보안에서는 잘못 탐지했다는 의미를 제대로 전달하고자 오탐지로 옮겨 적는다. – 옮긴이

1장에서는 다음과 같은 레시피를 설명한다.

- 데이터를 훈련 데이터와 테스트 데이터로 분할하기
- 데이터 표준화
- **주성분 분석**PCA, Principal Component Analysis을 사용한 대용량 데이터 요약
- 마르코프 연쇄Markov chain를 사용한 텍스트 생성
- 사이킷런scikit-learn을 사용한 군집화
- XGBoost 분류기 학습
- statsmodels를 사용한 시계열 분석
- 격리 포레스트Isolation Forest를 사용한 비정상 행위 탐지
- 사이킷런의 해싱 벡터라이저와 TF-IDF를 사용한 **자연어 처리**NLP, Natural Language Processing
- scikit-optimze를 사용한 초매개변수 조정

▌ 기술 요구 사항

1장에서는 다음과 같은 라이브러리를 사용한다.

- scikit-learn
- Markovify
- XGBoost
- statsmodels

설치 명령과 코드는 https://github.com/PacktPublishing/Machine-Learning-for-Cybersecurity-Cookbook/tree/master/Chapter01에서 확인할 수 있다.

데이터를 훈련 데이터와 테스트 데이터로 분할하기

머신러닝에서 우리의 목표는 명시적으로 가르쳐 본 적이 없는 작업을 수행할 수 있는 프로그램을 만드는 것이다. 우리가 할 수 있는 방법은 수집한 데이터를 사용해 수학 모델이나 통계 모델을 **훈련**train하거나 **적합**fit하는 것이다. 모델을 적합하는 데 사용하는 데이터를 훈련 데이터training data라고 한다. 그리고 나서 적합해 얻은 훈련 모델trained model은 이전에 보지 못했던 미래의 데이터를 예측하는 데 사용된다. 이런 식으로 프로그램은 사람의 개입 없이 새로운 상황을 관리할 수 있다.

머신러닝 실무자의 주된 도전 과제 중 하나는 훈련 데이터에서는 잘 동작하지만 이전에 보지 못했던 새로운 데이터를 일반화할 수 없는 모델을 만드는 과적합overfitting 위험이다. 과적합 문제를 해결하고자 머신러닝 실무자는 데이터의 일부를 테스트test 데이터로 따로 떼어 놓고 남은 훈련 데이터만 사용해 모델을 훈련하고, 훈련된 모델의 성능을 평가하는 데 테스트 데이터를 사용한다. 테스트 데이터를 별도로 이렇게 세심하게 설정하는 것이 과적합이 보편적 위험인 사이버 보안에서 분류기classifier 훈련에 중요한 역할을 한다. 한 곳에서 얻은 정상 데이터benign data만 사용한 것과 같은 작은 실수로 인해 분류기의 성능이 나빠질 수 있다.

교차 검증cross-validation과 같이 모델의 성능을 검증하는 다양한 방법이 있다. 설명을 간단하게 하기 위해서 여기서는 훈련 데이터–테스트 데이터 분할에 초점을 맞춘다.

준비

이 레시피를 위한 준비는 pip로 사이킷런[3]과 pandas 패키지를 설치하는 것이다. 준비를 위한 명령어는 다음과 같다.

---

3 사이킷런 패키지는 scikit-learn과 sklearn 두 가지 이름으로 공개되고 있지만 두 패키지는 동일하게 동작한다. scikit-learn은 pip install scikit-learn로 설치할 수 있지만 두 패키지 모두 import sklearn 명령어로 패키지를 불러와야 한다. – 옮긴이

```
pip install sklearn pandas
```

이 외에도 이 레시피에서 north_korea_missile_test_database.csv 파일의 데이터셋을 사용한다.

실행 순서

이 레시피는 특성feature X와 레이블 y로 구성된 데이터셋을 가져와 훈련 데이터와 테스트 데이터로 분할하는 것이다.

1. train_test_split 모듈과 pandas 라이브러리를 가져오는 것으로 시작해 특성을 X로 읽고 레이블을 y로 읽는다.

   ```
   from sklearn.model_selection import train_test_split
   import pandas as pd

   df = pd.read_csv("north_korea_missile_test_database.csv")
   y = df["Missile Name"]
   X = df.drop("Missile Name", axis=1)
   ```

2. 데이터셋과 해당 레이블을 원래 데이터셋 80% 크기의 훈련 데이터셋과 나머지 20%의 테스트 데이터셋으로 구성되도록 무작위로 분할한다.

   ```
   X_train, X_test, y_train, y_test = train_test_split(
       X, y, test_size=0.2, random_state=31
   )
   ```

3. train_test_split 메서드를 한 번 더 적용해 검증 데이터셋 X_val과 y_val을 얻는다.

```
X_train, X_val, y_train, y_val = train_test_split(
    X_train, y_train, test_size=0.25, random_state=31
)
```

4. 최종적으로 원래 데이터셋 60%의 훈련 데이터셋과 20%의 검증 데이터셋, 20%
   의 테스트 데이터셋을 얻는다.

   각 데이터셋의 크기는 다음과 같이 확인할 수 있다.

```
print(f"원래 데이터셋의 크기: {len(X):3}")
print(f"훈련 데이터셋의 크기: {len(X_train):3} = "
      f"{len(X_train)}/{len(X)} = {len(X_train)/len(X)*100:5.2f}%")
print(f"검증 데이터셋의 크기: {len(X_val):3} = "
      f"{len(X_val)}/{len(X)} = {len(X_val)/len(X)*100:5.2f}%")
print(f"테스트 데이터셋의 크기: {len(X_test):3} = "
      f"{len(X_test)}/{len(X)} = {len(X_test)/len(X)*100:5.2f}%")
```

결과는 다음과 같다.

```
원래 데이터셋의 크기: 135
훈련 데이터셋의 크기: 81 = 81/135 = 60.00%
검증 데이터셋의 크기: 27 = 27/135 = 20.00%
테스트 데이터셋의 크기: 27 = 27/135 = 20.00%
```

레시피 설명

목표는 미사일 발사 시설과 발사 시간 등과 같은 데이터 특성을 근거로 미사일의 종류를
예측하는 것이다. 1단계에서 과거부터 지속적으로 진행된 북한의 미사일 실험으로 구성
된 데이터셋에서 가져오는 것으로 시작한다. 2단계에서 사이킷런의 train_test_split 메
서드를 적용해 데이터셋 X와 y를 각각 훈련 데이터셋(X_train과 y_trian)과 테스트 데이터
셋(X_test, y_test)으로 나눈다. 매개변수 test_size = 0.2는 테스트 데이터셋이 원래 데
이터셋의 20%로 구성되고, 나머지 80%가 훈련 데이터셋으로 구성된다는 것을 의미한다.

매개변수 random_state는 무작위로 생성된 분할을 재현할 수 있게 해준다. 3단계와 관련해 응용 프로그램에서 몇 가지 서로 다른 모델을 비교하려는 경우가 많다는 점에 유의해야 한다. 테스트 데이터셋만 사용해 가장 좋은 모델을 선택하는 것은 테스트 데이터셋에 과적합한 모델이 될 수 있는 위험이 있다. 이는 데이터 낚시data fishing에서의 통계적 오류statistical sin와 비슷하다. 이런 위험에 대처하고자 검증 데이터셋이라는 추가 데이터셋을 만든다. 훈련 데이터셋으로 모델을 훈련하고, 검증 데이터셋을 사용해 모델을 비교한 다음 최종적으로 테스트 데이터셋을 사용해 우리가 선택한 모델의 정확한 성능 지표를 얻는다. 따라서 3단계에서 매개변수를 선택해 수학적으로 말하자면 원래 데이터셋 60% 크기의 훈련 데이터셋, 20% 크기의 검증 데이터셋, 20% 크기의 테스트 데이터셋을 구성한다. 마지막으로 4단계에서 데이터셋이 제대로 구성됐는지 다시 확인하고자 len 함수를 사용해 배열의 길이를 계산한다.

▌ 데이터 표준화

머신러닝에서 많은 알고리듬의 성능은 특성의 상대적 척도scale에 매우 민감하다. 이런 이유로 특성을 표준화standardization하는 것이 중요하다. 특성을 표준화한다는 것은 특성의 모든 값을 이동시켜 특성의 평균을 0으로 맞추고, 척도를 조정해 분산을 1로 맞춘다는 것을 의미한다.

정규화normalization가 유용한 경우로는 파일의 PE 헤더를 특성으로 사용하는 경우다. PE 헤더는 매우 큰 값(예를 들어 SizeOfInitializedData 필드)과 매우 작은 값(예를 들어 섹션section의 개수)을 갖고 있다. 신경망neural network과 같은 특정 머신러닝 모델의 경우 특성 간의 크기나 양magnitude 차이가 커서 성능이 떨어질 수 있다.

준비

이 레시피를 위한 준비는 pip로 scikit-learn과 pandas 패키지를 설치하는 것이다. 준비를 위한 명령어는 다음과 같다.

```
pip install sklearn pandas
```

이 외에도 이 레시피에서 file_pe_headers.csv 파일의 데이터셋을 사용한다.

실행 순서

이 레시피는 사이킷런의 StandardScaler 메서드를 사용해 데이터를 표준화하는 것이다.

1. 필요한 라이브러리를 가져오는 것으로 시작해 데이터셋 X를 수집한다.

```
import pandas as pd

data = pd.read_csv("file_pe_headers.csv", sep=",")
X = data.drop(["Name", "Malware"], axis=1).to_numpy()
```

데이터셋 X는 다음과 같다.

```
[[2.31170e+04 1.44000e+02 3.00000e+00 ... 7.78240e+04 7.37280e+04
  0.00000e+00]
 [2.31170e+04 1.44000e+02 3.00000e+00 ... 2.94912e+05 0.00000e+00
  3.46112e+05]
 [2.31170e+04 1.44000e+02 3.00000e+00 ... 4.09600e+04 0.00000e+00
  0.00000e+00]
 ...
 [2.31170e+04 0.00000e+00 0.00000e+00 ... 6.14400e+04 0.00000e+00
  0.00000e+00]
 [2.31170e+04 1.44000e+02 3.00000e+00 ... 1.02400e+05 0.00000e+00
  0.00000e+00]
 [2.31170e+04 1.44000e+02 3.00000e+00 ... 5.57056e+05 0.00000e+00
  0.00000e+00]]
```

2. StandardScaler 인스턴스를 사용해 X를 표준화한다.

```
from sklearn.preprocessing import StandardScaler

X_standardized = StandardScaler().fit_transform(X)
```

표준화된 데이터셋은 다음과 같다.

```
[[ 0.          -0.03506542 -0.04751096 ... -0.07054894 -0.0198525
  -0.04066791]
 [ 0.          -0.03506542 -0.04751096 ... -0.03849221 -0.02110877
  -0.02469983]
 [ 0.          -0.03506542 -0.04751096 ... -0.07599254 -0.02110877
  -0.04066791]
 ...
 [ 0.          -0.18093613 -0.04958686 ... -0.07296832 -0.02110877
  -0.04066791]
 [ 0.          -0.03506542 -0.04751096 ... -0.06691988 -0.02110877
  -0.04066791]
 [ 0.          -0.03506542 -0.04751096 ...  0.00021781 -0.02110877
  -0.04066791]]
```

레시피 설명

1단계에서 PE 파일의 모음에 대한 PE 헤더 정보로 구성된 데이터셋을 가져오는 것으로 시작한다. PE 헤더 정보는 매우 다양하며 일부 열^{column}의 숫자는 십만 단위이며 다른 열은 일 단위 숫자다. 이로 인해 신경망과 같은 특정 모델은 표준화되지 않은 데이터로 인해 제대로 동작하지 않을 것이다. 2단계에서 StandardScaler()로 인스턴스화하고, .fit_transform(X)를 사용해 X의 척도를 재조정한다. 그 결과 평균이 0이고 분산이 1로 척도가 재조정된(특성에 해당하는) 열을 가진 데이터셋을 얻는다.

▌ 주성분 분석을 사용한 대용량 데이터 요약

45세의 개인 기대 순자산에 대한 예측기^{predictor}를 만들고 싶다고 가정해 보자. IQ와 현재 자산, 결혼 상태, 키, 지리적 위치, 건강, 교육 수준, 경력 상태, 나이 외에 링크드인^{LinkedIn} 연결 수와 SAT 점수 등 고려해야 할 변수가 엄청 많다.

이렇게 특성이 많을 때에는 몇 가지 문제가 발생한다. 첫째, 데이터 양으로 인해 저장 비용이 늘어나며 알고리듬 계산 시간도 길어진다. 둘째, 특성 공간이 커짐에 따라 모델의 정확성을 위해 많은 양의 데이터를 보유하는 것이 중요하다. 이 경우 신호와 잡음을 구별하는 것이 더 어려워진다. 이런 이유로 고차원 데이터를 다룰 때 주성분 분석$^{PCA, Principal Component}$ ^{Analysis}과 같은 차원 축소$^{dimensionality reduction}$ 기술을 사용한다. 이 주제에 관한 자세한 내용은 위키피디아(https://bit.ly/3hlBqGt)와 고려대학교 산업경영공학부 김성범 교수님의 강의 (https://bit.ly/34rjeHU)를 참고한다.

주성분 분석은 원래의 특성으로부터 구성된 더 적은 개수의 새로운 특성으로 데이터셋을 최대로 설명할 수 있게 해준다. 게다가 새로운 특성은 이전 특성의 일차 결합$^{linear combination}$ 이므로 금융 정보로 작업할 때 매우 편리하게 데이터를 익명화할 수 있다.

준비

이 레시피를 위한 준비는 pip로 scikit-learn과 pandas 패키지를 설치하는 것이다. 준비를 위한 명령어는 다음과 같다.

```
pip install sklearn pandas
```

이 외에도 이 레시피에서 malware_pe_headers.csv 파일의 데이터셋을 사용한다.

실행 순서

이 레시피는 데이터를 주성분 분석하는 것이다.

1. 필요한 라이브러리를 가져오는 것으로 시작해 데이터셋을 읽는다.

```
from sklearn.decomposition import PCA
import pandas as pd

data = pd.read_csv("file_pe_headers.csv", sep=",")
X = data.drop(["Name", "Malware"], axis=1).to_numpy()
```

2. 필요한 경우 PCA를 적용하기 전에 데이터셋을 표준화한다.

```
from sklearn.preprocessing import StandardScaler

X_standardized = StandardScaler().fit_transform(X)
```

3. PCA 인스턴스를 인스턴스화하고 PCA 인스턴스를 사용해 데이터의 차원을 축소한다.

```
pca = PCA()
pca.fit_transform(X_standardized)
```

4. 차원 축소의 유효성effectivenss을 평가한다.

```
print(pca.explained_variance_ratio_)
```

결과는 다음과 같다.

```
[1.13714096e-01 6.04526312e-02 5.35847638e-02 4.95286930e-02
 4.08242868e-02 3.43687925e-02 3.32004002e-02 3.01112226e-02
 2.86901095e-02 2.81624164e-02 2.54807940e-02 2.38845548e-02
 2.22696648e-02 2.05755591e-02 1.82485433e-02 1.73648310e-02
 1.66649078e-02 1.63647194e-02 1.52683994e-02 1.46357930e-02
 1.45790542e-02 1.45535760e-02 1.44699413e-02 1.44154480e-02
 1.42948516e-02 1.39221004e-02 1.35338124e-02 1.33766277e-02
 1.32896667e-02 1.23472302e-02 1.20507834e-02 1.15452214e-02
 1.13731313e-02 1.10939084e-02 1.07062189e-02 1.01649154e-02
 9.90148375e-03 9.61478385e-03 9.17627698e-03 9.04802544e-03
 8.66332999e-03 6.94752252e-03 6.84216033e-03 6.48244001e-03
 5.95005317e-03 5.91335216e-03 5.41615029e-03 5.10640740e-03
 4.83543074e-03 4.45888820e-03 4.29104432e-03 3.82076025e-03
 3.79864324e-03 3.24146447e-03 3.18558571e-03 2.67004617e-03
 2.03201471e-03 1.73591476e-03 1.65758475e-03 1.56708821e-03
 1.38839592e-03 1.20694096e-03 8.20896559e-04 6.92520065e-04
 2.79632267e-04 1.36614783e-04 6.56001071e-06 3.22441346e-07
 1.26534195e-10 5.64125607e-34 5.64125607e-34 5.64125607e-34
 5.64125607e-34 5.64125607e-34 5.64125607e-34 5.64125607e-34
 5.63722303e-34]
```

레시피 설명

데이터 표준화 레시피에서 했던 것처럼 1~2단계에서 데이터를 읽고 표준화하는 것으로 시작한다(PCA를 적용하기 전에 표준화된 데이터로 작업해야 한다). 이제 3단계에서 새로운 PCA 변환 인스턴스를 인스턴스화하고 PC 변환 인스턴스를 사용해 학습하고 적합한 후 fit_transform를 사용해 데이터셋을 변환한다. 4단계에서 변환한 것을 분석한다. 특히 pca.explained_variance_ratio_의 원소들은 각 방향에 대한 분산이 어느 정도인지를 나타낸다. 각 원소의 합은 1이며 데이터가 존재하는 전체 공간을 고려할 때 모든 분산을 설명한다는 것을 의미한다. 그러나 처음 몇 개의 방향만 선택하더라도 차원을 제한하면서 분산의 상당 부분을 설명할 수 있다. 위 예에서 처음 40개의 방향이 분산의 90%를 차지한다.

```
print(f'{sum(pca.explained_variance_ratio_[:40])*100:6.4f} %')
```

결과는 다음과 같다.

```
90.6852 %
```

이는 분산의 90%를 유지하면서 특성의 개수를 (78개에서) 40개로 줄일 수 있다는 것을 보여 준다. 이 말의 의미는 PE 헤더의 많은 특성이 서로 밀접하게 연관돼 있다는 것으로 특성들이 독립적으로 설계된 것이 아니라는 것으로 이해할 수 있다.

▌ 마르코프 연쇄를 사용한 텍스트 생성

마르코프 연쇄Markov chain는 계system[4]가 여러 상태가 될 수 있는 단순한 확률 모델stochastic model이다. 계의 다음 상태에 관한 확률 분포probability distribution를 알기 위해서는 현재의 상태를 아는 것만으로도 충분하다. 이는 다음 상태의 확률 분포가 계의 과거 상태에 종속될 수 있는 계와 대비된다. 놀랍게도 이런 단순한 가정으로 인해 마르코프 연쇄를 많은 영역에 쉽게 적용할 수 있다.

이 레시피에서는 마르코프 연쇄를 사용해 가짜 리뷰fake review를 만드는 데 이는 리뷰 시스템의 스팸 탐지기를 테스트하는 데 유용하다. 뒤의 레시피에서 마르코프 연쇄 기술을 RNN으로 업그레이드한다.

준비

이 레시피를 위한 준비는 pip로 markovify와 pandas 패키지를 설치하는 것이다. 준비를 위한 명령어는 다음과 같다.

```
pip install markovify pandas
```

---

4 마르코프 연쇄는 시간에 따른 계의 상태 변화를 나타내며, 매 시간 계는 상태를 바꾸거나 같은 상태를 유지한다. 상태의 변화를 전이(transition)라고 한다. - 옮긴이

이 외에도 이 레시피에서 airport_reviews.csv 파일의 데이터셋을 사용한다.

실행 순서

마르코프 연쇄를 사용해 텍스트를 생성하는 방법은 다음과 같다.

1. markovify 라이브러리와 스타일을 모방할 텍스트 파일을 가져오는 것으로 시작한다.

```
import markovify
import pandas as pd

df = pd.read_csv("airport_reviews.csv")
print(df.head())
```

실례로 여기서는 공항 리뷰를 스타일을 모방할 텍스트로 선택했다.

```
content
0 The airport is certainly tiny! Arriving there ...
1 Small airports are generally intimate friendly...
2 Waited an hour in a corridor for baggage but o...
3 The previous comment is so off the mark it mus...
4 The airport resulbles a shack. A very bad cafe...
```

2. 다음으로 개별 리뷰를 하나의 큰 텍스트 문자열로 합치고 공항 리뷰 텍스트를 사용해 마르코프 연쇄 모델을 구축한다.

```
from itertools import chain

N = 100
review_subset = df["content"][0:N]
text = "".join(chain.from_iterable(review_subset))
markov_chain_model = markovify.Text(text)
```

뒤에서 라이브러리가 텍스트에서 전이 단어 확률transition word probability을 계산한다.

3. 마르코프 연쇄 모델을 사용해 문장 4개를 만든다.

```
for i in range(5):
    print(markov_chain_model.make_sentence())
    print()
```

4. 공항 리뷰를 사용하고 있으므로 위 코드를 실행한 결과는 다음과 같다.[5]

> But more roadworks could be improved as it only accepts Belgian debit cards and normally only 1 line of luggage/passengers inspection open and it is published and useful to others.This is now a good 200m from the airport 20 mins and wait time at the far end of the airport to Leuven as well fly to Antwerp and walk to the airport due to clear it.
>
> Having said that for a flight that cost about ?3.00 - ?6.00 or ?8.00 if you are in need of an airport.
>
> Was bussed to the airport is certainly tiny!
>
> Arriving there was a line 150 feet long about 200 people and everyone just pushing in together.
>
> Had plenty of seating areas.

너무나 현실적이어서 놀랍다! 그렇지만 리뷰는 가장 좋은 것으로 필터링해야 한다.

5. 140자 이하의 문장 3개를 만든다.

```
for i in range(3):
    print(markov_chain_model.make_short_sentence(140))
    print()
```

위 코드를 실행하면 결과는 다음과 같다.

---

5 결과는 확률 과정을 통해 만들어지므로 프로그램을 실행할 때마다 결과가 달라진다. – 옮긴이

The building is clean and easy to find at first time.

Organized efficiently there are a lot since the past couple of drinks and I have had no real issues with any staff clerks officers at all.

There are cheaper and just pick you up for a sandwich.

레시피 설명

1단계에서 마르코프 연쇄 계산을 위한 라이브러리인 **markovify** 라이브러리를 가져오고 마르코프 모델에 정보를 제공할 텍스트를 읽는 것으로 시작한다. 2단계에서 텍스트를 사용해 마르코프 연쇄 모델을 만든다. 다음은 text 객체^{object}의 초기화 코드^{initialization code}와 관련된 스니펫^{snippet}6이다.

```
class Text(object):

    reject_pat = re.compile(r"(^')|('$)|\s'|'\s|[\"(\(\)\[\])]")

    def __init__(self, input_text, state_size=2, chain=None,
parsed_sentences=None, retain_original=True, well_formed=True,
reject_reg=''):
        """
        input_text: A string.
        state_size: An integer, indicating the number of words in the
model's state.
        chain: A trained markovify.Chain instance for this text, if pre-
processed.
        parsed_sentences: A list of lists, where each outer list is a "run"
            of the process (e.g. a single sentence), and each inner list
            contains the steps (e.g. words) in the run. If you want to
simulate
```

---

6 재사용할 수 있는 소스 코드의 작은 부분을 의미하는 프로그래밍 용어 – 옮긴이

```
            an infinite process, you can come very close by passing just
one, very
            long run.
        retain_original: Indicates whether to keep the original corpus.
        well_formed: Indicates whether sentences should be well-formed,
preventing
            unmatched quotes, parenthesis by default, or a custom regular
expression
            can be provided.
        reject_reg: If well_formed is True, this can be provided to
override the
            standard rejection pattern.
        """
```

알아 둬야 할 가장 중요한 매개변수는 state_size=2로 마르코프 연쇄의 전이^{transition}가 단어의 연속적인 쌍 간에 일어난다는 것을 의미한다. 훈련 텍스트를 통해 특정 단어 다음에 나올 단어의 확률(전이 확률)을 계산할 수 있다. state_size=2는 2개 단어로 구성된 구를 기준으로 다음 단어를 찾게 된다. 이 값을 증가시키면 더 현실적으로 모방한 문장을 만들 수 있다. 다음으로 3~4단계에서 몇 가지 예문을 만들고자 훈련한 마르코프 연쇄를 적용한다. 마르코프 연쇄가 텍스트의 말투와 스타일을 반영했다는 것을 확실히 알 수 있다. 마지막으로 5단계에서 마르코프 연쇄를 사용해 공항 리뷰 스타일로 몇 개의 트윗^{tweet}을 만든다.

▌ 사이킷런을 사용한 군집화

군집화^{clustering}는 유사성^{similarity}을 기반으로 데이터의 일부를 집단^{group}으로 만드는 비지도 머신러닝 알고리듬의 모음이다. 예를 들어 군집^{cluster}은 n-차원 유클리드 공간에서 서로 가까운 데이터로 구성될 수 있다. 군집화는 사이버 보안에서 유용하게 사용되는데 정상^{normal}과 비정상^{anomalous} 네트워크 활동을 구별하고 악성코드의 패밀리를 분류하는 데 도움이 된다.

준비

이 레시피를 위한 준비는 pip로 scikit-learn, pandas, plotly 패키지를 설치하는 것이다.
준비를 위한 명령어는 다음과 같다.

```
pip install sklearn pandas plotly
```

이 외에도 이 레시피에서 file_pe_header.csv 파일의 데이터셋을 사용한다.

실행 순서

PE 악성코드 분류를 위한 토이 프로젝트[toy project]를 수행하기 위한 사이킷런의 K-평균 군집화 알고리듬을 사용하는 방법은 다음과 같다.

1. 라이브러리와 데이터셋을 가져와 그래프를 그리는 것으로 시작한다.

```python
import pandas as pd
import plotly.express as px

df = pd.read_csv("file_pe_headers.csv", sep=",")
fig = px.scatter_3d(
    df,
    x="SuspiciousImportFunctions",
    y="SectionsLength",
    z="SuspiciousNameSection",
    color="Malware"
)
fig.show()
```

결과는 다음과 같다.

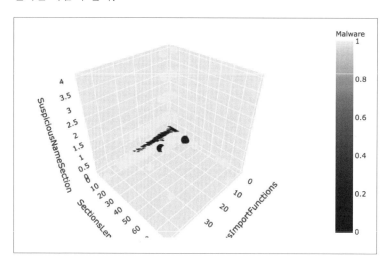

2. 특성과 타깃 레이블target label을 추출한다.

```
y = df["Malware"]
X = df.drop(["Name", "Malware"], axis=1).to_numpy()
```

3. 사이킷런의 군집화 모듈을 가져와 데이터에 대해 2개의 군집으로 군집화하는 K-평균 모델을 적합한다.

```
from sklearn.cluster import KMeans

estimator = KMeans(n_clusters=len(set(y)))
estimator.fit(X)
```

4. 훈련한 알고리듬을 사용해 군집을 예측한다.

```
y_pred = estimator.predict(X)
df["pred"] = y_pred
df["pred"] = df["pred"].astype("category")
```

5. 알고리듬이 어떻게 동작했는지 알아보고자 알고리듬의 군집을 그래프로 그린다.

```
fig = px.scatter_3d(
    df,
    x="SuspiciousImportFunctions",
    y="SectionsLength",
    z="SuspiciousNameSection",
    color="pred"
)
fig.show()
```

결과는 다음과 같다.

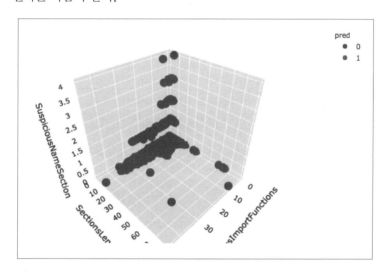

결과는 완벽하지 않더라도 군집화 알고리듬은 데이터셋 구조의 상당 부분을 포착하는 것을 볼 수 있다.

레시피 설명

1단계에서 샘플 집합의 PE 헤더 정보 데이터셋을 가져오는 것으로 시작한다. 이 데이터셋은 악성코드malware의 PE 파일과 정상 코드benign의 PE 파일의 두 계급class으로 구성돼 있다. 그런 다음 plotly를 사용해 멋진 상호 작용interactive 3D 그래프를 그린다. 머신러닝을 위한 데이터셋을 준비한다. 구체적으로 2단계에서 특성을 X로, 데이터셋의 계급을 y로 설정한다. 2개의 계급이 있다는 사실을 근거로 데이터를 샘플 분류와 일치하는 2개의 그룹으로 군집하는 것을 목표로 한다. 3단계에서 K-평균 알고리듬을 사용한다. K-평균 알고리듬의 자세한 내용은 https://bit.ly/3aXKpuT와 https://bit.ly/3lbfxfn에서 확인할 수 있다. 제대로 훈련한 군집화 알고리듬으로 테스트 데이터셋을 예측할 준비를 마쳤다. 4단계에서 군집화 알고리듬을 사용해 각각의 샘플이 어느 군집에 속하는지 예측한다. 5단계에서 결과를 살펴보면 군집화 알고리듬을 데이터에 잘 적합할 수 있었기 때문에 많은 근원적인 정보를 포착했다는 것을 알 수 있다.

▌ XGBoost 분류기 훈련

경사 부스팅gradient boosting은 일반적인 머신러닝 문제에 관해 가장 신뢰할 수 있으며 정확한 알고리듬으로 알려져 있다. 뒤에서 XGBoost를 사용해 악성코드 탐지기를 만드는 레시피를 살펴볼 것이다.

준비

이 레시피를 위한 준비는 pip로 scikit-learn, pandas, xgboost 패키지를 설치하는 것이다. 준비를 위한 명령어는 다음과 같다.

```
pip install sklearn pandas xgboost
```

이 외에도 이 레시피에서 file_pe_header.csv 파일의 데이터셋을 사용한다.

실행 순서

XGBoost 분류기를 초기화한 다음 훈련하고, 테스트하는 방법은 다음과 같다.

1. 데이터를 읽는 것으로 시작한다.

```
import pandas as pd

df = pd.read_csv("file_pe_headers.csv", sep=",")
y = df["Malware"]
X = df.drop(["Name", "Malware"], axis=1).to_numpy()
```

2. 데이터셋을 훈련 데이터와 테스트 데이터로 분할한다.

```
from sklearn.model_selection import train_test_split

X_train, X_test, y_train, y_test = train_test_split(X, y, test_size=0.3)
```

3. XGBoost 모델의 인스턴스를 하나 만들어 훈련 데이터셋으로 훈련한다.

```
from xgboost import XGBClassifier

XGB_model_instance = XGBClassifier()
XGB_model_instance.fit(X_train, y_train)
```

4. 마지막으로 테스트 데이터셋으로 모델의 성능을 평가한다.

```
from sklearn.metrics import accuracy_score

y_test_pred = XGB_model_instance.predict(X_test)
accuracy = accuracy_score(y_test, y_test_pred)
print(f'정확도: {accuracy * 100:.4f} %')
```

결과는 다음과 같다.

```
정확도: 99.3712 %
```

레시피 설명

1단계에서 데이터를 읽는 것으로 시작한다. 2단계에서 데이터를 훈련 데이터와 테스트 데이터로 분할한다. 기본 매개변수로 XGBoost 분류기를 인스턴스화하고 훈련 데이터에 적합한다. 마지막으로 4단계에서 XGBoost 분류기를 사용해 테스트 데이터셋으로 예측한다. 그리고 나서 XGBoost 모델의 예측에 관해 측정한 정확도를 계산한다.

▌ statsmodels를 사용한 시계열 분석

시계열은 연속적인 시간에서 얻은 값들로 이뤄진 수열이다. 예를 들어 매분 표본 추출된 주식시장의 가격이 시계열이다. 사이버 보안에서 시계열 분석은 내부 직원의 데이터 유출이나 다음 공격을 준비하는 해커 그룹의 공모와 같은 사이버 공격^{cyberattack}을 예측하는 데 매우 유용하다.

시계열을 사용해 예측하는 몇 가지 기술을 살펴보자.

준비

이 레시피를 위한 준비는 pip로 matplotlib, statsmodels, scipy 패키지를 설치하는 것이다. 준비를 위한 명령어는 다음과 같다.

```
pip install matplotlib statsmodels scipy
```

실행 순서

이 레시피에서는 몇 가지 방법을 사용해 시계열 데이터를 예측한다.

1. 시계열 데이터를 생성하는 것으로 시작한다.

```
from random import random

x = [x for x in range(1, 100)]
time_series = [2 * x + random() for x in x]
```

2. 데이터로 그래프를 그린다.

```
import plotly.graph_objects as go

fig = go.Figure(data=go.Scatter(x = x, y = time_series))
fig.show()
```

결과는 다음과 같다.

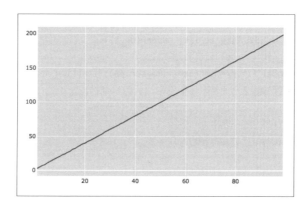

3. 시계열의 연속 값을 예측하는 데 사용할 수 있는 다양한 기법이 있다.

   ○ **자동회귀**^{AR, Autoregression}:

```
from statsmodels.tsa.ar_model import AR

model = AR(time_series)
model_fit = model.fit()
y = model_fit.predict(len(time_series), len(time_series))
print(f'자동회귀 모델 예측 결과: {y[0]:.4f}')
```

```
print()
print(f'훈련한 모델의 매개변수:')
print(model_fit.params)
```

예측 결과와 매개변수는 다음과 같다.

```
자동회귀 모델 예측 결과: 200.3311
훈련한 모델의 매개변수:
[ 1.11469628e+01  1.10491069e-01 1.53868764e-01  2.43907559e-01
  1.58505154e-01 -7.10551839e-02 2.38276235e-03 ?1.88004287e-01
  1.71535449e-01  2.34163395e-01 8.29208149e-02  8.04183484e-02
  2.06488599e-02]
```

○ **이동평균**MA, Moving Average :

```
from statsmodels.tsa.arima_model import ARMA

model = ARMA(time_series, order=(0, 1))
model_fit = model.fit(disp=False)
y = model_fit.predict(len(time_series), len(time_series))
print(f'이동평균 모델의 예측 결과: {y[0]:.4f}')
print()
print(f'훈련한 모델의 매개변수:')
print(model_fit.params)
```

예측 결과와 매개변수는 다음과 같다.

```
이동평균 모델의 예측 결과: 151.5428
훈련한 모델의 매개변수:
[100.5080354 0.99993843]
```

○ **단순지수평활**SES, Simple Exponential Smoothing :

```
from statsmodels.tsa.holtwinters import SimpleExpSmoothing

model = SimpleExpSmoothing(time_series)
```

```
model_fit = model.fit()
y = model_fit.predict(len(time_series), len(time_series))
print(f'단순지수평활 모델의 예측 결과: {y[0]:.4f}')
```

예측 결과는 다음과 같다.

```
단순지수평활 모델의 예측 결과: 198.0827
```

레시피 설명

1단계에서 간단한 시계열 데이터를 만든다. 이 데이터는 약간의 잡음이 있는 직선 위의 값으로 구성된다. 2단계에서 시계열 데이터를 그래프로 그려 본다. 그래프가 거의 직선에 가까우며 시간 t에서의 합리적인 예측값이 $2t$라는 것을 알 수 있다. 3단계에서 시계열 값을 예측하기 위한 세 가지 다른 예측 기법을 살펴본다. 자동회귀 모델의 기본 아이디어는 시간 t에서의 시계열 값이 이전 시간 시계열 값의 선형 함수라는 것이다. 더 정확하게는 다음 식을 만족하는 어떤 상수 $c_0, c_1, \ldots, c_k$와 숫자 k가 존재한다.

$$y_t = c_0 + c_1 y_{t-1} + c_2 y_{t-2} + \ldots + c_k y_{t-k}$$

예를 들어 $k=3$이면 시계열 데이터의 마지막 3개의 값으로 시계열 값을 쉽게 계산할 수 있다는 것을 보여 준다.

이동평균 모델에서 시계열은 평균에 관해 변동하는 것으로 모델링된다. 더 정확하게는 w_t가 독립이며 같은 분포를 따르는 정규 변수i.i.d normal variable의 수열이고 θ_1가 상수라고 하자. 그러면 시계열은 다음과 같은 식으로 모델링된다.

$$y_t = \mu + w_t + \theta_1 w_{t-1}$$

이런 이유로 우리가 만든 잡음이 있는 선형 시계열 데이터를 제대로 예측할 수 없다. 마지막으로 단순지수평활^{simple exponential smoothing} 모델에서 평활 매개변수^{smoothing parameter}를 $0 < \alpha < 1$라고 가정한다. 그러면 단순지수평활 모델의 추정값 s_t는 다음 방정식으로 계산된다.

$$s_0 = x_0$$
$$s_t = \alpha y_t + (1 - \alpha)s_{t-1}$$

다시 말해서 우리는 추정값 s_t를 추적하고 현재의 시계열 값 y_t를 사용해 추정값을 조정한다. 조정의 강도는 매개변수 α로 조절한다.

▌ 격리 포레스트를 사용한 비정상 행위 탐지

비정상 행위 탐지^{anomaly detection}는 데이터셋에서 기대 패턴^{expected pattern}에 부합하지 않는 사건^{event}을 식별하는 것이다. 응용에서 이런 사건은 매우 중요할 수 있다. 예를 들어 비정상 행위는 네트워크 침입이나 이상금융거래가 발생한 것일 수도 있다. 이런 비정상 행위를 탐지하고자 이 레시피에서는 격리 포레스트^{Isolation Forest} 알고리듬을 사용한다. 격리 포레스트 알고리듬은 특이점^{outlier}을 격리하기 쉽지만 정상 데이터 점^{normal data point}을 설명하는 것은 매우 어렵다는 관측에 의존한다.

준비

이 레시피를 위한 준비는 pip로 matplotlib, pandas, tabulate, scipy 패키지를 설치하는 것이다. 준비를 위한 명령어는 다음과 같다.

```
pip install matplotlib pandas tabulate scipy
```

실행 순서

이 레시피에서는 격리 포레스트 알고리듬을 사용해 비정상 행위를 탐지한다.

1. 필요한 라이브러리를 가져오고 난수의 초기값^{seed}을 설정한다.

```
import numpy as np
import pandas as pd

random_seed = np.random.RandomState(12)
```

2. 훈련 데이터로 사용할 정상 관측 데이터셋을 만든다.

```
X_train = 0.5 * random_seed.randn(500, 2)
X_train = np.r_[X_train + 3, X_train]
X_train = pd.DataFrame(X_train, columns=["x", "y"])
```

3. 정상 관측 데이터로 구성된 테스트 데이터셋도 만든다.

```
X_test = 0.5 * random_seed.randn(500, 2)
X_test = np.r_[X_test + 3, X_test]
X_test = pd.DataFrame(X_test, columns=["x", "y"])
```

4. 특이점 관측 데이터셋을 만든다. 이 관측 데이터는 정상 관측 데이터와는 다른 분포에서 나온다.

```
X_outliers = random_seed.uniform(low=-5, high=5, size=(50, 2))
X_outliers = pd.DataFrame(X_outliers, columns=["x", "y"])
```

5. 지금까지 만든 데이터를 살펴보고자 그래프로 그려 본다.

```
import plotly.graph_objects as go

fig = go.Figure()
fig.add_trace(
```

```python
    go.Scatter(
        x=X_train['x'],
        y=X_train['y'],
        mode='markers',
        marker=dict(
            color='Aqua',
            line=dict(
                color='DarkBlue',
                width=2
            )
        ),
        name='훈련 데이터셋'
    )
)
fig.add_trace(
    go.Scatter(
        x=X_test['x'],
        y=X_test['y'],
        mode='markers',
        marker=dict(
            color='Yellow',
            line=dict(
                color='Gold',
                width=2
            )
        ),
        name='테스트 데이터셋'
    )
)
fig.add_trace(
    go.Scatter(
        x=X_outliers['x'],
        y=X_outliers['y'],
        mode='markers',
        marker=dict(
            color='DarkRed',
            line=dict(
                color='Red',
                width=2
```

```
            )
        ),
        name='특이점'
    )
)
fig.show()
```

결과는 다음과 같다.

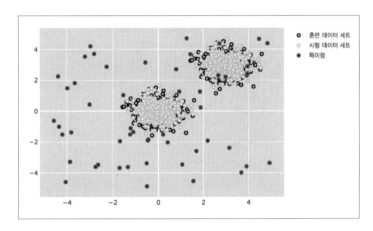

6. 이제 훈련 데이터로 격리 포레스트 모델을 훈련한다.

```
from sklearn.ensemble import IsolationForest

clf = IsolationForest()
clf.fit(X_train)
y_pred_train = clf.predict(X_train)
y_pred_test = clf.predict(X_test)
y_pred_outliers = clf.predict(X_outliers)
```

7. 알고리듬이 어떻게 동작했는지 알아보고자 X_outliers에 레이블을 붙인다.

```
from tabulate import tabulate

X_outliers = X_outliers.assign(pred=y_pred_outliers)
```

```
print(tabulate(
    tabular_data=X_outliers.head(),
    headers=X_outliers.columns,
    tablefmt='psql'
    )
)
```

결과는 다음과 같다.

```
+----+-----------+-----------+--------+
|    |         x |         y |  pred  |
|----+-----------+-----------+--------|
|  0 |   3.9475  |    2.891  |    -1  |
|  1 |  0.413976 |  -2.02584 |    -1  |
|  2 |  -2.64448 |  -3.48078 |    -1  |
|  3 | -0.518212 |  -3.38644 |    -1  |
|  4 |   2.97767 |   2.21535 |     1  |
+----+-----------+-----------+--------+
```

8. 격리 포레스트가 특이점을 얼마나 많이 포착했는지 보고자 격리 포레스트 예측
   을 그래프로 그려 본다.

```
fig = go.Figure()
fig.add_trace(
    go.Scatter(
        x=X_train['x'],
        y=X_train['y'],
        mode='markers',
        marker=dict(
            color='Aqua',
            line=dict(
                color='DarkBlue',
                width=2
            )
        ),
        name='훈련 데이터'
    )
```

```
        )
    fig.add_trace(
        go.Scatter(
            x=X_outliers.loc[X_outliers.pred == -1, ['x']].x,
            y=X_outliers.loc[X_outliers.pred == -1, ['y']].y,
            mode='markers',
            marker=dict(
                color='DarkRed',
                line=dict(
                    color='Red',
                    width=2
                )
            ),
            name='탐지된 특이점'
        )
    )
    fig.add_trace(
        go.Scatter(
            x=X_outliers.loc[X_outliers.pred == 1, ['x']].x,
            y=X_outliers.loc[X_outliers.pred == 1, ['y']].y,
            mode='markers',
            marker=dict(
                color='Yellow',
                line=dict(
                    color='Gold',
                    width=2
                )
            ),
            name='잘못 탐지된 특이점'
        )
    )
    fig.show()
```

결과는 다음과 같다.

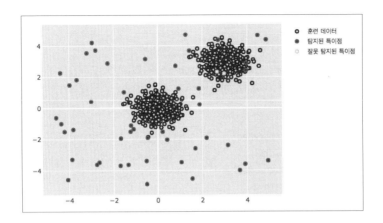

9. 정상 테스트 데이터에 관해 알고리듬이 어떻게 동작했는지 알아보고자 X_test에 예측한 레이블을 붙인다.

```
X_test = X_test.assign(pred=y_pred_test)
print(tabulate(
    tabular_data=X_test.head(),
    headers=X_test.columns,
    tablefmt='psql'
    )
)
```

결과는 다음과 같다.

```
+----+---------+---------+--------+
|    |       x |       y |  pred |
|----+---------+---------+--------|
|  0 | 3.94457 | 3.86692 |    -1 |
|  1 | 2.98485 | 3.14215 |     1 |
|  2 | 3.50174 | 2.16826 |    -1 |
|  3 | 2.9063  | 3.23383 |     1 |
|  4 | 3.27322 | 3.26179 |     1 |
+----+---------+---------+--------+
```

10. 분류기가 정상 테스트 데이터에 정확하게 레이블링했는지 살펴보고자 그래프로 그려 본다.

```
fig = go.Figure()
fig.add_trace(
    go.Scatter(
        x=X_train['x'],
        y=X_train['y'],
        mode='markers',
        marker=dict(
            color='Aqua',
            line=dict(
                color='DarkBlue',
                width=2
            )
        ),
    name='훈련 데이터'
    )
)
fig.add_trace(
    go.Scatter(
        x=X_test.loc[X_test.pred == 1, ['x']].x,
        y=X_test.loc[X_test.pred == 1, ['y']].y,
        mode='markers',
        marker=dict(
            color='Yellow',
            line=dict(
                color='Gold',
                width=2
            )
        ),
        name='탐지된 특이점'
    )
)
fig.add_trace(
    go.Scatter(
        x=X_test.loc[X_test.pred == -1, ['x']].x,
        y=X_test.loc[X_test.pred == -1, ['y']].y,
        mode='markers',
```

```
        marker=dict(
            color='DarkRed',
            line=dict(
                color='Red',
                width=2
            )
        ),
        name='잘못 탐지된 특이점'
    )
)
fig.show()
```

결과는 다음과 같다.

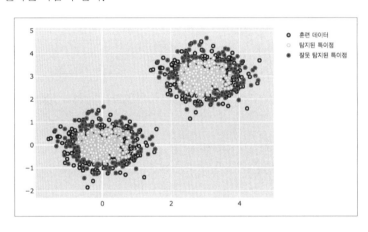

확실히 격리 포레스트 모델은 비정상 행위 점을 상당히 잘 포착했다. 미탐지^{false negative}(정상 데이터이지만 특이점으로 분류된 인스턴스)가 다소 많았지만 모델의 매개변수를 조정하면 미탐지 데이터의 개수를 줄일 수 있을 것이다.

레시피 설명

1단계에서는 데이터를 빠르고 쉽게 조작할 수 있도록 필요한 라이브러리를 들여온다. 2~3단계에서는 정상 관측 데이터로 구성된 훈련 데이터셋과 테스트 데이터셋을 만든다.

이 두 데이터셋은 같은 분포를 가진다. 4단계에서는 특이점으로 구성된 나머지 테스트 데이터셋을 만든다. 이 비정상 데이터셋은 훈련 데이터와 다른 나머지 테스트 데이터와는 다른 분포를 가진다. 5단계에서 이 데이터셋을 그래프로 그려 보면 일부 특이점 데이터는 정상 데이터와 구별할 수 없다는 것을 알 수 있다. 이는 데이터의 특성으로 인해 분류기가 상당한 비율의 오분류misclassification를 할 수밖에 없다는 것을 의미하며, 분류기의 성능을 평가할 때 이를 명심해야 한다. 6단계에서 기본 매개변수로 격리 포레스트 인스턴스를 훈련 데이터에 적합한다.

알고리듬에 비정상 데이터anomalous data에 관한 어떠한 정보도 주지 않았다는 점에 주목한다. 훈련한 격리 포레스트 인스턴스를 사용해 테스트 데이터가 정상인지 비정상인지 예측하며, 이와 비슷하게 이상 데이터가 정상인지 비정상인지도 예측한다. 알고리듬이 어떻게 동작했는지 알아보기 위해 7단계에서 X_outliers에 예측한 레이블을 추가한 다음, 8단계에서 특이점에 대해 격리 포레스트 인스턴스의 예측을 그래프로 그린다. 격리 포레스트 모델이 비정상 데이터 대부분을 포착할 수 있다는 것을 알 수 있다. 그러나 잘못 레이블링한 데이터는 정상 데이터와 구별할 수 없다. 9단계에서 분석을 위해 X_test에 예측한 레이블을 추가한 다음, 10단계에서 정상 테스트 데이터에 대해 격리 포레스트 인스턴스의 예측 결과를 그래프로 그린다. 정상 데이터 대부분을 정확하게 레이블링했다는 것을 알 수 있다. 동시에 (빨간색으로 표시한) 잘못 분류한 정상 데이터도 상당히 많다는 것도 알 수 있다.

얼마나 많은 거짓 경고false alarm를 허용하느냐에 따라 오탐지false positive의 수를 줄이도록 분류기를 미세하게 조정해야 할 수도 있다.

▌ 사이킷런의 HashingVectorizer와 TF-IDF를 사용한 자연어 처리

데이터 과학에서 분석해야 할 대상으로 텍스트를 자주 접하게 된다. 예를 들어 텍스트 데이터는 트윗tweet이나 기사 또는 네트워크 로그일 수 있다. 알고리듬은 숫자 데이터만 입력으로 받기 때문에 텍스트를 숫자로 된 특성으로 변환할 방법을 찾아야만 한다. 이를 위해 일련의 기술을 사용한다.

토큰token은 텍스트를 처리하는 단위unit다. 예를 들어 토큰을 단어word나 문장sentence, 또는 문자character로 지정할 수 있다. CountVectorizer 함수는 텍스트를 입력받아 텍스트 토큰 textual token의 개수로 구성된 벡터를 출력한다. HashingVectorizer 함수는 해석성interpretability 과 해시 충돌hashing collision을 사용하는 더 빠르고 확장성이 좋은 CountVectorzier 함수의 변 형이다. 이 함수가 유용할 수 있지만 문서 말뭉치document corpus에 등장하는 단어의 수를 세 는 것count만으로는 오도misleading할 수 있다. 그 이유는 불용어stop word[7]라고 하는 the나 a와 같이 중요하지 않은 단어들의 발생 빈도수가 높으며, 정보를 거의 갖고 있지 않기 때문이 다. 이런 이유로 이런 단어를 제거하고자 단어에 다른 가중값weight을 부여한다. 단어에 다 른 가중값을 부여하는 주된 기술은 **단어 빈도와 역문서 빈도**TF-IDF, Term-Frequency, Inverse-Document-Frequency라는 기술이다. TF-IDF의 주된 아이디어는 단어가 나타나는 횟수를 감안하되 해 당 단어가 들어 있는 문서의 수로 단어의 빈도를 상쇄한다는 것이다.

사이버 보안에서 텍스트 데이터는 거의 모든 곳에서 사용되고 있다. 이벤트 로그나 대화 내용, 함수 이름의 목록 등은 일부 예에 불과하다. 따라서 이 레시피로 이런 데이터를 다 룰 수 있는 능력을 갖춰야 한다.

준비

이 레시피를 위한 준비는 pip로 scikit-learn 패키지를 설치하는 것이다. 준비를 위한 명 령어는 다음과 같다.

```
pip install sklearn
```

---

7 인터넷 검색 시 검색 용어로 사용하지 않는 단어. 관사, 전치사, 조사, 접속사 등 검색 색인 단어로 의미가 없는 단어다. 다만 각 검색 엔진마다 동일하지 않기 때문에 다를 수도 있다. 출처: 정보통신용어사전 – 옮긴이

이 외에도 이 레시피에서 IRC 채널 #Anonops에서 만들어진 대화로 구성된 로그 파일 anonops_short.log를 사용한다.

실행 순서

이 레시피에서는 텍스트 데이터의 말뭉치corpus를 머신러닝 알고리듬에 사용할 수 있도록 숫자 형태로 변환한다.

1. 먼저 테스트 데이터를 들여온다.

```
with open("anonops_short.txt", encoding="utf8") as f:
    anonops_chat_logs = f.readlines()
```

2. HashingVectorizer를 사용해 텍스트에서 단어의 수를 세고, TF-IDF를 사용해 가중값을 부여한다.

```
from sklearn.feature_extraction.text import HashingVectorizer
from sklearn.feature_extraction.text import TfidfTransformer

my_vector = HashingVectorizer(input="content", ngram_range=(1, 2))
X_train_counts = my_vector.fit_transform(anonops_chat_logs,)
tf_transformer = TfidfTransformer(use_idf=True,).fit(X_train_counts)
X_train_tf = tf_transformer.transform(X_train_counts)
```

3. 최종 결과는 각 행이 텍스트 중의 하나를 나타내는 벡터인 성긴 행렬sparse matrix[8] 이다.

```
X_train_tf
```

---

8 행렬을 구성하는 원소들의 대부분이 0이라는 값을 갖고 있는 2차원 행렬. 행렬의 전체 크기에 비해 실제 유용한 정보들은 일부만 존재하기 때문에 별도의 작업 처리를 사용해 보다 효율적으로 적은 기억 장소에 표현하는 방법들이 사용되고 있다. 출처: 국립국어원 – 옮긴이

결과는 다음과 같다.

```
<180830x1048576 sparse matrix of type <class 'numpy.float64'>'
with 3158166 stored elements in Compressed Sparse Row format>
```

희소 행렬의 값을 살펴보자.

```
print(X_train_tf)
```

결과는 다음과 같다.

```
(0, 938273)      0.10023429482560929
(0, 871172)     -0.33044470291777067
(0, 755834)     -0.2806123960092745
(0, 556974)     -0.2171490773135763
(0, 548264)     -0.09851435603064428
(0, 531189)     -0.2566310842337745
(0, 522961)     -0.3119912982467716
(0, 514190)     -0.2527659565181208
(0, 501800)     -0.33044470291777067
(0, 499727)     -0.18952297847436425
(0, 488876)      0.13502094828386488
(0, 377854)      0.22710724511856722
(0, 334594)     -0.25581186158424035
(0, 256577)      0.20949022238574433
(0, 197273)     -0.30119674850360456
(0, 114899)      0.09713499033205285
(0, 28523)      -0.3060506288368513
(1, 960098)      0.09780838928665199
(1, 955748)     -0.2747271490090429
(1, 952302)      0.26070217969901804
(1, 938273)      0.12095603891963835
(1, 937092)     -0.2947114257264502
(1, 927866)      0.21727726371674563
(1, 820768)     -0.11065660403137358
(1, 772066)     -0.14344517367198276
  :       :
(180828, 329790)      0.06808618130417012
(180828, 312887)     -0.08249409552977467
(180828, 209871)      0.17685927011939476
(180828, 193711)     -0.14127016157231428
(180828, 181881)     -0.11885031537539834
(180828, 180525)     -0.06925490785130799
(180828, 156500)     -0.20787461071537122
(180828, 148568)      0.1963433059906426
(180828, 82508)      -0.1289257787752738
(180828, 79994)       0.23121076025389292
(180828, 78098)      -0.18205107240120946
(180828, 47738)       0.23121076025389292
(180828, 46353)       0.1045181919567425
(180828, 45900)      -0.09537730182105167
(180828, 45419)      -0.11189579574426382
(180828, 11712)      -0.16947494737589616
(180829, 1026910)     0.4082112914772047
(180829, 975831)     -0.18401193506169794
(180829, 936283)      0.2472007199039777
(180829, 856299)     -0.15436175878438183
(180829, 473183)     -0.4109200481669527
(180829, 464504)      0.2928849862993687
(180829, 251872)     -0.4714000763194845
(180829, 189128)      0.44418614795477124
(180829, 45900)      -0.20102520636796686
```

레시피 설명

1단계에서 #Anonops 텍스트 데이터셋을 가져오는 것으로 시작한다. Anonops IRC 채널은 익명 핵티비스트[hactivist][9] 그룹과 제휴했다. 특히 채팅 참가자들은 과거에 Anonops의 미래 목표를 계획하고 발표했다. 결과적으로 잘 설계된 머신러닝 시스템은 이런 데이터로 훈련해 사이버 공격을 예측할 수 있을 것이다. 2단계에서 `HashingVectorizer`를 인스턴스화했다. `HashingVectorizer`는 텍스트에서 1-그램[gram]과 2-그램 단어, 즉 글에서 단일 단어와 연속된 쌍의 단어의 개수를 계산한다. 그러고 나서 `HashingVectorizer`가 계산한 개수에 적절한 가중값을 부여하고자 TF-IDF 변환기를 적용했다. 최종 결과는 텍스트에서 1-그램과 2-그램의 빈도수를 나타내는 큰 성긴 행렬로 중요도에 따라 가중값이 부여됐다. 마지막으로 Scipy 형식으로 된 특성 데이터[featured data]의 성긴 행렬이 어떻게 생겼는지 살펴봤다.

▌ scikit-optimze를 사용한 초매개변수 조정

머신러닝에서 **초매개변수**[hyperparameter]는 훈련 과정을 시작하기 전에 값을 설정하는 매개변수다. 예를 들어 경사 부스팅[gradient boosting] 모델의 학습률[learning rate]과 다층 퍼셉트론[multi-layer perceptron] 은닉층[hidden layer]의 크기 모두를 선택하는 것이 초매개변수의 예다. 이와는 대조적으로 다른 매개변수의 값은 훈련을 통해 도출된다. 초매개변수 선택은 모델의 성능에 큰 영향을 미칠 수 있으므로 매우 중요하다.

초매개변수 조정에 관한 가장 기본적인 접근 방식은 **격자 검색**[grid search]이다. 이 방법에서 각 초매개변수에 관한 잠재적인 값의 범위를 지정한 다음, 최상의 조합을 찾을 때까지 모

---

9 해커(hacker)와 행동주의자(activist)를 더한 말로 인터넷에서 해킹을 투쟁 수단으로 하는 행동주의자. 이들은 거리에서 구호를 외치거나 전단을 나눠 주는 고전적인 투쟁 방법 대신 가상 공간에서 주요 기관의 인터넷 사이트를 동시 다발로 해킹해 자신들의 주장을 편다. 출처: 정보통신용어사전 - 옮긴이

든 값을 대입한다. 이 전수 공격brute-force[10] 접근 방식은 포괄적이지만 계산적으로 집중하는 방식이다. 더 세련된 방법이 있다. 이 레시피에서는 초매개변수에 관해 scikit-optimize 를 사용해 베이즈 최적화Bayesian optimization를 하는 방법을 살펴본다. 기본 격자 검색과는 달리 베이즈 최적화에서는 모든 매개변수 값을 대입하지 않고, 매개변수 설정을 지정된 분포에서 고정된 개수만 표본 추출한다. 베이즈 최적화에 관한 자세한 내용은 https://bit.ly/3hE4kSb에서 확인할 수 있다.

준비

이 레시피를 위한 준비는 pip로 xgboost와 scikit-optimize를 설치하고자 특정 버전의 scikit-learn[11]을 설치하는 것이다. 준비를 위한 명령어는 다음과 같다.

```
pip install -upgrade sklearn
pip install xgboost scikit-optimize pandas
```

실행 순서

이 레시피에서는 표준 와인 데이터셋을 가져오고 베이즈 최적화를 사용해 XGBoost 모델의 초매개변수를 조정한다.

1. 사이킷런에서 wine 데이터셋을 들여온다.

```
from sklearn import datasets

wine_dataset = datasets.load_wine()
```

---

10 조합 가능한 모든 경우의 수를 다 대입하는 것으로 가장 단순하면서도 100% 정확도를 보장하는 방법이지만 최적화나 효율성과는 거리가 멀다. – 옮긴이

11 사이킷런 0.19 버전 이상을 설치하면 되며, 가급적 최신 버전으로 업데이트하거나 설치하면 scikit-optimize를 설치할 수 있다. – 옮긴이

```
X = wine_dataset.data
y = wine_dataset.target
```

2. XGBoost와 계층화된 K−겹^{stratified K-fold}을 들여온다.

```
import xgboost as xgb
from sklearn.model_selection import StratifiedKFold
```

3. scikit-optimize에서 BayesSearchCV를 가져와 테스트하기 위한 매개변수 설정의 개수를 지정한다.

```
from skopt import BayesSearchCV

n_iterations = 50
```

4. 추정기^{estimator}를 지정한다. 이 경우 XGBoost를 선택하고 다계급 분류^{multi-class classification}를 수행하도록 설정한다.

```
estimator = xgb.XGBClassifier(
    n_jobs=-1,
    objective="multi:softmax",
    eval_metric="merror",
    verbosity=0,
    num_class=len(set(y))
)
```

5. 매개변수 검색 범위를 지정한다.

```
search_space = {
    "learning_rate": (0.01, 1.0, "log-uniform"),
    "min_child_weight": (0, 10),
    "max_depth": (1, 50),
    "max_delta_step": (0, 10),
    "subsample": (0.01, 1.0, "uniform"),
    "colsample_bytree": (0.01, 1.0, "log-uniform"),
```

```
        "colsample_bylevel": (0.01, 1.0, "log-uniform"),
        "reg_lambda": (1e-9, 1000, "log-uniform"),
        "reg_alpha": (1e-9, 1.0, "log-uniform"),
        "gamma": (1e-9, 0.5, "log-uniform"),
        "min_child_weight": (0, 5),
        "n_estimators": (5, 5000),
        "scale_pos_weight": (1e-6, 500, "log-uniform")
}
```

6. 수행할 교차 검증cross-validation 유형을 지정한다.

```
cv = StratifiedKFold(n_splits=3, shuffle=True)
```

7. 정의한 설정을 사용할 BayesSearchCV를 정의한다.

```
bayes_cv_tuner = BayesSearchCV(
    estimator=estimator,
    search_spaces=search_space,
    scoring="accuracy",
    cv=cv,
    n_jobs=-1,
    n_iter=n_iterations,
    verbose=0,
    refit=True
)
```

8. 매개변수 검색의 진행 상황을 출력할 콜백 함수callback function를 정의한다.

```
import pandas as pd
import numpy as np

def print_status(optimal_result):
    """ 지금까지 찾은 최상의 매개변수와 검색에서 얻은 정확도를 보여 준다. """
    models_tested = pd.DataFrame(bayes_cv_tuner.cv_results_)
    best_parameters_so_far = pd.Series(bayes_cv_tuner.best_params_)

    print(f"Model #{len(models_tested):03}")
```

```
print(f"Best accuracy so far: {np.round(bayes_cv_tuner.best_score_, 3)}")
print(f"Best parameters so far: {bayes_cv_tuner.best_params_}\n")

clf_type = bayes_cv_tuner.estimator.__class__.__name__
models_tested.to_csv(clf_type + "_cv_results_summary.csv")
```

9. 매개변수 검색을 수행한다.

```
result = bayes_cv_tuner.fit(X, y, callback=print_status)
```

결과는 다음과 같다.

```
Model #001
Best accuracy so far: 0.972
Best parameters so far: OrderedDict([('colsample_bylevel',
0.02165949917756298), ('colsample_bytree', 0.32580819847670095), ('gamma',
0.0021659932456097168), ('learning_rate', 0.0808652116928925), ('max_delta_
step', 1), ('max_depth', 41), ('min_child_weight', 0), ('n_estimators', 3544),
('reg_alpha', 2.974573578390652e-08), ('reg_lambda', 242), ('scale_pos_
weight', 317), ('subsample', 0.6669131734105307)])

Model #002
Best accuracy so far: 0.972
Best parameters so far: OrderedDict([('colsample_bylevel',
0.02165949917756298), ('colsample_bytree', 0.32580819847670095), ('gamma',
0.0021659932456097168), ('learning_rate', 0.0808652116928925), ('max_delta_
step', 1), ('max_depth', 41), ('min_child_weight', 0), ('n_estimators', 3544),
('reg_alpha', 2.974573578390652e-08), ('reg_lambda', 242), ('scale_pos_
weight', 317), ('subsample', 0.6669131734105307)])

Model #003
Best accuracy so far: 0.972
Best parameters so far: OrderedDict([('colsample_bylevel',
0.02165949917756298), ('colsample_bytree', 0.32580819847670095), ('gamma',
0.0021659932456097168), ('learning_rate', 0.0808652116928925), ('max_delta_
step', 1), ('max_depth', 41), ('min_child_weight', 0), ('n_estimators', 3544),
('reg_alpha', 2.974573578390652e-08), ('reg_lambda', 242), ('scale_pos_
weight', 317), ('subsample', 0.6669131734105307)])
```

```
Model #004
Best accuracy so far: 0.972
Best parameters so far: OrderedDict([('colsample_bylevel',
0.02165949917756298), ('colsample_bytree', 0.32580819847670095), ('gamma',
0.0021659932456097168), ('learning_rate', 0.0808652116928925), ('max_delta_
step', 1), ('max_depth', 41), ('min_child_weight', 0), ('n_estimators', 3544),
('reg_alpha', 2.974573578390652e-08), ('reg_lambda', 242), ('scale_pos_
weight', 317), ('subsample', 0.6669131734105307)])
```

레시피 설명

1~2단계에서 표준 데이터셋과 와인 데이터셋뿐만 아니라 분류에 필요한 라이브러리를 들여온다. 더 흥미로운 3단계에서는 시도해야 할 매개변수 조합의 개수와 관련해 얼마나 오랫동안 초매개변수를 검색할 것인지 지정한다. 검색 시간이 길어질수록 계산 시간이 늘어나고 과적합될 우려가 있지만 결과는 더 좋아진다. 4단계에서 XGBoost를 모델로 선택한 다음, 계급의 수와 문제의 유형, 그리고 평가 측정 지표evaluation metric를 지정한다. 이 부분은 문제의 유형에 따라 달라진다. 예를 들어 회귀 문제regression problem에서는 평가 측정 지표를 오차제곱평균의 제곱근RMSE, Root Mean Square Error[12], eval_metric = 'rmse'로 설정하고 분류할 계급의 개수를 num_class로 맞춘다.

XGBoost 외에 다른 모델도 초매개변수 최적화기hyperparameter optimizer로 선택할 수 있다. 5단계에서 탐색할 각 매개변수에 대한 확률 분포를 지정한다. 단순 격자 검색simple grid search에 BayesSearchCV를 사용하는 장점 중의 하나는 매개변수 공간을 더 지능적으로 탐색할 수 있다는 것이다. 6단계에서 교차 검증 기법을 지정한다. 분류 문제를 풀고 있으므로 계층화된 겹stratified fold을 지정하는 것이 좋다. 그러나 회귀 문제를 풀 때에는 StratifiedKFold를 KFold로 바꿔야 한다.

---

12 이 용어에 대한 학술용어는 제곱근평균제곱오차이지만 용어의 의미는 오차를 제곱한 값들의 평균값에 제곱근을 취한 값을 의미하며, 학술용어가 용어를 글자 그대로 잘못 번역해 사용되고 있다. 용어의 의미를 전달하기 위해 학술용어를 사용하지 않았다. — 옮긴이

또한 결과 측정에 더 큰 분할 수^{splitting number}가 선호되지만 계산이 많아진다. 7단계에서 변경할 수 있는 추가 설정을 볼 수 있다. 특히 n_jobs의 값으로 작업을 병렬화할 수 있다. 진행 상황 보여 주기 여부^{versbose}와 점수 계산 방법도 변경할 수 있다. 검색 과정과 초매개 변수 조정의 성능을 모니터링하고자 8단계에서 진행 상황을 출력하는 콜백 함수를 정의한다. 또한 격자 검색 결과를 CSV 파일로 저장한다. 마지막으로 9단계에서 초매개변수를 검색한다. 모니터링을 위한 출력을 통해 초매개변수 검색의 각 반복에서 대한 매개변수와 성능을 관찰할 수 있다.

이 책에서 앞으로는 분류기의 초매개변수 조정은 하지 않는다. 그 이유 중 하나는 간결함 때문이며 또 다른 이유로는 여기서 초매개변수 조정이 최종 사용자의 알고리듬 성능에 관한 특정 요구 사항이나 목표가 없어서 조기 최적화^{premature optimization}가 될 수 있기 때문이다. 여기서 초매개변수 조정 방법을 살펴봤으므로 이 레시피를 응용 프로그램에 바로 적용할 수 있을 것이다.

기억해야 할 초매개변수 조정을 위한 또 다른 중요한 라이브러리는 hyperopt다.

02

머신러닝 기반 악성코드 탐지

2장에서는 사이버 보안에 데이터 과학을 적용하는 방법을 살펴본다. 먼저 악성코드 샘플에 정적 분석static analysis과 동적 분석dynamic analysis을 적용하는 방법을 알아본다. 이런 지식을 바탕으로 좋은 정보를 제공하는 특성informative feature을 가진 데이터셋을 구축하기 위해 악성코드의 샘플을 특성화하는 방법을 알아본다. 2장의 핵심은 특성화 기술을 사용해 정적 악성코드 탐지기를 만드는 방법을 익히는 것이다. 마지막으로 계급 불균형class imbalance 과 **오탐률**FPR, False Positive Rate 제약과 같은 사이버 보안 영역에서 발생하는 중요한 머신러닝 도전 과제를 해결하는 방법을 알아본다.

2장에서는 다음과 같은 레시피를 설명한다.

- 악성코드 정적 분석
- 악성코드 동적 분석
- 머신러닝을 사용해 파일 유형 탐지하기
- 두 문자열 간의 유사도^{similarity} 측정
- 두 파일 간의 유사도 측정
- N-그램 추출
- 최상의 N-그램 선택
- 정적 악성코드 탐지기 구축
- 계급 불균형 해결
- 1종 오류와 2종 오류 처리

▌ 기술 요구 사항

2장에서는 다음과 같은 라이브러리를 사용한다.

- YARA
- pefile
- PyGitHub
- 쿠쿠 샌드박스$^{Cuckoo\ Sandbox}$
- **자연어 툴키트**$^{NLTK,\ Natural\ Language\ Toolkit}$
- imbalanced-learn

설치 명령어와 코드는 https://github.com/PacktPublishing/Machine-Learning-for-Cybersecurity-Cookbook/tree/master/Chapter02에서 확인할 수 있다.

▌ 악성코드 정적 분석

정적 분석static analysis[1]에서는 악성코드 샘플을 실행하지 않고 검사한다. 이렇게 분석해 얻을 수 있는 정보의 양은 파일의 이름처럼 간단한 것에서부터 전문적인 YARA[2] 시그니처YARA signature에 이르기까지 다양하다. 2장에서 샘플을 정적으로 분석해 얻을 수 있는 다양한 특성을 다룬다. 정적 분석의 위력과 편리함에도 불구하고 악성코드가 난독화될 수 있으므로 정적 분석이 만능은 아니다. 이런 이유로 이후의 장에서 동적 분석과 다른 분석 기법을 적용한다.

샘플의 해시값 계산

해시 계산의 복잡성을 설명하지는 않겠지만 해시hash는 본질적으로 짧고 고유한 문자열 시그니처string signature다. 예를 들어 파일의 바이트 열byte sequence을 해시해 해당 파일에 대해 본질적으로 고유한 코드를 얻을 수 있다. 해시값으로 빠르게 두 파일을 비교해 동일성 여부를 확인할 수 있다.

해시 알고리듬이 많이 있지만 여기서는 가장 중요한 SHA256과 MD5에 초점을 맞춘다. MD5 해시 알고리듬은 2개의 다른 객체가 같은 해시값을 갖는 해시값 충돌로 인한 취약성이 있는 것으로 밝혀졌으며, 이로 인해 MD5 해시 알고리듬을 사용할 때에는 주의를 기울여야 한다. 이 레시피에서 실행 파일에 대한 MD5와 SHA256 해시값을 계산한다.

---

1 어떤 프로그램을 분석할 때 그 프로그램을 실행시키지 않고 프로그램 자체를 분석하는 것. 프로그램에 내재한 논리적 오류는 보통 프로그램을 실행해 확인하지 않으면 찾기가 힘들지만, 정적 분석은 이러한 오류를 찾아내는 데 도움을 줄 수 있다. 출처: 정보통신용어사전 – 옮긴이

2 악성코드 샘플에 포함된 패턴을 이용해 특성과 행위를 기준으로 악성 파일을 분류하는 데 사용하는 도구다. 출처: 데일리시큐 (https://bit.ly/3jncP4w) – 옮긴이

준비

이 레시피를 위한 준비는 https://www.python.org/ftp/python/3.7.2/python-3.7.2 -amd64.exe에서 파이썬 실행 파일을 테스트 파일로 내려받는 것이다.

실행 순서

이 레시피에서는 파일의 해시값을 계산한다.

1. 라이브러리를 가져오고 해시값을 계산하려는 파일을 선택하는 것으로 시작한다.

```
import sys
import hashlib

filename = "python-3.7.2-amd64.exe"
```

2. MD5와 SHA256 객체를 인스턴스화하고, 청크chunk[3]의 크기를 지정한다.

```
BUF_SIZE = 65536
md5 = hashlib.md5()
sha256 = hashlib.sha256()
```

3. 파일을 64KB의 청크로 읽어 점진적으로 해시값을 계산한다.

```
with open(filename, "rb") as f:
    while True:
        data = f.read(BUF_SIZE)
        if not data:
        break
        md5.update(data)
        sha256.update(data)
```

---

3 컴퓨터에서 할당되는 메모리 단위. 수 바이트에서 수 킬로바이트에 이르기까지 필요에 의해 다양하게 할당된다. 출처: 정보통신 용어사전 – 옮긴이

4. 마지막으로 최종 해시값을 출력한다.

```
print(f'{filename} 파일의 MD5 해시값: \n{md5.hexdigest()}')
print()
print(f'{filename} 파일의 SHA256 해시값: \n{sha256.hexdigest()}')
```

결과는 다음과 같다.

```
python-3.7.2-amd64.exe 파일의 MD5 해시값:
ff258093f0b3953c886192dec9f52763

python-3.7.2-amd64.exe 파일의 SHA256 해시값:
0fe2a696f5a3e481fed795ef6896ed99157bcef273ef3c4a96f2905cbdb3aa13
```

레시피 설명

1단계에서 해시값 계산을 위한 표준 파이썬 라이브러리 hashlib를 들여온다. 또한 해시값 계산을 할 파일을 지정한다. 레시피에서의 파일은 python-3.7.2-amd64.exe다.

2단계에서 md5 객체와 sha256 객체를 인스턴스화하고, 파일을 읽을 청크의 크기를 명시했다.

3단계에서 .update(data) 메서드를 사용했다. 이 메서드는 연접한 해시값hash of the concatenation을 계산하므로 해시값을 점진적으로 계산할 수 있다. 즉 hash.update(a) 다음에 오는 hash.update(b)는 hash.update(a+b)와 같다.

4단계에서 해시값을 16진수로 출력한다.

우리가 계산한 해시값이 VirusTotal이나 다른 공식 파이썬 웹사이트와 같은 다른 출처에서 제공하는 해시값과 같다는 것을 확인할 수 있다. 파이썬 웹사이트(https://www.python.org/downloads/release/python-372/)에 표시된 MD5 해시값은 다음과 같다.

| Windows x86-64 executable installer | Windows | for AMD64/EM64T/x64 | ff258093f0b3953c886192dec9f52763 | 26140976 | SIG |

VirusTotal(https://www.virustotal.com/gui/)에 파일을 올려 계산한 SHA256 해시값은 다음과 같다.

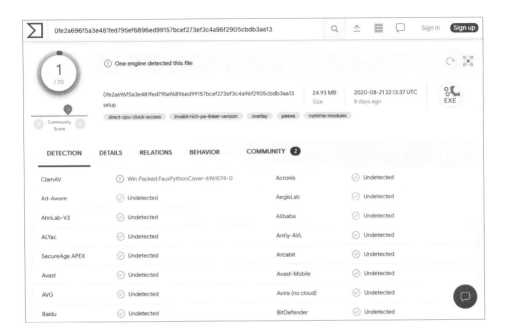

YARA

YARA는 보안 전문가가 규칙[rule]과 일치하는 모든 샘플을 분류하는 데 사용할 수 있는 규칙을 쉽게 명시할 수 있는 컴퓨터 언어다. 예를 들어 최소한의 규칙은 다음과 같이 구성된다.

```
rule my_rule_name { condition: false }
```

이 규칙은 모든 파일을 제외한다. 반대로 다음 규칙은 모든 샘플을 선택한다.

```
rule my_rule_name { condition: true }
```

더 유용한 예는 100KB가 넘는 모든 파일을 선택하는 것이다.

```
rule over_100kb { condition: filesize > 100KB }
```

다른 예로는 특정 파일이 PDF 파일인지 확인하는 것이다. 이를 위해 파일 시그니처[4]가 PDF 파일에 해당하는지 확인한다. 파일 시그니처는 파일이 시작하는 부분에 있으며, 파일의 유형을 나타내는 몇 바이트의 문자열이다. PDF 파일의 시그니처는 25 50 44 46이다.

```
rule is_a_pdf {
strings:
  $pdf_magic = {25 50 44 46}
condition:
  $pdf_magic at 0
}
```

이제 규칙을 파일에 적용하는 방법을 살펴보자.

준비

이 레시피를 위한 준비는 YARA를 설치하는 것이다. 설치 방법은 https://yara.readthe docs.io/en/stable/에서 확인할 수 있다.

실행 순서

이 레시피에서는 YARA 규칙을 만들고 파일에 테스트한다.

   1. 아래의 규칙을 텍스트 파일에 복사하고 텍스트 파일의 이름을 rules.yara로 한다.

```
rule is_a_pdf
```

---

4 파일의 내용을 식별하거나 확인하는 데 사용되는 데이터로, 매직 넘버(magic number)나 체크섬(checksum), 또는 해시값을 이용한다. 여기서는 매직 넘버를 파일 시그니처로 사용한다. – 옮긴이

```
{
        strings:
            $pdf_magic = {25 50 44 46}
        condition:
            $pdf_magic at 0
}
rule dummy_rule1
{
        condition: false
}
rule dummy_rule2
{
        condition: true
}
```

2. YARA 규칙을 적용할 파일을 선택한다. 이 파일을 target_file이라고 하자. 터미 널에서 yara rules.yara target_file과 같이 다음 명령어를 실행한다.

```
yara rule.yara PythonBrochure
```

결과는 다음과 같다.

```
is_a_pdf PythonBrochure.pdf
dummy_rule2 PythonBrochure.pdf
```

레시피 설명

1단계에서 몇 개의 YARA 규칙을 만들었다. 첫 번째 규칙은 매직 넘버가 PDF 파일의 매 직 넘버와 일치하는지 확인한다. 다른 2개의 규칙은 사소한 규칙으로 하나는 모든 파일을 선택하고, 다른 파일은 모든 파일을 제외하는 것이다. 2단계에서 YARA 프로그램을 사용 해 대상 파일에 규칙을 적용했다. 효과적인 YARA 규칙을 사용하면 예상한 대로 파일이 어떤 규칙과는 일치하지만 다른 규칙은 일치하지 않는다는 것을 알 수 있다.

PE 헤더 검사

PE[Portable Executable] 파일[5]은 윈도우[Windows]의 일반적인 파일 형식[file type]이다. PE 파일로는 .exe, .dll, .sys 파일 등이 있다. 모든 PE 파일은 PE 헤더[header]를 갖고 있어 다른 파일과 구별되며, PE 헤더는 뒤에 오는 후속 코드의 구분 문석[parse] 방법을 윈도우에 알려 주는 코드다. PE 헤더의 필드[field]는 악성코드 탐지의 특성으로 자주 사용된다. PE 헤더의 다양한 값을 쉽게 추출하고자 pefile 파이썬 모듈을 사용한다. 이 레시피에서 파일의 PE 헤더를 구문 분석한 다음 PE 헤더에서 주목할 만한 부분을 출력한다.

준비

이 레시피를 위한 준비는 pip로 pefile 패키지를 설치하는 것이다. 준비를 위한 명령어는 다음과 같다.

```
pip install pefile
```

이 외에도 https://www.python.org/ftp/python/3.7.2/python-3.7.2-amd64.exe 에서 파이썬 실행 파일을 테스트 파일로 내려받는다.

실행 순서

이 레시피에서는 파일의 PE 헤더를 구분 문석하고 PE 헤더에서 주목할 만한 부분을 출력한다.

1. pefile을 가져와 분석하고자 하는 파일의 PE 헤더의 구문 분석에 사용한다.

```
import pefile
```

---

5 윈도우 운영체제에서 사용되는 실행 파일, DLL, object 코드, FON 폰트 파일 등을 위한 파일 형식이다. PE 파일 형식은 윈도우 로더가 실행 가능한 코드를 관리하는 데 필요한 정보를 캡슐화한 데이터 구조체다. 이것은 프로그램 안에서 파일 링크를 위한 동적 라이브러리 참조, API 익스포트와 임포트 테이블, 자원 관리 데이터, TLS 데이터를 포함한다. 윈도우 NT 운영체제에서, PE 파일 형식은 EXE, DLL, SYS (디바이스 드라이버), 다른 파일 종류에서 사용된다. 통일 확장 펌웨어 인터페이스(EFI) 설명서는 PE가 EFI 환경에서 표준 실행 파일 형식이라고 언급한다. 출처: 위키피디아 - 옮긴이

```
desired_file = "python-3.7.2-amd64.exe"
pe = pefile.PE(desired_file)
```

2. PE 파일이 임포트^{import}하는 것을 나열한다.

```
for entry in pe.DIRECTORY_ENTRY_IMPORT:
    print(entry.dll)
    for imp in entry.imports:
        print(f"\t{hex(imp.address)}, {imp.name}')
```

결과의 일부분은 다음과 같다.

```
b'ADVAPI32.dll'
        0x44b000, b'RegCloseKey'
        0x44b004, b'RegOpenKeyExW'
        0x44b008, b'OpenProcessToken'
        0x44b00c, b'AdjustTokenPrivileges'
        0x44b010, b'LookupPrivilegeValueW'
        0x44b014, b'InitiateSystemShutdownExW'
        0x44b018, b'GetUserNameW'
        0x44b01c, b'RegQueryValueExW'
        0x44b020, b'RegDeleteValueW'
        0x44b024, b'CloseEventLog'
        0x44b028, b'OpenEventLogW'
        0x44b02c, b'ReportEventW'
        0x44b030, b'ConvertStringSecurityDescriptorToSecurityDescriptorW'
        0x44b034, b'DecryptFileW'
        0x44b038, b'CreateWellKnownSid'
        0x44b03c, b'InitializeAcl'
        0x44b040, b'SetEntriesInAclW'
        0x44b044, b'ChangeServiceConfigW'
        0x44b048, b'CloseServiceHandle'
        0x44b04c, b'ControlService'
        0x44b050, b'OpenSCManagerW'
        0x44b054, b'OpenServiceW'
        0x44b058, b'QueryServiceStatus'
        0x44b05c, b'SetNamedSecurityInfoW'
        0x44b060, b'CheckTokenMembership'
        0x44b064, b'AllocateAndInitializeSid'
        0x44b068, b'SetEntriesInAclA'
        0x44b06c, b'SetSecurityDescriptorGroup'
        0x44b070, b'SetSecurityDescriptorOwner'
        0x44b074, b'SetSecurityDescriptorDacl'
        0x44b078, b'InitializeSecurityDescriptor'
        0x44b07c, b'RegSetValueExW'
        0x44b080, b'RegQueryInfoKeyW'
        0x44b084, b'RegEnumValueW'
        0x44b088, b'RegEnumKeyExW'
        0x44b08c, b'RegDeleteKeyW'
        0x44b090, b'RegCreateKeyExW'
        0x44b094, b'GetTokenInformation'
        0x44b098, b'CryptDestroyHash'
        0x44b09c, b'CryptHashData'
        0x44b0a0, b'CryptCreateHash'
        0x44b0a4, b'CryptGetHashParam'
        0x44b0a8, b'CryptReleaseContext'
        0x44b0ac, b'CryptAcquireContextW'
        0x44b0b0, b'QueryServiceConfigW'
```

3. PE 파일의 섹션^{section}을 나열한다.

```
for section in pe.sections:
    print(
        section.Name,
        hex(section.VirtualAddress),
        hex(section.Misc_VirtualSize),
        section.SizeOfRawData,
    )
```

결과는 다음과 같다.

```
b'.text\x00\x00\x00' 0x1000 0x49937 301568
b'.rdata\x00\x00' 0x4b000 0x1ed60 126464
b'.data\x00\x00\x00' 0x6a000 0x1730 2560
b'.wixburn' 0x6c000 0x38 512
b'.rsrc\x00\x00\x00' 0x6d000 0x165f4 91648
b'.reloc\x00\x00' 0x84000 0x3dfc 15872
```

4. 구문 분석한 정보의 전체 덤프^{dump6}를 출력한다.

```
print(pe.dump_info())
```

결과의 일부분은 다음과 같다.

---

6 프로그램의 오류 수정이나 데이터의 검사를 위해 기억 장치나 파일 내용의 전체 또는 일부를 행 인쇄기에 출력(copy)하는 것. 출
   처: 정보통신용어사전 – 옮긴이

```
          ----------DOS_HEADER----------

        [IMAGE_DOS_HEADER]
        0x0       0x0    e_magic:              0x5A4D
        0x2       0x2    e_cblp:               0x90
        0x4       0x4    e_cp:                 0x3
        0x6       0x6    e_crlc:               0x0
        0x8       0x8    e_cparhdr:            0x4
        0xA       0xA    e_minalloc:           0x0
        0xC       0xC    e_maxalloc:           0xFFFF
        0xE       0xE    e_ss:                 0x0
        0x10      0x10   e_sp:                 0xB8
        0x12      0x12   e_csum:               0x0
        0x14      0x14   e_ip:                 0x0
        0x16      0x16   e_cs:                 0x0
        0x18      0x18   e_lfarlc:             0x40
        0x1A      0x1A   e_ovno:               0x0
        0x1C      0x1C   e_res:
        0x24      0x24   e_oemid:              0x0
        0x26      0x26   e_oeminfo:            0x0
        0x28      0x28   e_res2:
        0x3C      0x3C   e_lfanew:             0x110


          ----------NT_HEADERS----------

        [IMAGE_NT_HEADERS]
        0x110     0x0    Signature:            0x4550

          ----------FILE_HEADER----------

        [IMAGE_FILE_HEADER]
        0x114     0x0 Machine:                 0x14C
        0x116     0x2 NumberOfSections:        0x6
```

레시피 설명

1단계에서 pefile 라이브러리를 가져오고 분석하려는 파일을 지정하는 것으로 시작한다. 이 레시피에서 파일은 python-3.7.2-amd64.exe이지만 다른 PE 파일을 분석하는 것도 쉽다. 2단계에서 파일이 어떤 메서드method를 사용하는지 알고자 파일이 가져오는 DLL을 계속 조사한다. DLL은 다른 응용 프로그램이 호출할 수 있는 코드의 라이브러리library이므로 DLL을 찾을 수 있다. 예를 들어 USER32.dll은 사용자 인터페이스 구축을 위한 핵심 기능을 제공하는 마이크로소프트 윈도우Microsoft Windows 운영체제의 구성 요소인 Windows USER 가 포함된 라이브러리다. 이 구성 요소를 사용해 다른 응용 프로그램이 윈도우 관리window management, 메시지 전달message passing, 입력 처리input processing, 표준 제어standard control 기능을 사용할 수 있다. 논리적으로 파일이 GetCursorPos와 같은 메서드를 들여오는 것을 본다면 커서의 위치를 결정할 수 있다. 3단계에서 PE 파일의 섹션^{section}을 출력한다. 섹션은 프로그램의 여러 부분을 논리적이고 물리적으로 분할하는 역할을 하므로 분석가에게 프로그램에 관한 귀중한 정보를 제공한다. 마지막으로 4단계에서 나중에 특성 공학^{feature engineering}에 사용할 수 있도록 파일에서 구문 분석한 PE 헤더 정보를 모두 출력했다.

PE 헤더 특성화

이 레시피 절에서는 malware(악성)/benign(정상) 샘플 분류기 구축에 사용할 PE 헤더에서 특성을 추출한다. 계속해서 pefile 파이썬 모듈을 사용한다.

준비

이 레시피를 위한 준비는 pip로 pefile 패키지를 설치하는 것이다. 준비를 위한 명령어는 다음과 같다.

```
pip install pefile
```

이 외에도 저장소의 최상위 디렉터리 PE Samples Dataset에 정상 파일과 악성 파일 샘플이 있다. 정상 샘플 파일이 들어 있는 Benign PE Samples*.7z 압축 파일을 Benign PE Samples 디렉터리에 푼다. 악성 샘플 파일이 들어 있는 Malicious PE Samples*.7z 압축 파일을 Malicious PE Samples 디렉터리에 푼다.

실행 순서

이 레시피에서는 PE 헤더에서 주목할 한만 부분을 수집한다.

1. pefile과 샘플 파일의 목록을 확인하기 위한 모듈을 들여온다.

   ```
   import pefile
   ```

```
from os import listdir
from os.path import isfile, join

directories = ["Benign PE Samples", "Malicious PE Samples"]
```

2. 파일의 섹션 이름을 수집하고 함수와 가독성^{readability}과 정규화^{normalization}를 위해 섹션 이름을 전처리^{preprocess}하는 함수를 정의한다.

```
def get_section_names(pe):
    """PE 파일에서 섹션의 이름 리스트를 만든다."""
    list_of_section_names = []
    for sec in pe.sections:
        normalized_name = sec.Name.decode().replace("\x00", "").lower()
        list_of_section_names.append(normalized_name)
    return list_of_section_names
```

3. 들여온 것^{import}을 전처리한 후 이름을 소문자로 표준화하는 함수를 정의한다.

```
def preprocess_imports(list_of_DLLs):
    """PE 파일에서 들여온 것들의 이름을 소문자로 정규화한다."""
    return [x.decode().split(".")[0].lower() for x in list_of_DLLs]
```

4. pefile을 사용해 파일에서 들여온 것을 수집하는 함수를 정의한다.

```
def get_imports(pe):
    """PE 파일에서 들여온 것들의 리스트를 만든다."""
    list_of_imports = []
    for entry in pe.DIRECTORY_ENTRY_IMPORT:
        list_of_imports.append(entry.dll)
    return preprocess_imports(list_of_imports)
```

5. 마지막으로 모든 파일에 대해 반복하고 특성을 저장할 리스트^{list}를 만든다.

```
imports_corpus = []
num_sections = []
section_names = []
```

```
for dataset_path in directories:
    samples = [f for f in listdir(dataset_path) if isfile(join(dataset_path,
f))]
    for file in samples:
        file_path = dataset_path + "/" + file
        try:
```

6. 위의 특성을 수집하는 것 이외에 파일의 섹션 개수도 수집한다.

```
pe = pefile.PE(file_path)
imports = get_imports(pe)
n_sections = len(pe.sections)
sec_names = get_section_names(pe)
imports_corpus.append(imports)
num_sections.append(n_sections)
section_names.append(sec_names)
```

7. 파일의 PE 헤더를 구문 분석할 수 없는 경우를 대비한 예외 처리를 마련한다.

```
except Exception as e:
    print(e)
    print("f"{file_path}의 헤더를 구문 분석할 수 없습니다.")
```

레시피 설명

1단계에서 샘플 파일을 열거하고 확인하기 위해 **pefile** 모듈을 들여온다. 2단계에서는 편의 함수convenience function를 정의한다. 함수를 정의하는 이유는 다양한 경우(대문자와 소문자)를 사용해 들여오는import 경우가 많기 때문이다. 이로 인해 같은 것들이 다른 것으로 표현된다.

들여온 것import을 전처리한 후에 파일이 가져오는 모든 것을 리스트로 만드는 다른 함수를 정의한다. 또한 3단계에서 파일의 섹션 이름을 수집하고 파일의 다른 부분을 포함하면서 이름을 .text, .rsrc, .reloc와 같은 이름으로 표준화하기 위한 함수를 정의한다. 그런 다음 디렉터리에 있는 파일을 열거enumerate하고 추출할 특성을 저장할 빈 리스트를 만든다.

4단계에서 미리 정의한 함수가 들여온^{import} 것을 수집하고, 5~6단계에서 각 파일의 섹션 이름과 섹션의 개수를 수집한다. 마지막으로 7단계에서 파일의 PE 헤더를 구문 분석할 수 없는 경우를 대비해 예외 처리^{try-catch} 절을 정의한다. 여러 가지 이유로 인해 파일의 PE 헤더 구분을 분석할 수 없는 경우가 발생한다. 한 가지 이유는 파일이 실제로 PE 파일이 아닌 경우다. 또 다른 이유는 PE 헤더가 의도적으로 또는 의도하지 않게 변형됐기 때문이다.

▌ 악성코드 동적 분석

정적 분석^{static analysis}과 달리 동적 분석^{dynamic analysis}은 전문가가 샘플을 실행한 다음, 실행 중인 샘플의 동작을 연구하는 악성코드 분석 기법이다. 정적 분석에 비해 동적 분석의 주된 장점은 샘플의 콘텐츠나 동작을 해독하는 것이 아니라 단순히 샘플의 동작을 관찰함으로써 난독화^{obfuscation}를 우회할 수 있다는 것이다. 악성코드는 본질적으로 안전하지 않으므로 연구자들은 **가상머신**^{VM, Virtual Machine}에서 샘플을 실행한다. 이를 **샌드박싱**^{sanboxing}이라고 한다.

준비

가상머신에서 악성코드 샘플을 자동으로 분석하는 도구로서 가장 널리 사용되는 것 중 하나가 쿠쿠 샌드박스^{Cuckoo Sandbox}다. 쿠쿠 샌드박스를 처음 설치하는 과정은 간단하다. 설치 명령어는 다음과 같다.

```
pip install -U cuckoo
```

분석용 머신을 제어할 수 있는 가상머신이 설치돼 있는지 확인해야 한다. 샌드박스를 구성하는 것은 도전이 될 수 있지만 설명은 https://cuckoo.sh/docs/에서 확인할 수 있다

쿠쿠.[7] 이제 쿠쿠 샌드박스를 사용해 악성코드 샘플을 동적 분석하는 방법을 살펴보자.

실행 순서

쿠쿠 샌드박스를 설치하고 웹 인터페이스를 실행한 뒤, 다음 단계에 따라 샘플의 실행 정보runtime information를 수집한다.

1. 웹 인터페이스를 열고, SUBMIT A FILE FOR ANALYSIS를 클릭해 분석할 샘플을 선택한다.

---

7 쿠쿠 샌드박스 설치와 운영 방법은 에이콘출판에서 2018년에 출간한 『CUCKOO SANDBOX - 쿠쿠 샌드박스 구축과 확장 + 운영 팁』(최우석 저)과 UTOPIAN CYBER KNIGHT의 블로그 'Cuckoo Installation on Ubuntu 20(https://utopianknight.com/malware/cuckoo-installation-on-ubuntu-20/)'를 참조하고, MongoBD 설치 방법은 Digital Ocean의 Tutorials 'How To Install MongoDB on Ubuntu 20.04(https://www.digitalocean.com/community/tutorials/how-to-install-mongodb-on-ubuntu-20-04)'를 참조한다. 분석은 잘 되지만 cuckoo host와 guest와의 통신이 잘 되지 않는다는 에러가 발생한다. 해당 에러는 네트워크 설정이 잘못됐다고 하지만 옮긴이가 여러 방법을 써 봐도 에러가 해결되지 않았다. 깃허브의 issue에도 같은 에러에 대한 논의가 있지만 명쾌하게 해결되지 않고 있다. - 옮긴이

2. 다음과 같은 화면이 자동으로 나타난다. 왼쪽 옵션에서 샘플에 대해 수행할 분석 유형을 선택한다.

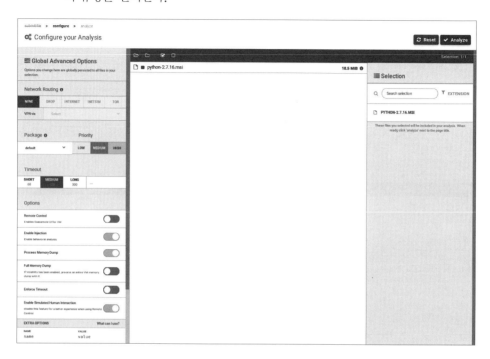

3. 샌드박스에서 Analyze를 클릭해 샘플을 분석한다. 분석 과정이 다음과 같이 나타난다.

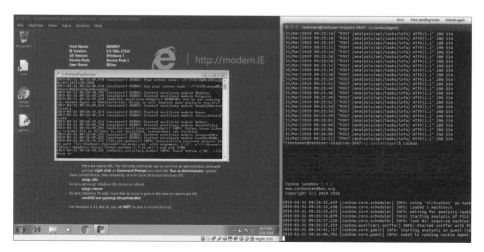

4. 샘플 분석 보고서를 연다.

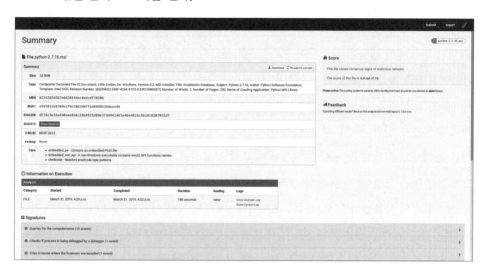

5. 왼쪽에 있는 Behavioral Analysis를 클릭해 행위 분석을 한다.

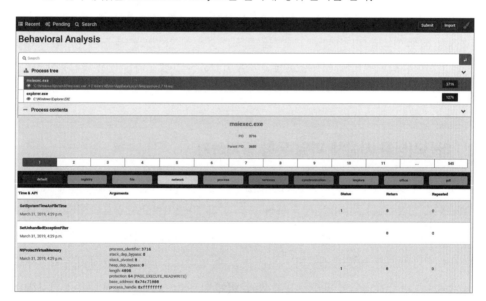

표시된 API 호출^{call} 순서와 레지스트리 키 변경^{registry key change} 그리고 기타 이벤트는 모두
분류기의 입력으로 사용될 수 있다.

레시피 설명

개념적 수준에서 동적 분석 결과를 얻으려면 분석가가 실행 정보runtime information를 수집할 수 있는 환경에서 샘플을 실행해야 한다. 쿠쿠 샌드박스는 샘플을 실행할 수 있도록 미리 만들어진 모듈이 있는 유연한 프레임워크다. 1단계에서 웹 포털을 열어 쿠쿠 샌드박스를 사용하는 레시피를 시작한다. **명령어 인터페이스**CLI, Command Line Interface도 존재한다. 2~3단계에서 샘플을 입력하고 분석 유형을 선택한다. 이 단계는 쿠쿠 명령어 인터페이스Cuckoo CLI를 통해서도 실행할 수 있다. 4단계에서 분석 보고서를 검토한다. 이 단계에서 쿠쿠 샌드박스의 많은 모듈이 최종 분석 결과에 반영됐는지 알 수 있다. 예를 들어 트래픽 캡처 모듈이 설치돼 사용됐다면 보고서의 네트워크network 탭에서 캡처된 데이터를 볼 수 있다. 5단계에서 분석의 관점을 행위 분석에 초점을 맞추며, 특히 API 호출의 순서를 관찰한다. API 호출은 기본적으로 운영체제OS, Operating System가 수행하는 작업이다. 이 순서는 뒤의 레시피에서 악성코드를 탐지하는 데 사용할 아주 좋은 특성이 된다. 마지막으로 상용 환경production environment에서는 데이터 수집을 위한 사용자 지정 모듈custom module이 있는 사용자 지정 제작 샌드박스custom-made sandbox를 만드는 것은 물론 성공적인 분석이 가능하도록 안티 가상머신 탐지anti-VM detection 소프트웨어도 설치하는 것이 좋다는 것을 명심해야 한다.

■ 머신러닝을 사용해 파일 유형 탐지하기

해커가 보안 시스템에 악성 파일을 몰래 침투시키는 데 사용하는 기법 중 하나가 파일 유형file type을 난독화하는 것이다. 예를 들어 (악성) 파워셸PowerShell 스크립트의 확장자는 .ps1이어야 한다. 시스템 관리자는 시스템에서 모든 파워셸 스크립트 실행 방지를 목표로 .ps1 확장자를 가진 모든 파일이 실행되는 것을 막을 수 있다. 그러나 극악한 해커는 확장자를 제거하거나 변경해 파일의 정체identity를 알 수 없게 만들 수 있다. 파일의 내용을 검사해야만 일반 텍스트 파일과 구별할 수 있다. 실질적인 이유로 사람이 시스템의 모든 텍스트 파일을 검사하는 것은 불가능하다. 따라서 자동화된 방법을 사용해야만 한다. 2장에서는 머신러닝을 사용해 알 수 없는 파일의 파일 유형을 탐지하는 방법을 소개한다. 첫 번째 단계는 데이터셋을 준비하는 것이다.

깃허브에서 특정 유형의 파일 스크래핑하기

데이터셋을 준비하고자 깃허브에서 관심 있는 특정 파일 유형을 스크래핑scraping한다.

준비

이 레시피를 위한 준비는 pip로 PyGitHub 패키지를 설치하는 것이다. 준비를 위한 명령어는 다음과 같다.

```
pip install PyGitHub
```

이 외에도 깃허브 계정이 필요하다.

실행 순서

이 레시피에서는 데이터셋을 준비하고 파일 유형을 결정하는 분류기classifier를 만든다. 시연을 위해 깃허브를 스크래핑해 파워셸PowerShell과 파이썬 스크립트Python script, 자바스크립트JavaScript 파일 모음을 수집한다. 이런 방법으로 얻은 샘플 모음은 저장소에 있는 PowerShellSamples.7z, PythonSamples.7z, JavascriptSamples.7z 파일이다. 먼저 자바스크립트 스크랩퍼scraper 코드를 작성한다.

1. 깃허브 API를 호출할 수 있도록 PyGitHub 라이브러리를 들여온다. 또한 base64로 인코딩된 파일을 디코딩하고자 base64 모듈도 들여온다.

```
import os
from github import Github
import base64
```

2. 깃허브 자격 증명credential을 입력하고 저장소를 선택하고자 (이 경우는 자바스크립트 수집을 위한) 질의query를 지정한다.

```
username = "github 사용자 이름"
password = "github 패스워드"
g = Github(username, password)
target_dir = "./JavascriptSamples"
repositories = g.search_repositories(query='language:javascript')
n = 5
i = 0
```

3. 기준에 맞는 저장소에 대해 반복한다.

```
for repo in repositories:
    repo_name = repo.name
    target_dir_of_repo = target_dir + "\\" + repo_name
    print(repo_name)
    try:
```

4. 검색 기준에 맞는 각 저장소에 대한 디렉터리directory를 만들고, 저장소의 콘텐츠를 읽는다

```
        os.mkdir(target_dir_of_repo)
        i += 1
        contents = repo.get_contents("")
```

5. 저장소의 모든 디렉터리를 추가하고 디렉터리에 있는 모든 파일을 열거하고자 대기열에 추가한다.

```
        while len(contents) > 1:
            file_content = contents.pop(0)
            if file_content.type == "dir":
                contents.extend(repo.get_contents(file_content.path))
            else:
```

6. 디렉터리가 아닌 파일^{non-directory file}을 찾게 되면 파일의 확장자가 .js인지 확인한다.

```
st = str(file_content)
filename = st.split('"')[1].split('"')[0]
extension = filename.split(".")[-1]
if extension == "js":
```

7. 확장자가 .js이면 파일의 본사본^{copy}을 만든다.

```
filecontents = repo.get_contents(file_content.path)
file_data = base64.b64decode(filecontents.content)
filename = filename.split("/")[-1]
file_out = open(target_dir_of_repo + "/" + filename, "wb")
file_out.write(file_data)
```

```
except:
    pass
if i==n:
    break
```

8. 반복이 끝나면 모든 자바스크립트 파일을 하나의 디렉터리로 이동시키는 것이 좋다.

파워셀 샘플을 얻으려면 다음과 같은 부분만 변경해 같은 코드를 실행한다.

```
target_dir = "./JavascriptSamples/"
repositories = g.search_repositories(query='language:javascript')
```

위 코드를 아래 코드로 변경한다.

```
target_dir = "./PowerShellSamples/"
repositories = g.search_repositories(query='language:powershell').
```

마찬가지로 파이썬 파일에 대해서는 아래 코드로 변경한다.

```
target_dir = "./PythonSamples/"
repositories = g.search_repositories(query='language:python').
```

레시피 설명

1단계에서 깃허브 API를 쉽게 호출하고자 PyGitHub 라이브러리를 들여오는 것으로 시작한다. 이 라이브러리는 저장소^{repository}를 스크래핑하고 탐색할 수 있게 해준다. 또한 깃허브에서 내려받은 base64로 인코딩된 파일을 디코딩하고자 base64 모듈을 들여온다. 일반 사용자가 깃허브에 대해 호출할 수 있는 API에는 속도 제한이 있다는 점에 유의한다. 이런 이유로 짧은 시간 동안 너무 많은 파일을 내려받으려고 하면 스크립트가 모든 파일을 가져오지 못할 수 있다. 2단계에서 깃허브 자격 증명을 입력하고, query='language:javascript' 명령어를 사용해 자바스크립트가 있는 저장소를 찾으라는 것을 지정한다. 3단계에서 6단계까지는 자바스크립트와 관련된 기준과 일치하는 저장소만 열거한 다음 .js로 끝나는 파일을 검색해 복사본을 만들어 저장한다. 이 파일들은 base64로 인코딩돼 있으므로 7단계에서 일반 텍스트로 디코딩한다. 마지막으로 8단계에서 파이썬과 파워셸과 같은 다른 유형의 다른 파일을 스크래핑하기 위한 스크립트를 사용하는 방법을 제시한다.

파일 유형으로 파일 분류하기

이제 데이터셋이 준비됐으므로 분류기를 훈련한다. 문제의 파일들은 스크립트이므로 자연어 처리^{NLP, Natural Language Processing} 문제로 접근한다.

준비

이 레시피를 위한 준비는 pip로 scikit-learn 패키지를 설치하는 것이다. 준비를 위한 명령어는 다음과 같다.

```
pip install sklearn
```

이 외에도 저장소에서 각 파일 유형의 샘플을 JavascriptSamples.7z 압축 파일, PythonSamples.7z 압축 파일, PowerShellSamples.7z 압축 파일을 제공하므로 데이터셋을 보완할 수 있다. 다음 레시피에서 별도의 디렉터리에 압축을 푼다.

실행 순서

이 데이터를 사용해 파일을 자바스크립트나 파이썬, 또는 파워셀 파일으로 예측하는 분류기를 만든다.

1. 필요한 라이브러리를 들여오고 훈련과 테스트를 위해 사용할 샘플의 경로를 지정하는 것으로 시작한다.

```
import os
from sklearn.feature_extraction.text import HashingVectorizer, TfidfTransformer
from sklearn.ensemble import RandomForestClassifier
from sklearn.model_selection import train_test_split
from sklearn.metrics import accuracy_score, confusion_matrix
from sklearn.pipeline import Pipeline

javascript_path = "./JavascriptSamples/"
python_path = "./PythonSamples/"
powershell_path = "./PowerShellSamples/"
```

2. 세 유형의 모든 파일을 읽는다. 또한 자바스크립트, 파이썬, 파워셸 스크립트의 레이블을 각각 -1, 0, 1로 표현하는 배열을 만든다.

```
corpus = []
labels = []
file_types_and_labels = [(javascript_path, -1), (python_path, 0),
(powershell_path, 1)]
for files_path, label in file_types_and_labels:
```

```
files = os.listdir(files_path)

for file in files:
    file_path = files_path + "/" + file
    try:
        with open(file_path, "r") as myfile:
            data = myfile.read().replace("\n", "")

    except:
        pass
    data = str(data)
    corpus.append(data)
    labels.append(label)
```

3. 파일에 대해 기본 자연어 처리를 수행할 훈련 및 테스트 데이터와 파이프라인 pipeline을 만들고 랜덤 포레스트 분류기random forest classifier를 만든다.

```
X_train, X_test, y_train, y_test = train_test_split(
    corpus, labels, test_size=0.33, random_state=11
)
text_clf = Pipeline(
    [
        ("vect", HashingVectorizer(input="content", ngram_range=(1,
3))),
        ("tfidf", TfidfTransformer(use_idf=True,)),
        ("rf", RandomForestClassifier(class_weight="balanced")),
    ]
)
```

4. 파이프라인을 훈련 데이터에 적합하고, 이를 이용해 테스트 데이터를 예측한다. 마지막으로 정확도accuracy와 혼동 행렬confusion matrix을 출력한다.

```
text_clf.fit(X_train, y_train)
y_test_pred = text_clf.predict(X_test)
print(f"정확도: {accuracy_score(y_test, y_test_pred) * 100:.4f}%")
print(confusion_matrix(y_test, y_test_pred))
```

결과는 다음과 같다.

정확도: 98.5739%

혼동 행렬:

```
[[1222    0    0]
 [  25  505    0]
 [   0    0    1]]
```

레시피 설명

1단계에서 '깃허브에서 특정 유형의 파일 스크래핑하기' 레시피에서 구축한 데이터셋을 사용해 파일 유형에 따라 다른 디렉터리에 파일을 저장한 다음, 분류기를 만들고자 데이터가 저장된 경로를 지정한다. 이 레시피의 코드는 'JavascriptSamples' 디렉터리와 다른 디렉터리에 샘플 파일이 저장돼 있고, 하위 디렉터리는 없다고 가정한다. 2단계에서 모든 파일을 말뭉치corpus로 읽고 레이블을 기록한다. 3단계에서 데이터를 훈련 데이터와 테스트 데이터로 분할하고 파일에 대해 기본 자연어 처리를 수행한 다음 랜덤 포레스트 분류기를 만들기 위한 파이프라인을 준비한다. 여기서 선택한 분류기는 이런 유형의 데이터에 대한 최선의 분류기를 선택하기보다는 설명을 위한 목적으로 선택한 것이다. 마지막으로 4단계에서 기본적이지만 중요한 단계를 수행한다. 이 단계는 파이프라인을 훈련 데이터에 적합한 다음, 테스트 데이터셋에 대해 성능을 평가하고자 정확도와 혼동 행렬을 측정하는 것으로 구성된 머신러닝 분류기를 생성하는 과정이다.

▌ 두 문자열 간의 유사도 측정

2개의 파일이 같은지 확인하고자 SHA256이나 MD5와 같은 표준 암호 해시 함수를 사용한다. 그러나 때로는 두 파일이 어느 정도 비슷한지 알고 싶어 한다. 이를 위해 유사도 해시 알고리듬similarity hashing algorithm을 사용한다. 여기서 선보이는 알고리듬은 ssdeep이다.

먼저 두 문자열을 비교하고자 ssdeep 라이브러리를 사용하는 방법을 알아본다. 이 방법은 텍스트나 스크립트에서 조작tampering과 표절을 탐지하는 데 유용할 수 있다.

준비

이 레시피를 위한 준비는 pip로 ssdeep 패키지를 설치하는 것이다. 설치가 조금 까다롭고 윈도우에서 항상 동작하지는 않는다. 설치 방법은 https://python-ssdeep.readthe docs.io/en/latest/installation.html에서 확인할 수 있다.

윈도우만 사용하며 ssdeep이 설치되지 않는다면 한 가지 가능한 해결책은 우분투Ubuntu 가상머신에서 ssdeep을 실행하는 것이다.[8] 설치 명령어는 다음과 같다.

```
pip install ssdeep
```

실행 순서

1. ssdeep 라이브러리를 들여오고 4개의 문자열을 만드는 것으로 시작한다.

```
import ssdeep

str1 = "Lorem ipsum dolor sit amet, consectetur adipiscing elit, \
    sed do eiusmod tempor incididunt ut labore et dolore magna aliqua."
str2 = "Lorem ipsum dolor sit amet, consectetur adipiscing elit, \
    sed do eiusmod tempor incididunt ut labore et dolore Magna aliqua."
str3 = "Lorem ipsum dolor sit amet, consectetur adipiscing elit, \
    sed do eiusmod tempor incididunt ut labore et dolore aliqua."
str4 = "Something completely different from the other strings."
```

---

8 맥 운영체제에서 설치되지 않으므로 이 레시피는 우분투에서 실행해야 한다. – 옮긴이

2. 문자열의 해시값을 계산한다.

```
hash1 = ssdeep.hash(str1)
hash2 = ssdeep.hash(str2)
hash3 = ssdeep.hash(str3)
hash4 = ssdeep.hash(str4)
```

 참고로 hash1, hash2, hash3, hash4의 값은 각각 다음과 같다.

```
print(f"hash1: {hash1}")
print(f"hash2: {hash2}")
print(f"hash3: {hash3}")
print(f"hash4: {hash4}")
hash1: 3:f4oo8MRwRJFGW1gC6uF/XO6MQ2MFSl+JuBF8BSnJi:f4kPvtHH7MubyFtQ
hash2: 3:f4oo8MRwRJFGW1gC6uF/XO6MQ2MFSl+JuBF8BS+EFECJi:f4kPvtHH7MubyFIsJQ
hash3: 3:f4oo8MRwRJFGW1gC6uF/XO6MQ2MFSl+JuBF8BS6:f4kPvtHH7MubyF0
hash4: 3:60QKZ+4CDTfDaRFKYLVL:ywKDC2mVL
```

3. 다음으로 문자열이 어떤 유사도 점수를 갖는지 살펴본다.

```
score1 = ssdeep.compare(hash1, hash1)
print(f"(hash1, hash1) 점수: {score1}")

score2 = ssdeep.compare(hash1, hash2)
print(f"(hash1, hash2) 점수: {score2}")

score3 = ssdeep.compare(hash1, hash3)
print(f"(hash1, hash3) 점수: {score3}")

score4 = ssdeep.compare(hash1, hash4)
print(f"(hash1, hash4) 점수: {score4}")
```

결과 점수는 각각 다음과 같다.

```
(hash1, hash1) 점수: 100
(hash1, hash2) 점수: 41
(hash1, hash3) 점수: 39
(hash1, hash4) 점수: 0
```

레시피 설명

ssdeep 알고리듬의 기본적인 아이디어는 입력 텍스트의 문맥에 따라 결정되는 경계[boundary]를 갖는 전통적인 해시 알고리듬을 결합하는 것이다. 이 해시 알고리듬의 모임을 사용해 삽입[insertion]이나 수정[modification] 또는 삭제[deletion]로 인해 파일이 수정된 경우에도 알려진 파일의 수정된 버전을 식별할 수 있다.

1단계에서 문자열의 변경이 문자열 간의 유사도 측정에 어떤 영향을 미치는지 보이기 위한 간단한 예제로 4개의 테스트 문자열을 만드는 것으로 레시피를 시작한다. 첫 번째 문자열 str1은 아무런 의미를 갖지 않는 텍스트 더미인 로림 입섬[Lorem Ipsum]의 첫 번째 문장이다. 두 번째 문자열 str2는 magna 단어의 알파벳 m을 대문자로 바꾸었다. 세 번째 문자열 str3은 magna 단어가 삭제됐다. 마지막으로 네 번째 문자열은 전혀 다른 문자열이다. 다음 2단계에서 유사도 해시값 계산 ssdeep 라이브러리를 사용해 문자열의 해시값을 계산한다. 비슷한 문자열이 비슷한 유사도 해시값을 갖는다는 것을 살펴본다. 이는 작은 변화에도 완전히 다른 해시값을 출력하는 전통적인 해시 알고리듬과는 대조된다. 3단계에서 ssdeep을 사용해 다양한 문자열 간의 유사도 점수를 계산한다. 특히 두 문자열 간의 ssdeep 유사도 점수는 0~100 사이의 정수로, 100은 같은 문자열을, 0은 전혀 다른 문자열을 의미한다는 것을 관찰할 수 있다. 같은 두 문자열은 유사도 점수 100이다. 문자열에서 한 문자만 대소문자로 차이가 있는 경우 문자열이 상대적으로 짧아서 유사도 점수는 39로 크게 낮아진다. 단어를 제거하면 점수가 37로 낮아진다. 그리고 2개의 완전히 다른 문자열은 유사도가 0이다.

더 좋은 경우에 다른 퍼지 해시fuzzy hash 알고리듬을 사용할 수 있지만 ssdeep 알고리듬은 계산 속도가 빠르고 사실상의 표준de facto standard이므로 주된 선택이 된다.

▌ 두 파일 간의 유사도 측정

이제 두 이진 파일binary file의 유사도를 측정하고자 ssdeep 알고리듬을 적용하는 방법을 살펴본다. 이 개념의 응용 분야는 다양하지만, 응용 중의 하나는 군집화clustering에서 거리 distance를 유사도 측도similarity measure로 사용하는 것이다.

준비

이 레시피를 위한 준비는 pip로 ssdeep 패키지를 설치하는 것이다. 설치가 조금 까다롭고, 윈도우에서 항상 동작하지는 않는다. 설치 방법은 https://python-ssdeep.readthe docs.io/en/latest/installation.html에서 확인할 수 있다.

윈도우만 사용하며 ssdeep이 설치되지 않는다면 한 가지 가능한 해결책은 우분투 가상머신에서 ssdeep을 실행하는 것이다.[9] 설치 명령어는 다음과 같다.

```
pip install ssdeep
```

이 외에도 https://www.python.org/ftp/python/3.7.2/python-3.7.2-amd64.exe 에서 파이썬 실행 파일을 테스트 파일로 내려받는다.

---

9 맥 운영체제에서 설치되지 않으므로 이 레시피는 우분투에서 실행해야 한다. - 옮긴이

실행 순서

이 레시피에서 이진 파일을 조작한다. 그러고 나서 조작한 파일을 원래의 파일과 비교해 ssdeep 알고리듬이 두 파일이 매우 비슷하지만 같지 않다고 판단하는지 확인한다.

1. 먼저 파이썬 파일 python-3.7.2-amd64.exe을 내려받는다. 이 파일의 복사본을 만들고 파일의 이름을 python-3.7.2-amd64-fake.exe로 변경한 다음, 파일의 끝에 널[10] 바이트를 추가한다.

   ```
   truncate -s +1 python-3.7.2-amd64-fake.exe
   ```

2. hexdump를 사용해 파일의 앞뒤를 살펴보고 조작이 잘 됐는지 확인할 수 있다.

   ```
   hexdump -C python-3.7.2-amd64.exe |tail -5
   ```

   결과는 다음과 같다.

   ```
   018ee0f0  e3 af d6 e9 05 3f b7 15  a1 c7 2a 5f b6 ae 71 1f  |.....?....*_..q.|
   018ee100  6f 46 62 1c 4f 74 f5 f5  a1 e6 91 b7 fe 90 06 3e  |oFb.Ot.........>|
   018ee110  de 57 a6 e1 83 4c 13 0d  b1 4a 3d e5 04 82 5e 35  |.W...L...J=...^5|
   018ee120  ff b2 e8 60 2d e0 db 24  c1 3d 8b 47 b3 00 00 00  |...`-..$.=.G....|
   018ee130
   ```

   같은 명령어를 사용해 조작한 두 번째 파일의 내용도 확인할 수 있다.

   ```
   hexdump -C python-3.7.2-amd64-fake.exe |tail -5
   ```

   결과는 다음과 같다.

   ```
   018ee100  6f 46 62 1c 4f 74 f5 f5  a1 e6 91 b7 fe 90 06 3e  |oFb.Ot.........>|
   018ee110  de 57 a6 e1 83 4c 13 0d  b1 4a 3d e5 04 82 5e 35  |.W...L...J=...^5|
   ```

---

10 정보의 부재. 0이나 공백과는 달리 정보가 없음을 나타낸다. 출처: 정보통신용어사전 – 옮긴이

```
018ee120  ff b2 e8 60 2d e0 db 24   c1 3d 8b 47 b3 00 00 00   |...`-..$.=.G....|
018ee130  00                                                 |.|
```

3. 이제 ssdeep 라이브러리를 사용해 두 파일의 해시값을 계산하고 결과를 비교한다.

```
import ssdeep

hash1 = ssdeep.hash_from_file("python-3.7.2-amd64.exe")
hash2 = ssdeep.hash_from_file("python-3.7.2-amd64-fake.exe")
print(f"(hash1, hash2) 점수: {fssdeep.compare(hash1, hash2)}")
```

위 코드의 실행 결과는 다음과 같다.

```
(hash1, hash2) 점수: 99
```

레시피 설명

이 레시피는 파일을 조작한 다음 유사도 해시 알고리듬을 사용해 조작 여부를 탐지하고 두 파일 간의 차이를 측정한다. 1단계에서 특별할 것 없는 평범한 파이썬 실행 파일의 끝에 널 바이트를 추가해 파이썬 실행 파일을 조작하는 것으로 시작한다. 실제로 해커는 합법적인 프로그램 샘플에 악성코드를 삽입할 수 있다. 2단계에서 조작이 성공한 것을 다시 확인하고 hexdump 프로그램을 사용해 내용을 확인한다. 그리고 나서 3단계에서 원본과 조작된 파일에 대해 유사도 해시 알고리듬을 사용해 유사도를 계산하고, 사소한 조작이 일어났다는 것을 관찰한다. 표준 해시 알고리듬만 사용하면 두 파일이 같은 파일이 아니라고 결론을 내리는 것 외에는 두 파일이 어떻게 관련돼 있는지 알 수 없다. 파일을 비교하는 방법을 안다면 머신러닝 알고리듬으로 악성코드와 정상 파일을 군집화하고 패밀리로 그룹화할 수 있다.

▌ N-그램 추출

텍스트 표준 정량 분석standard quantitative analysis에서 N-그램gram은 N개의 토큰(예를 들어 단어나 문자)으로 된 문자열sequence로 N개의 단어로 구성된 말뭉치다. 예를 들어 'The quick brown fox jumped over the lazy dog'의 텍스트에서 토큰이 단어라고 하면 1-그램은 the, quick, brown, fox, jumped, over, the, lazy, dog와 같이 한 단어로 된 말뭉치이며, 2-그램은 the quick, quick brown, brown fox 등과 같이 두 단어로 된 말뭉치, 3-그램은 the quick brown, quick brown fox, brown fox jumped 등과 같이 세 단어로 된 말뭉치다. 텍스트의 국소통계량local statistics을 사용해 마르코프 연쇄Markov chain를 만들고 말뭉치corpus에서 통계적 예측statistical prediction과 텍스트 생성text generation을 할 수 있었던 것처럼, N-그램을 사용해 말뭉치의 국소통계 속성local statistical property을 모델링할 수 있다. 우리의 궁극적인 목표는 샘플이 악성malicious 또는 정상benign 여부를 예측하는 데 도움이 되는 N-그램의 빈도수를 사용하는 것이다. 이 레시피에서는 샘플에서 N-그램의 빈도수를 계산하는 방법을 설명한다.

준비

이 레시피를 위한 준비는 pip로 nltk 패키지를 설치하는 것이다. 준비를 위한 명령어는 다음과 같다.

```
pip install nltk
```

이 외에도 https://www.python.org/ftp/python/3.7.2/python-3.7.2-amd64.exe 에서 파이썬 실행 파일을 테스트 파일로 내려받는다.

실행 순서

이 레시피에서는 샘플 파일의 4-그램을 모두 열거한 다음 빈도수가 가장 높은 50개를 선택한다.

1. 빈도수를 계산하기 위한 collections 라이브러리와 N-그램을 쉽게 추출하고자 nltk에서 ngrams 라이브러리를 들여온다.

```
import collections
from nltk import ngrams
```

2. 분석하려는 파일을 지정한다.

```
file_to_analyze = "python-3.7.2-amd64.exe"
```

3. 파일을 바이트로 읽기 위한 편의 함수를 정의한다.

```
def read_file(file_path):
    """이진 파일의 문자열을 읽는다."""
    with open(file_path, "rb") as binary_file:
        data = binary_file.read()
    return data
```

4. 바이트 문자열을 가져와 N-그램을 얻는 편의 함수를 정의한다.

```
def byte_sequence_to_Ngrams(byte_sequence, N):
    """바이트 문자열에서 N-그램 리스트를 만든다. ."""
    Ngrams = ngrams(byte_sequence, N)
    return list(Ngrams)
```

5. 파일을 읽고 N-그램의 빈도수를 계산하는 함수를 작성한다

```
def binary_file_to_Ngram_counts(file, N):
    """이진 파일을 읽고, 이진 문자열에서 N-그램의 개수를 출력한다."""
```

```
filebyte_sequence = read_file(file)
file_Ngrams = byte_sequence_to_Ngrams(filebyte_sequence, N)
return collections.Counter(file_Ngrams)
```

6. 우리가 원하는 N=4를 지정하고 파일에서 모든 4-그램의 빈도수를 계산한다.

```
extracted_Ngrams = binary_file_to_Ngram_counts(file_to_analyze, 4)
```

7. 파일에서 가장 빈도수가 높은 4-그램 10개를 나열한다.

```
print(extracted_Ngrams.most_common(10))
```

결과는 다음과 같다.

```
[((0, 0, 0, 0), 24201),
 ((139, 240, 133, 246), 1920),
 ((32, 116, 111, 32), 1791),
 ((255, 255, 255, 255), 1663),
 ((108, 101, 100, 32), 1522),
 ((100, 32, 116, 111), 1519),
 ((97, 105, 108, 101), 1513),
 ((105, 108, 101, 100), 1513),
 ((70, 97, 105, 108), 1505),
 ((101, 100, 32, 116), 1503)]
```

레시피 설명

학계와 산업계에서는 가장 빈도가 높은 N-그램이 악성코드 분류 알고리듬에 가장 유용한 것으로도 받아들이고 있다. 이런 이유로 이 레시피에서는 파일에서 N-그램을 추출하는 함수를 만든다. 1단계에서 N-그램을 추출하는 데 도움이 되는 라이브러리를 들여오는 것으로 시작한다. 특히 collections 라이브러리와 nltk에서 ngrams 라이브러리를 들여온다. collections 라이브러리로는 N-그램의 리스트를 N-그램의 빈도수를 계산할 수 있는 반면, ngrams 라이브러리로는 바이트의 순서 리스트^{ordered list}를 읽어 N-그램 리스트를 만들 수 있다. 2~3단계에서 분석하려는 파일을 지정하고, 주어진 파일의 모든 바이트를 읽는 함수를 만든다. 추출을 시작하기 전에 더 편의성이 있는 함수를 정의한다. 특히 4단계에서 는 파일의 바이트 시퀀스를 읽고 N-그램의 리스트를 출력하는 함수를 만들고, 5단계에서 는 파일을 읽어 N-그램의 빈도수를 출력하는 함수를 만든다. 이제 파일을 전달하고 N-그 램을 출력할 준비를 마쳤다. 6단계에서 파일의 4-그램 빈도수를 계산한 다음, 7단계에서 가장 빈도수가 높은 10개와 그 빈도수를 출력한다. (0,0,0,0) 및 (255,255,255,255)와 같 은 N-그램 시퀀스 중 일부는 별로 유용하지 않을 수 있다는 것을 알고 있다. 이런 이유 로 다음 레시피에서는 유용하지 않은 N-그램을 제거하고자 특성 선택^{feature selection} 방법 을 사용한다.

▌ 최상의 N-그램 선택

다른 N-그램의 빈도수는 N에 대해 기하급수적으로 증가한다. N=3과 같이 고정된 작은 N값의 경우에 가능한 N-그램의 개수는 $256 \times 256 \times 256 = 16,777,216$개다. 이는 N-그램 의 개수가 너무 많다는 것을 의미한다. 따라서 분류기에 가장 유용한 N-그램의 더 작은 부분집합을 선택해야 한다. 이 레시피에서는 가장 유용한 N-그램을 선택하는 세 가지 방 법을 살펴본다.

준비

이 레시피를 위한 준비는 pip로 scikit-learn과 nltk 패키지를 설치하는 것이다. 준비를 위한 명령어는 다음과 같다.

```
pip install sklearn nltk
```

이 외에도 저장소의 최상위 디렉터리 PE Samples Dataset에 정상 파일과 악성 파일 샘플이 있다. Benign PE Samples*.7z 압축 파일을 Benign PE Samples 디렉터리에 푼다. Malicious PE Samples*.7z 압축 파일을 Malicious PE Samples 디렉터리에 푼다.

실행 순서

이 레시피에서는 가장 유용한 N−그램을 선택하는 세 가지 다른 방법을 소개한다. 이 레시피는 앞의 레시피에서 만든 binaryFileToNgramCounts(file, N)과 다른 함수가 포함돼 있다고 가정한다.

1. 샘플이 들어 있는 디렉터리와 N의 값을 지정하고 파일을 열거하기 위한 모듈을 들여오는 것으로 시작한다.

```
from os import listdir
from os.path import isfile, join

directories = ["Benign PE Samples", "Malicious PE Samples"]
N = 2
```

2. 모든 파일에서 모든 N−그램의 빈도수를 계산한다.

```
Ngram_counts_all_files = collections.Counter([])
for dataset_path in directories:
    all_samples = [f for f in listdir(dataset_path) if isfile(join(dataset_path, f))]
    for sample in all_samples:
        file_path = join(dataset_path, sample)
        Ngram_counts_all_files += binary_file_to_Ngram_counts(file_path, N)
```

3. 가장 빈도수가 높은 N−그램 K1=1000개를 리스트로 만든다.

```
K1 = 1000
K1_most_frequent_Ngrams = Ngram_counts_all_files.most_common(K1)
```

```
K1_most_frequent_Ngrams_list = [x[0] for x in K1_most_frequent_Ngrams]
```

4. 샘플의 바이트 문자열에서 가장 흔한 N-그램의 출현한 횟수를 계산하는 데 도움이 되는 메서드인 featurize_sample를 만든다.

```
def featurize_sample(sample, K1_most_frequent_Ngrams_list):
    """샘플에서 특성 벡터(feature vector)를 만든다.
       특성은 우리가 선택한 N-그램 K1개의 빈도수다."""
    K1 = len(K1_most_frequent_Ngrams_list)
    feature_vector = K1 * [0]
    file_Ngrams = binary_file_to_Ngram_counts(sample, N)
    for i in range(K1):
        feature_vector[i] = file_Ngrams[K1_most_frequent_Ngrams_list[i]]
    return feature_vector
```

5. 디렉터리에 대해 반복하면서 샘플을 특성화하고자 앞의 featurize_sample 함수를 사용한다. 또한 레이블의 집합도 만든다.

```
directories_with_labels = [("Benign PE Samples", 0), ("Malicious PE Samples",
1)]
X = []
y = []
for dataset_path, label in directories_with_labels:
    all_samples = [f for f in listdir(dataset_path) if isfile(join(dataset_
path, f))]
    for sample in all_samples:
        file_path = join(dataset_path, sample)
        X.append(featurize_sample(file_path, K1_most_frequent_Ngrams_list))
        y.append(label)
```

6. 특성 선택에 사용할 라이브러리를 들여오고 몇 개의 특성으로 줄일지 지정한다.

```
from sklearn.feature_selection import SelectKBest, mutual_info_classif, chi2

K2 = 10
```

7. N-그램에 대해 다음 세 가지 유형의 특성 선택을 수행한다.

   ◦ **빈도수**frequency – 가장 빈도수가 높은 N-그램을 선택한다.

```
X = np.asarray(X)
X_top_K2_freq = X[:,:K2]
```

   ◦ **상호 정보**mutual information[11] – 상호 정보 알고리듬으로 가장 높은 순위에 오른 N-그램을 선택한다.

```
mi_selector = SelectKBest(mutual_info_classif, k=K2)
X_top_K2_mi = mi_selector.fit_transform(X, y)
```

   ◦ **카이제곱**chi-squared – 카이제곱 알고리듬으로 가장 높은 순위에 오른 N-그램을 선택한다.

```
chi2_selector = SelectKBest(chi2, k=K2)
X_top_K2_chi2 = chi2_selector.fit_transform(X, y)
```

레시피 설명

파일 1개에 대해 N-그램을 분석했던 앞의 레시피와는 달리 이 레시피에서는 어떤 N-그램이 가장 유용한 특성인지 알고자 많은 파일의 모음을 살펴본다. 1단계에서 먼저 샘플이 들어 있는 디렉터리와 N의 값을 지정하고 파일을 열거하기 위한 모듈을 들여온다. 2단계에서 데이터셋의 모든 파일에서 모든 N-그램의 개수를 계산한다. 이렇게 함으로써 전역적으로 가장 빈도수가 높은 N-그램을 찾을 수 있다. 3단계에서는 이 N-그램에서 가장 빈도수가 높은 N-그램 K1=1000개를 필터링한다. 다음으로 4단계에서 샘플의 바이트 시퀀스에서 가장 흔한 K1개의 N-그램이 출현 횟수를 계산하는 데 도움이 되는

---

11 한 사건으로 알 수 있는 다른 사건에 대한 정보의 총량. 즉 두 확률 변수의 의존성 정도를 나타내는 척도다. 출처: 국립국어원 우리말 샘 – 옮긴이

featurizeSample 메서드를 소개한다. 그런 다음 5단계에서 파일이 들어 있는 디렉터리에 반복하고 앞의 featurizeSample 함수를 사용해 샘플을 특성화하고 악성인지 정상인지 레이블을 기록한다. 레이블의 중요성은 N-그램에 기반해 악성과 정상 여부를 구별하는 데 유용한지에 달려 있다.

6단계에서 점수 함수^{score function}를 통해 가장 좋은 특성을 선택할 수 있도록 SelectKBest 라이브러리와 2개의 점수 함수, 즉 상호 정보와 카이제곱을 들여온다. 마지막으로 7단계에서 세 가지 다른 특성 선택 기법을 적용해 가장 좋은 N-그램을 선택하고, 이 지식을 적용해 특성으로 변환한다. 첫 번째 방법에서는 단순히 가장 빈도수가 높은 K2개의 N-그램을 선택한다. 이 방법으로 선택하는 것은 학계에서 널리 받아들여지고 있으며, 레이블이나 광범위한 계산이 필요 없기 때문에 쉽게 사용할 수 있다. 두 번째 방법에서는 K2개의 특성으로 줄이고자 상호 정보를 사용한 반면에 세 번째 방법에서는 카이제곱을 사용한다.

▌ 정적 악성코드 탐지기 구축

이 레시피에서는 악성코드 탐지기^{malware detector}를 만들고자 앞에서 설명한 레시피를 통합한다. 악성코드 탐지기는 PE 헤더에서 추출한 특성과 N-그램에서 나온 특성을 모두 사용한다.

준비

이 레시피를 위한 준비는 pip로 scikit-learn, nltk, pefile 패키지를 설치하는 것이다. 준비를 위한 명령어는 다음과 같다.

```
pip install sklearn nltk pefile
```

이 외에도 저장소의 최상위 디렉터리 PE Samples Dataset에 정상 파일과 악성 파일 샘플이 있다. Benign PE Samples*.7z 압축 파일을 Benign PE Samples 디렉터리에 푼다. Malicious PE Samples*.7z 압축 파일을 Malicious PE Samples 디렉터리에 푼다.

실행 순서

이 레시피에서는 샘플을 특성화한 후 특성을 벡터로 만들고, 이들을 함께 모은 다음, 마지막으로 분류기를 훈련하고 테스트하는 작업 흐름workflow을 보인다.

1. 샘플을 열거한 다음, 레이블을 지정하는 것부터 시작한다.

```
import os

from os import listdir

directories_with_labels = [("Benign PE Samples", 0), ("Malicious PE Samples",
1)]
list_of_samples = []
labels = []
for dataset_path, label in directories_with_labels:
    samples = [f for f in listdir(dataset_path)]
    for sample in samples:
        file_path = os.path.join(dataset_path, sample)
        list_of_samples.append(file_path)
        labels.append(label)
```

2. 층화 훈련–테스트 분할stratified train-test split을 수행한다.

```
from sklearn.model_selection import train_test_split

samples_train, samples_test, labels_train, labels_test = \
    train_test_split(
        list_of_samples, labels, test_size=0.3, stratify=labels, random_
state=11
    )
```

3. 특성을 얻고자 이전 레시피의 편의 함수convenience function를 사용한다.

```python
import collection
from nltk import ngrams
import numpy as np
import pefile

def read_file(file_path):
    """ 이진 파일의 문자열을 읽는다. """
    with open(file_path, "rb") as binary_file:
        data = binary_file.read()
    return data

def byte_sequence_to_Ngrams(byte_sequence, N):
    """ 바이트 문자열에서 N-그램 리스트를 만든다. """
    Ngrams = ngrams(byte_sequence, N)
    return list(Ngrams)

def binary_file_to_Ngram_counts(file, N):
    """이진 파일을 읽고, 이진 문자열에서 N-그램의 개수를 출력한다."""
    filebyte_sequence = read_file(file)
    file_Ngrams = byte_sequence_to_Ngrams(filebyte_sequence, N)
    return collections.Counter(file_Ngrams)

def get_NGram_features_from_sample(sample, K1_most_frequent_Ngrams_list):
    """샘플에서 특성 벡터(feature vector)를 만든다.
        특성은 우리가 선택한 N-그램 K1개의 빈도수다."""
    K1 = len(K1_most_frequent_Ngrams_list)
    feature_vector = K1 * [0]
    file_Ngrams = binary_file_to_Ngram_counts(sample, N)
    for i in range(K1):
        feature_vector[i] = file_Ngrams[K1_most_frequent_Ngrams_list[i]]
    return feature_vector

def preprocess_imports(list_of_DLLs):
    """PE 파일에서 들여온 것들의 이름을 소문자로 정규화한다."""
    temp = [x.decode().split(".")[0].lower() for x in list_of_DLLs]
    return " ".join(temp)
```

```
def get_imports(pe):
    """PE 파일에서 들여온 것들의 리스트를 만든다."""
    list_of_imports = []
    for entry in pe.DIRECTORY_ENTRY_IMPORT:
        list_of_imports.append(entry.dll)
    return preprocess_imports(list_of_imports)


def get_section_names(pe):
    """PE 파일에서 섹션의 이름 리스트를 만든다."""
    list_of_section_names = []
    for sec in pe.sections:
        normalized_name = sec.Name.decode().replace("\x00", "").lower()
        list_of_section_names.append(normalized_name)
    return "".join(list_of_section_names)
```

4. 가장 빈도수가 높은 2-그램 100개를 특성으로 선택한다.

```
N = 2
Ngram_counts_all = collections.Counter([])
for sample in samples_train:
    Ngram_counts_all += binary_file_to_Ngram_counts(sample, N)
K1 = 100
K1_most_frequent_Ngrams = Ngram_counts_all.most_common(K1)
K1_most_frequent_Ngrams_list = [x[0] for x in K1_most_frequent_Ngrams]
```

5. 훈련 과정에서 각 샘플의 N-그램 개수와 섹션 이름, 들여온 것들^{import}, 섹션의 개수를 추출하고 구문 분석^{parse}할 수 없는 PE 헤더를 가진 샘플은 건너뛴다.

```
imports_corpus_train = []
num_sections_train = []
section_names_train = []
Ngram_features_list_train = []
y_train = []
for i in range(len(samples_train)):
    sample = samples_train[i]
    try:
        NGram_features = get_NGram_features_from_sample(
```

```
                sample, K1_most_frequent_Ngrams_list
                )
                pe = pefile.PE(sample)
                imports = get_imports(pe)
                n_sections = len(pe.sections)
                sec_names = get_section_names(pe)
                imports_corpus_train.append(imports)
                num_sections_train.append(n_sections)
                section_names_train.append(sec_names)
                Ngram_features_list_train.append(NGram_features)
                y_train.append(labels_train[i])
        except Exception as e:
            print(sample + ":")
            print(e)
```

6. TF−IDF와 HashingVerctorizer를 사용해 2개의 텍스트 특성^{text feature}, 들여온 것 import과 섹션 이름을 숫자 형식^{numerical form}으로 변환한다.

```
from sklearn.feature_extraction.text import HashingVectorizer, TfidfTransformer
from sklearn.pipeline import Pipeline

imports_featurizer = Pipeline(
    [
        ("vect", HashingVectorizer(input="content", ngram_range=(1, 2))),
        ("tfidf", TfidfTransformer(use_idf=True,)),
    ]
)
section_names_featurizer = Pipeline(
    [
        ("vect", HashingVectorizer(input="content", ngram_range=(1, 2))),
        ("tfidf", TfidfTransformer(use_idf=True,)),
    ]
)
imports_corpus_train_transformed = \
    imports_featurizer.fit_transform(imports_corpus_train)
section_names_train_transformed = \
    section_names_featurizer.fit_transform(section_names_train)
```

7. 벡터화된 특성을 하나의 배열로 만든다.

```
from scipy.sparse import hstack, csr_matrix

X_train = hstack(
    [
        Ngram_features_list_train,
        imports_corpus_train_transformed,
        section_names_train_transformed,
        csr_matrix(num_sections_train).transpose(),
    ]
)
```

8. 훈련 데이터에 대해 랜덤 포레스트 분류기를 훈련시키고 그 점수를 출력한다.

```
from sklearn.ensemble import RandomForestClassifier

clf = RandomForestClassifier(n_estimators=100)
clf = clf.fit(X_train, y_train)
```

9. 테스트 데이터셋의 특성을 수집한 다음, 훈련 데이터셋에 대해 수행한 것을 반복한다.

```
imports_corpus_test = []
num_sections_test = []
section_names_test = []
Ngram_features_list_test = []
y_test = []
for i in range(len(samples_test)):
    file = samples_test[i]
    try:
        NGram_features = get_NGram_features_from_sample(
            sample, K1_most_frequent_Ngrams_list
        )
        pe = pefile.PE(file)
        imports = get_imports(pe)
        n_sections = len(pe.sections)
```

```
            sec_names = get_section_names(pe)
            imports_corpus_test.append(imports)
            num_sections_test.append(n_sections)
            section_names_test.append(sec_names)
            Ngram_features_list_test.append(NGram_features)
            y_test.append(labels_test[i])
        except Exception as e:
            print(sample + ":")
            print(e)
```

10. 앞에서 훈련한 변환기trained transformer를 적용해 텍스트 특성을 벡터로 만든 다음, 남아 있는 테스트 데이터셋으로 분류기를 테스트한다.

```
imports_corpus_test_transformed = \
    imports_featurizer.transform(imports_corpus_test)
section_names_test_transformed = \
    section_names_featurizer.transform(section_names_test)
X_test = hstack(
    [
        Ngram_features_list_test,
        imports_corpus_test_transformed,
        section_names_test_transformed,
        csr_matrix(num_sections_test).transpose(),
    ]
)
print(f"테스트 세트에 대한 분류기 점수: {clf.score(X_test, y_test)*100:.2f} %")
```

결과는 다음과 같다.

```
테스트 세트에 대한 분류기 점수: 100.00 %
```

레시피 설명

이 레시피에는 몇 가지 주목할 만한 새로운 아이디어가 있다. 1단계에서 샘플을 열거한 다음 각각의 샘플에 대해 레이블을 할당하는 것으로 시작한다. 데이터셋이 불균형하기 때문에 2단계에서 층화 훈련-테스트 분할stratified train-test split을 사용하는 것이 좋다. 층화 훈련-테스트 분할에서 각 계급의 비율이 훈련 데이터셋과 테스트 데이터셋이 원 데이터 셋과 같도록 훈련-테스트 분할이 이뤄진다. 이는 훈련 세트가 우연사건chance event으로 인해 단 하나의 계급으로만 구성될 가능성이 없다는 것을 보장한다. 다음으로 샘플을 특성화하는 데 사용할 함수를 불러온다. 4단계에서 이전 레시피에서와 같이 특성 추출 기술을 사용해 가장 좋은 N-그램 특성을 계산하고, 5단계에서 모든 파일에 반복해 모든 특성을 추출한다. 그런 다음 6단계에서 섹션 이름이나 불러온 것들import과 같이 앞서 얻은 PE 헤더 특성을 기본 자연어 처리 접근 방식을 사용해 벡터로 만든다.

이 모든 다른 특성을 얻었으므로 7단계에서 이 특성을 scipy 라이브러리의 hstack을 사용해 결합하고 다른 특성을 하나의 큰 희소 scipy 배열로 병합할 준비를 한다. 8단계에서 기본 매개변수default parameter를 사용해 랜덤 포레스트 분류기를 훈련하고, 9단계에서 테스트 데이터셋에 대해 추출 과정을 반복한다. 마지막으로 10단계에서 훈련한 분류기를 테스트하고 좋은 시작 점수를 얻었다. 전반적으로 이 레시피는 고성능 솔루션으로 확장할 수 있는 악성코드 분류기의 토대를 제공한다.

▌ 계급 불균형 해결

사이버 보안에 머신러닝을 적용할 때 매우 불균형한 데이터셋을 자주 접한다. 예를 들어 악성 샘플을 수집하는 것보다 더 많은 양의 정상 샘플을 접하는 것이 훨씬 쉬울 것이다. 반대로 여러분은 법적인 이유로 정상 샘플을 저장하는 것이 금지된 회사에서 일하고 있을 수도 있다. 어느 경우든 데이터셋은 한 계급으로 크게 치우치게 된다. 결과적으로 정확도accuracy를 최대한 높이는 것을 목표로 하는 나이브 머신러닝naive machine learning은 거의 모든 샘플을 과대 표현overrepresented된 계급에서 나온 것으로 예측하는 분류기를 만들게 된다. 계급 불균형 문제를 해결하는 데 사용할 수 있는 몇 가지 기술이 있다.

준비

이 레시피를 위한 준비는 pip로 scikit-learn과 imbalanced-learn 패키지를 설치하는 것이다. 준비를 위한 명령어는 다음과 같다.

```
pip install sklearn imbalanced-learn
```

실행 순서

이 레시피에서는 불균형 데이터를 처리하기 위한 몇 가지 방법을 설명한다.

1. 훈련 데이터와 테스트 데이터를 읽고, 의사결정 트리decision tree와 성능performance 점수를 계산하는 데 사용할 몇몇 라이브러리를 들여오는 것으로 시작한다.

```
from sklearn import tree
from sklearn.metrics import balanced_accuracy_score
import numpy as np
import scipy.sparse
import collections

X_train = scipy.sparse.load_npz("training_data.npz")
y_train = np.load("training_labels.npy")
X_test = scipy.sparse.load_npz("test_data.npz")
y_test = np.load("test_labels.npy")
```

2. 의사결정 트리 분류기Decision Tree classifier를 훈련하고 테스트한다.

```
dt = tree.DecisionTreeClassifier()
```

```
dt.fit(X_train, y_train)
dt_pred = dt.predict(X_test)
print(collections.Counter(dt_pred))
print(f"모델 예측 점수: {balanced_accuracy_score(y_test, dt_pred) * 100:.4f} %")
```

결과는 다음과 같다.

```
Counter({0: 121, 1: 10})
모델 예측 점수: 83.3333 %
```

다음으로 성능을 높이고자 몇 가지 기술을 테스트한다.

3. **가중값을 적용한다**^{weighting}. 분류기의 계급 가중값^{class weight}을 'balanced(균형)'로 설정한 다음 새로운 분류기를 훈련하고 테스트한다.

```
dt_weighted = tree.DecisionTreeClassifier(class_weight="balanced")
dt_weighted.fit(X_train, y_train)
dt_weighted_pred = dt_weighted.predict(X_test)
print(collections.Counter(dt_weighted_pred))
print(f"모델 예측 점수: {balanced_accuracy_score(y_test, dt_weighted_pred) *
100:.4f} %")
```

결과는 다음과 같다.

```
Counter({0: 114, 1: 17})
모델 예측 점수: 99.1379 %
```

4. **계급의 원소가 적은 계급**^{minor class}에 대해 샘플링을 더 많이 한다^{upsampling}. 계급 0과 계급 1에서 모든 테스트 샘플을 추출한다.

```
from sklearn.utils import resample

X_train_np = X_train.toarray()
class_0_indices = [i for i, x in enumerate(y_train == 0) if x]
class_1_indices = [i for i, x in enumerate(y_train == 1) if x]
size_class_0 = sum(y_train == 0)
```

```
X_train_class_0 = X_train_np[class_0_indices, :]
y_train_class_0 = [0] * size_class_0
X_train_class_1 = X_train_np[class_1_indices, :]
```

5. 계급 1과 계급 0의 표본의 개수가 같아질 때까지 계급 1의 원소를 복원 샘플링한다.

```
X_train_class_1_resampled = resample(
    X_train_class_1, replace=True, n_samples=size_class_0
)
y_train_class_1_resampled = [1] * size_class_0
```

6. 새로 업샘플링^{upsampling}한 샘플을 단일 훈련 데이터셋으로 만든다.

```
X_train_resampled = np.concatenate([X_train_class_0, X_train_class_1_
resampled])
y_train_resampled = y_train_class_0 + y_train_class_1_resampled
```

7. 업샘플링한 훈련 데이터셋으로 랜덤 포레스트 분류기를 훈련하고 테스트한다.

```
from scipy import sparse

X_train_resampled = sparse.csr_matrix(X_train_resampled)
dt_resampled = tree.DecisionTreeClassifier()
dt_resampled.fit(X_train_resampled, y_train_resampled)
dt_resampled_pred = dt_resampled.predict(X_test)
print(collections.Counter(dt_resampled_pred))
print(f" 모델 예측 점수 : {balanced_accuracy_score(y_test, dt_resampled_pred) *
100:.4f} %")
```

결과는 다음과 같다.

```
Counter({0: 114, 1: 17})
모델 예측 점수: 99.1379 %
```

8. **계급의 원소가 많은 계급**^{major class}에 대해 샘플링을 더 적게 한다^{downsampling}. 이전 업샘플링과 비슷한 단계를 수행하지만 이번에는 더 적은 계급의 수와 같아질 때까지 더 많은 계급에서 다운샘플링^{downsampling}한다 .

```
X_train_np = X_train.toarray()
class_0_indices = [i for i, x in enumerate(y_train == 0) if x]
class_1_indices = [i for i, x in enumerate(y_train == 1) if x]
size_class_1 = sum(y_train == 1)
X_train_class_1 = X_train_np[class_1_indices, :]
y_train_class_1 = [1] * size_class_1
X_train_class_0 = X_train_np[class_0_indices, :]
X_train_class_0_downsampled = resample(
    X_train_class_0, replace=False, n_samples=size_class_1
)
y_train_class_0_downsampled = [0] * size_class_1
```

9. 새로 업샘플링한 샘플을 단일 훈련 데이터셋으로 만든다.

```
X_train_downsampled = np.concatenate([X_train_class_1,
X_train_class_0_downsampled])
y_train_downsampled = y_train_class_1 + y_train_class_0_downsampled
```

10. 다운샘플링한 훈련 데이터셋으로 랜덤 포레스트 분류기를 훈련하고 테스트한다.

```
X_train_downsampled = sparse.csr_matrix(X_train_downsampled)
dt_downsampled = tree.DecisionTreeClassifier()
dt_downsampled.fit(X_train_downsampled, y_train_downsampled)
dt_downsampled_pred = dt_downsampled.predict(X_test)
print(collections.Counter(dt_downsampled_pred))
print(f" 모델 예측 점수 : {balanced_accuracy_score(y_test, dt_downsampled_pred)
* 100:.4f} %")
```

결과는 다음과 같다.

```
Counter({0: 109, 1: 22})
모델 예측 점수: 93.2184 %
```

11. 내부 균형 샘플러^{inner balancing sampler}를 포함한 분류기를 사용한다. 훈련 추정기^{training} estimator에 앞서 데이터의 부분집합을 재샘플링^{resampling}하는 불균형-학습 패키지 분류기^{imbalanced-learn package classifier}를 사용한다.

```
from imblearn.ensemble import BalancedBaggingClassifier

balanced_clf = BalancedBaggingClassifier(
    base_estimator=tree.DecisionTreeClassifier(),
    sampling_strategy="auto",
    replacement=True
)
balanced_clf.fit(X_train, y_train)
balanced_clf_pred = balanced_clf.predict(X_test)
print(collections.Counter(balanced_clf_pred))
print(f" 모델 예측 점수 : {balanced_accuracy_score(y_test, balanced_clf_pred) *
100:.4f} %")
```

결과는 다음과 같다.

```
Counter({0: 112, 1: 19})
모델 예측 점수: 98.2759 %
```

레시피 설명

1단계에서 이전에 저장된 희소 행렬을 읽고자 scipy.sparse.load_npz 함수를 사용해 미리 정의된 데이터셋을 가져오는 것으로 시작한다. 다음 2단계에서 데이터셋에 대해 기본 의사결정 트리^{Decision Tree} 모델을 훈련한다. 성능을 측정하고자 불균형 데이터셋의 분류 문제에 자주 사용되는 척도인 균형 정확도 점수^{balanced accuracy score}를 사용한다. 정의에 따라 균형 정확도^{balanced accuracy}는 각 계급에서 얻은 재현율^{recall}에 대한 평균이다. 가장 좋은 값은 1이며, 가장 나쁜 값은 0이다.

이 레시피에서는 계급 불균형을 해결하고자 다른 기술을 사용한다. 첫 번째 접근 방식(3단계)은 계급 가중값$^{class\ weight}$을 사용해 불균형 데이터셋에 대해 의사결정 트리를 조정하는 것이다. 균형 모드$^{balanced\ mode}$는 y값을 사용해 입력 데이터에서 계급 빈도수에 반비례하는 가중값을 n_samples/(n_classes*np.bincount(y))로 자동 조절한다. 4~7단계에서 계급 불균형을 해결하고자 업샘플링을 사용한다. 업샘플링은 원소 개수가 적은 계급의 신호를 강화하고자 원소가 개수가 적은 계급의 관측을 무작위로 복제하는 과정이다.

여러 가지 업샘플링 방법이 있지만 가장 일반적인 방법은 위에서 한 것처럼 복원 재샘플링을 하는 것이다. 업샘플링의 두 가지 주요 관심사는 데이터셋의 원소가 많아지는 것과 같은 샘플이 많은 데이터에 대해 훈련함으로써 과적합^{overfitting}으로 이어질 수 있다는 것이다. 8~10단계에서 원소의 개수가 많은 계급에 대해 다운샘플링을 한다. 다운샘플링은 갖고 있는 샘플 모두를 사용하는 것이 아니라 계급의 균형을 맞추는 데 충분한 샘플만 사용하는 것을 의미한다.

다운샘플링의 주요 문제는 더 작은 훈련 데이터셋에 사용해야 한다는 것이다. 11단계에서 마지막 접근 방식이자 가장 정교한 방법인 내부 균형 샘플러$^{inner\ balancing\ sampler}$가 포함된 분류기, 즉 `imbalanced-learn` 라이브러리의 `BalancedBaggingClassifier`를 사용하는 것이다. 전반적으로 계급 불균형 문제를 해결하기 위한 모든 방법이 균형 정확도 점수$^{balanced\ accuracy\ score}$를 높였다는 것을 확인했다.

▌ 1종 오류와 2종 오류 처리

머신러닝을 사용하는 많은 상황에서 어떤 유형의 오류가 다른 유형의 오류보다 더 중요할 수 있다. 예를 들어 다층 방어 시스템$^{multi\text{-}layered\ defense\ system}$에서 탐지율$^{detection\ rate}$을 약간 낮추면서 낮은 오탐률(낮은 위양성률$^{false\ positive\ rate}$)을 만드는 것이 합리적일 수 있다. 이 레시피에서는 한계점^{threshold}을 사용해 원하는 오탐률의 한계^{limit}를 넘지 않도록 하는 방법을 제공한다.

준비

이 레시피를 위한 준비는 pip로 scikit-learn과 xgboost 패키지를 설치하는 것이다. 준비를 위한 명령어는 다음과 같다.

```
pip install sklearn xgboost
```

실행 순서

이 레시피에서는 데이터셋을 가져와 분류기를 훈련하고 나서 오탐률 제약 조건을 충족시키고자 한계점을 조정한다.

1. 데이터셋을 가져오고 원하는 오탐률이 1% 이하라는 것을 지정한다.

```
import numpy as np
from scipy import sparse
import scipy

X_train = scipy.sparse.load_npz("training_data.npz")
y_train = np.load("training_labels.npy")
X_test = scipy.sparse.load_npz("test_data.npz")
y_test = np.load("test_labels.npy")
desired_FPR = 0.01
```

2. 오탐률과 정탐률TPR, True Positive Rate을 계산하는 함수를 만든다.

```
from sklearn.metrics import confusion_matrix

def FPR(y_true, y_pred):
    """ 오탐률을 계산한다. """
    CM = confusion_matrix(y_true, y_pred)
    TN = CM[0][0]
    FP = CM[0][1]
    return FP / (FP + TN)
```

```
def TPR(y_true, y_pred):
    """ 정탐률을 계산한다. """
    CM = confusion_matrix(y_true, y_pred)
    TP = CM[1][1]
    FN = CM[1][0]
    return TP / (TP + FN)
```

3. 한계점을 사용해 확률 벡터를 부울 벡터로 변환하는 함수를 만든다.

```
def perform_thresholding(vector, threshold):
    """ 벡터의 한계점"""
    return [0 if x >= threshold else 1 for x in vector]
```

4. XGBoost 모델을 훈련하고 훈련 데이터에 대한 예측 확률을 계산한다.

```
from xgboost import XGBClassifier

clf = XGBClassifier()
clf.fit(X_train, y_train)
clf_pred_prob = clf.predict_proba(X_train)
```

5. 예측 확률 벡터를 확인한다.

```
print("확률은 다음과 같다:")
print()
print(clf_pred_prob[0:5])
```

결과는 다음과 같다.

```
확률은 다음과 같다:
[[9.9694222e-01 3.0577746e-03]
 [9.9930096e-01 6.9904426e-04]
 [9.9944383e-01 5.5616628e-04]
 [9.9035853e-01 9.6414536e-03]
 [9.3045330e-01 6.9546685e-02]]
```

6. 1,000개의 다른 한계점 값에 대해 반복하면서 각 한계점에 대한 오탐률을 계산하고, FPR<=desiredFPR을 만족할 때의 한계점 값을 선택한다.

```
M = 1000
print("한계점 적합 중:")
for t in reversed(range(M)):
    scaled_threshold = float(t) / M
    thresholded_prediction = perform_thresholding(clf_pred_prob[:,0], scaled_
threshold)
    FPR_ = FPR(y_train, thresholded_prediction)
    TPR_ =TPR(y_train, thresholded_prediction)
    print(f"{t:03}번째 시도 한계점: {scaled_threshold:.3f}, 오탐률: {FPR_:.4f}, 정
탐률: {TPR_:.4f}")
    if FPR_ <= desired_FPR:
        print()
        print(f"선택된 한계점: {scaled_threshold}")
        break
```

결과는 다음과 같다.

```
한계점 적합 중:
999번째 시도 한계점: 0.999, 오탐률: 0.4318, 정탐률: 1.0000
998번째 시도 한계점: 0.998, 오탐률: 0.3136, 정탐률: 1.0000
997번째 시도 한계점: 0.997, 오탐률: 0.2091, 정탐률: 1.0000
996번째 시도 한계점: 0.996, 오탐률: 0.2000, 정탐률: 1.0000

<생략>

649번째 시도 한계점: 0.649, 오탐률: 0.0545, 정탐률: 1.0000
648번째 시도 한계점: 0.648, 오탐률: 0.0545, 정탐률: 1.0000
647번째 시도 한계점: 0.647, 오탐률: 0.0045, 정탐률: 0.7857

선택된 한계점: 0.647
```

레시피 설명

1단계에서 이전에 특성화한 데이터셋을 가져오고 원하는 오탐률 제약 조건을 1%로 지정하는 것으로 이 레시피를 시작한다. 실제로 사용할 수 있는 값은 상황과 대상 파일의 유형에 따라 크게 다를 수 있다. 몇 가지 고려해야 할 사항이 있다. PDF 파일과 같이 파일이 매우 일반적이지만 거의 드문 악성코드인 경우 원하는 오탐률은 0.01%와 같이 매우 낮게 설정해야 한다.

사람이 개입하지 않고 예측 결과를 재확인하는 추가 시스템이 있다면 높은 오탐률은 크게 문제가 되지 않는다. 마지막으로 고객은 권장값이 추천되는 것을 좋아할 수 있다. 2단계에서 오탐률과 정탐률 쌍에 대한 편의 함수를 만든다. 이 함수는 매우 편리하며 재사용할 수 있다. 3단계에서 정의하는 또 다른 편의 함수는 한계값을 가져와 수치 벡터numerical vector의 한계값을 정하는 데 사용할 수 있다.

4단계에서는 훈련 데이터로 모델을 훈련하고 훈련 데이터셋에 대해 예측 확률도 계산한다. 5단계에서 결과를 확인한다. 큰 데이터셋을 사용할 수 있다면 적절한 한계값을 결정하고자 검증 데이터셋을 사용하는 것이 과적합overfitting이 발생하는 것을 막을 수 있다. 마지막으로 6단계에서 오탐률 제약 조건을 충족하고자 향후 분류에 사용할 한계값을 계산한다.

03

고급 악성코드 탐지

3장에서는 악성코드 분석을 위한 고급 개념을 다룬다. 2장에서 악성코드 분류를 위한 일반적인 방법을 소개했다. 3장에서는 더 구체적인 접근 방식과 최신 기술을 설명한다. 특히 난독화되고obfuscated 패킹된packed 악성코드에 접근하는 방법과 N-그램 특성 모음을 확장하는 방법, 악성코드를 탐지하는 방법 심지어 악성코드를 만드는 방법까지 다룬다.

3장에서는 다음과 같은 레시피를 설명한다.

- 난독화된 자바스크립트 탐지
- PDF 파일 특성화
- 해시-그램 알고리듬을 사용해 N-그램을 빠르게 추출하기
- 악성코드 동적 분류기 구축

- MalConv – 악성 PE 탐지를 위한 종단 간 딥러닝^{end-to-end deep learning}
- 패커 사용
- 패킹된 샘플 데이터셋 만들기
- 패커 분류기 구축
- MalGAN – 유사 악성코드 만들기
- 악성코드 추이 추적하기

▌ 기술 요구 사항

3장에서는 다음과 같은 라이브러리를 사용한다.

- Keras
- TensorFlow
- XGBoost
- UPX
- Statsmodels

설치 명령과 코드는 https://github.com/PacktPublishing/Machine-Learning-for-Cybersecurity-Cookbook/tree/master/Chapter03에서 확인할 수 있다.

▌ 난독화된 자바스크립트 탐지하기

이 레시피에서는 머신러닝을 사용해 난독화된 자비스크립트 파일을 탐지한다. 이렇게 하면 난독화 여부에 상관없이 이진 특성^{binary feature}을 만들어 정상/악성 분류에 사용할 수 있으며 난독화된 스크립트 해독을 위한 필수 단계로도 사용할 수 있다.

준비

이 레시피를 위한 준비는 pip로 scikit-learn 패키지를 설치하는 것이다. 준비를 위한 명령어는 다음과 같다.

```
pip install sklearn
```

이 외에도 저장소에 난독화된 자바스크립트와 난독화되지 않은 자바스크립트가 있다. 난독화되지 않은 JavascriptSamplesNotObfuscated.7z 압축 파일을 JavaScriptSamples 디렉터리에 푼다. 난독화된 JavascriptSamplesObfuscated.7z 압축 파일을 ObfuscatedJavaScriptSamples 디렉터리에 푼다.

실행 순서

이 레시피에서는 난독화된 자바스크립트 파일을 탐지하는 방법을 보인다.

1. 자바스크립트 콘텐츠 처리, 데이터셋 준비, 데이터셋 분류, 분류기 성능 측정에 필요한 라이브러리를 들여오는 것으로 시작한다.

```
import os
from sklearn.feature_extraction.text import HashingVectorizer, TfidfTransformer
from sklearn.ensemble import RandomForestClassifier
from sklearn.model_selection import train_test_split
from sklearn.metrics import accuracy_score, confusion_matrix
from sklearn.pipeline import Pipeline
```

2. 난독화된 자바스크립트와 난독화되지 않은 자바스크립트 파일의 경로를 지정하고 두 가지 유형의 파일에 다른 레이블을 붙인다.

```
js_path = "./JavaScriptSamples"
obfuscated_js_path = "./ObfuscatedJavaScriptSamples"
```

```
corpus = []
labels = []
file_types_and_labels = [(js_path, 0), (obfuscated_js_path, 1)]
```

3. 그런 다음 파일을 말뭉치에 넣고 레이블을 준비한다.

```
for files_path, label in file_types_and_labels:
    files = os.listdir(files_path)
    for file in files:
        file_path = files_path + "/" + file
        try:
            with open(file_path, "r") as myfile:
                data = myfile.read().replace("\n", "")
                data = str(data)
                corpus.append(data)
                labels.append(label)
        except:
            pass
```

4. 데이터셋을 훈련 데이터셋과 테스트 데이터셋으로 분할하고, 기본 자연어 처리
   와 확률 포레스트 분류기를 수행할 파이프라인을 준비한다.

```
X_train, X_test, y_train, y_test = train_test_split(
    corpus, labels, test_size=0.33, random_state=42
)
text_clf = Pipeline(
    [
        ("vect", HashingVectorizer(input="content", ngram_range=(1,3))),
        ("tfidf", TfidfTransformer(use_idf=True,)),
        ("rf", RandomForestClassifier(class_weight="balanced")),
    ]
)
```

5. 마지막으로 파이프라인을 훈련 데이터에 적합하고 테스트 데이터를 예측한 다
   음 결과를 출력한다.

```
text_clf.fit(X_train, y_train)
y_test_pred = text_clf.predict(X_test)

print(f"정확도: {accuracy_score(y_test, y_test_pred) * 100: .4} %")
print()
print(confusion_matrix(y_test, y_test_pred))
```

결과는 다음과 같다.

```
정확도: 96.77 %
[[598 23]
 [ 13 480]]
```

레시피 설명

1단계에서 파일을 분석하고 머신러닝 파이프라인을 설정하기 위한 파이썬 표준 라이브러리를 들여오는 것으로 시작한다. 2~3단계에서 난독화되지 않은 자바스크립트 파일과 난독화된 자바스크립트 파일을 배열로 수집한 다음 각각에 레이블을 지정한다. 이것으로 이진 분류기 문제binary classification problem에 대한 준비를 마친다. 이 분류기를 만드는 데 있어 주된 문제는 크고 유용한 데이터셋을 만드는 것이다. 이 문제를 해결하기 위한 아이디어는 다량의 자바스크립트 파일을 수집한 다음 다른 도구를 사용해 수집한 파일을 난독화하는 것이다. 따라서 분류기가 한 가지 유형의 난독화에 과적합되는 것을 막을 수 있다. 4단계에서 수집한 데이터를 훈련 데이터셋과 데스트 데이터셋으로 분할한다. 또한 자바스크립트 코드 자체에 자연어 처리 방법을 적용하기 위한 파이프라인을 설정한 다음 분류기를 훈련한다. 마지막으로 5단계에서 분류기의 성능을 측정한다. 적절한 데이터셋을 구축하는 문제 외에도 파일 유형 탐지에 사용한 레시피와 비슷하다.

▌ PDF 파일 특성화하기

이 레시피에서는 PDF 파일을 머신러닝에 사용하고자 특성화한다. 이를 위해 디디에르 스티븐스Didier Stevens가 만든 **PDFiD** 파이썬 스크립트(https://blog.didierstevens.com/)를 사용한다. 스티븐스는 PDF 파일이 자바스크립트를 포함하거나 자동으로 작업을 수행하는지 여부를 포함해 악성 파일에서 일반적으로 발견되는 특성 20개를 선택했다. 이런 특성을 가진 파일은 의심스러울 수 있으므로 이런 특성이 발견되면 악의적인 행동을 할 것이라고 추측할 수 있다.

기본적으로 이 도구는 PDF 파일을 검색하고 각각의 특성이 얼마나 많이 있는지 계산한다. 도구는 다음과 같이 실행한다.

```
python pdfid.py PythonBrochure.pdf
```

실행결과는 다음과 같다.

```
PDFiD 0.2.5 PythonBrochure.pdf
 PDF Header: %PDF-1.6
 obj               1096
 endobj            1095
 stream            1061
 endstream         1061
 xref                 0
 trailer              0
 startxref            2
 /Page               32
 /Encrypt             0
 /ObjStm             43
 /JS                  0
 /JavaScript          0
 /AA                  1
 /OpenAction          0
 /AcroForm            1
```

```
/JBIG2Decode          0
/RichMedia            0
/Launch               0
/EmbeddedFile         0
/XFA                  0
/Colors > 2^24        0
```

준비

이 레시피에 필요한 파일은 저장소의 `pdfid` 디렉터리와 `PDFSamples` 디렉터리에 있다.

실행 순서

이 레시피에서는 `PDFiD` 스크립트를 사용해 PDF 파일의 모음을 특성화한다.

1. 도구를 내려받고 관련된 모든 코드를 이 레시피 파일과 같은 디렉터리에 저장한다.
2. 외부 스크립트의 출력값을 가져오고자 IPython의 io 모듈을 들여온다.

```
from IPython.utils import io
```

3. PDF 파일을 특성화하는 함수를 만든다.

```
def PDF_to_FV(file_path):
    """ pdfid를 사용해 PDF 파일을 특성화한다. """
```

4. 파일에 대해 `pdfid`를 실행하고 연산한 결과를 가져온다.

```
    with io.capture_output() as captured:
        %run -i ./pdfid/pdfid $file_path
    out = captured.stdout
```

5. 다음으로 결과를 구문 분석해 수치 벡터로 만든다.

```
out1 = out.split("\n")[2:-2]
return [int(x.split()[-1]) for x in out1]
```

6. 디렉터리 안의 파일을 열거하고자 listdir을 들여오고 PDF 파일이 있는 곳을 지정한다.

```
from os import listdir

PDFs_path = "./PDFSamples/"
```

7. 디렉터리에 있는 각 파일에 대해 반복하면서 파일을 특성화하고 난 다음 특성 벡터 모두를 X에 모은다.

```
X = []
files = listdir(PDFs_path)
for file in files:
    file_path = PDFs_path + file
    X.append(PDF_to_FV(file_path))
print(X)
```

결과는 다음과 같다.

```
[[ 153,  153,   82,   82, 2, 2, 2,  7, 0,  0, 0, 0, 0, 0, 2, 0, 0, 0, 0, 0, 0, 0],
 [1096, 1095, 1061, 1061, 0, 0, 2, 32, 0, 43, 0, 0, 1, 0, 1, 0, 0, 0, 0, 0, 0, 0]]
```

레시피 설명

1단계에서 PDFiD 도구를 내려받고 PDF 파일을 분석하기 편한 디렉터리에 저장하는 것으로 시작한다. 이 도구는 무료이며 간단하게 사용할 수 있다. 2단계에서 외부 프로그램인 PDFiD의 결과를 가져오고자 매우 유용한 IPython의 io 모듈을 들여온다. 3단계에서 5단계까지 PDF 파일을 특성화해 특성 벡터로 만드는 함수를 정의한다. 특히 이 함수는 `PDFiD` 도구를 사용하며, 그 결과를 유용한 형태로 구문 분석한다. `PDFSamples\PythonBrochure.pdf` 파일에 실행한 결과는 다음과 같은 벡터다.

```
[1096, 1095, 1061, 1061, 0, 0, 2, 32, 0, 43, 0, 0, 1, 0, 1, 0, 0, 0, 0, 0, 0, 0]
```

이제 단일 PDF 파일을 특성화할 수 있게 됐으므로 모든 PDF 파일을 머신러닝에 적용할 수 있도록 특성화한다. 특히 6단계에서 특성화하려는 PDF 파일이 들어 있는 경로를 제공하고, 7단계에서는 파일에 대해 특성화를 실제로 수행한다.

▍ 해시-그램 알고리듬을 사용해 N-그램을 빠르게 추출하기

이 레시피에서는 가장 빈도수가 높은 N-그램을 빠르고 효율적인 메모리에 추출하는 기술을 살펴본다. 이를 통해 엄청난 양의 N-그램에서 발생하는 문제를 쉽게 해결할 수 있다. 이 기술을 **해시-그램**Hash-Gram이라고 하며 N-그램이 추출될 때 N-그램을 해시하는 것이다. N-그램의 속성은 해시 충돌hash collision이 이렇게 얻은 특성의 품질에 거의 영향을 미치지 못하도록 보장하는 거듭제곱법power law을 따른다는 것이다.

준비

이 레시피를 위한 준비는 pip로 `nltk` 패키지를 설치하는 것이다. 준비를 위한 명령어는 다음과 같다.

```
pip install nltk
```

이 외에도 저장소의 최상위 디렉터리 PE Samples Dataset에 정상 파일과 악성 파일 샘플이 있다. Benign PE Samples*.7z 압축 파일을 Benign PE Samples 디렉터리에 푼다. Malicious PE Samples*.7z 압축 파일을 Malicious PE Samples 디렉터리에 푼다.

실행 순서

이 레시피에서는 해시-그램 알고리듬이 작동하는 방법을 살펴본다.

1. 샘플이 들어 있는 디렉터리와 매개변수 N을 지정하고, 해시 라이브러리와 문자열에서 N-그램을 추출하는 라이브러리를 들여오는 것으로 시작한다.

```
from os import listdir
from nltk import ngrams
import hashlib

directories = ["Benign PE Samples", "Malicious PE Samples"]
N = 2
```

2. 파일의 바이트를 읽어 N-그램으로 변환하는 함수를 만든다.

```
def read_file(file_path):
    """ 이진 파일의 문자열을 읽는다. """
    with open(file_path, "rb") as binary_file:
        data = binary_file.read()
    return data


def byte_sequence_to_Ngrams(byte_sequence, N):
    """ 바이트 시퀀스에서 N-그램 리스트를 만든다. """
    return ngrams(byte_sequence, N)
```

3. 이제 N-그램의 해시값을 계산한다.

```
def hash_input(inp):
    """ 입력값의 MD5 해시값을 계산한다. """
```

```
        return int(hashlib.md5(inp).hexdigest(), 16)

    def make_ngram_hashable(Ngram):
        """ N-그램을 해시값 계산이 가능하도록 바이트로 변환한다. """
        return bytes(Ngram)
```

4. hash_file_Ngrams_into_dictionary 함수가 N-그램의 해시값을 계산한 다음, 해시값에 대한 딕셔너리의 카운트를 증가시킨다. 축소 모듈reduction module B(% B)는 딕셔너리에 B 키값만 있도록 보장한다.

```
    def hash_file_Ngrams_into_dictionary(file_Ngrams, T):
        """ 리스트에 있는 N-그램의 해시값을 계산한 다음 딕셔너리에서 카운트를 추적한다. """
        for Ngram in file_Ngrams:
            hashable_Ngram = make_ngram_hashable(Ngram)
            hashed_and_reduced = hash_input(hashable_Ngram) % B
            T[hashed_and_reduced] = T.get(hashed_and_reduced, 0) + 1
```

5. 2^{16}보다 작으면서 가장 큰 소수를 B값으로 지정하고, 빈 딕셔너리를 만든다.

```
    B = 65521
    T = {}
```

6. 파일에 대해 반복하면서 해시값을 계산한 N-그램의 개수를 센다.

```
    for dataset_path in directories:
        samples = [f for f in listdir(dataset_path)]
        for file in samples:
            file_path = dataset_path + "/" + file
            file_byte_sequence = read_file(file_path)
            file_Ngrams = byte_sequence_to_Ngrams(file_byte_sequence, N)
            hash_file_Ngrams_into_dictionary(file_Ngrams, T)
```

7. heapq를 사용해 가장 빈도수가 높은 K1=1000개를 선택한다.

```
    import heapq
```

```
K1 = 1000
K1_most_common_Ngrams_Using_Hash_Grams = heapq.nlargest(K1, T)
```

8. 가장 빈도수가 높은 N-그램의 해시값을 선택해 특성 집합으로 구성한다. 샘플을 특성화하고자 샘플의 N-그램에 대해 반복하고 축소^{reduce}한 다음, 그 결과가 선택한 가장 빈도수가 높은 N-그램의 해시값 중의 하나이면 인덱스에서 특성 벡터를 증가시킨다.

```
def featurize_sample(file, K1_most_common_Ngrams_Using_Hash_Grams):
    """ 샘플의 특성 벡터를 만든다. 특성은 우리가 선택한 K1개의 N-그램의 개수다. """
    K1 = len(K1_most_common_Ngrams_Using_Hash_Grams)
    fv = K1 * [0]
    file_byte_sequence = read_file(file_path)
    file_Ngrams = byte_sequence_to_Ngrams(file_byte_sequence, N)
    for Ngram in file_Ngrams:
        hashable_Ngram = make_ngram_hashable(Ngram)
        hashed_and_reduced = hash_input(hashable_Ngram) % B
        if hashed_and_reduced in K1_most_common_Ngrams_Using_Hash_Grams:
            index = K1_most_common_Ngrams_Using_Hash_Grams.index(hashed_and_
reduced)
            fv[index] += 1
    return fv
```

9. 마지막으로 데이터셋을 특성화한다.

```
X = []
for dataset_path in directories:
    samples = [f for f in listdir(dataset_path)]
    for file in samples:
        file_path = dataset_path + "/" + file
        X.append(featurize_sample(file_path, K1_most_common_Ngrams_Using_Hash_
Grams))
```

레시피 설명

해시-그램 레시피에서 초기 단계는 일반적인 N-그램 추출 단계와 비슷하다. 먼저 샘플이 들어 있는 디렉터리와 (N-그램의) N 값을 지정하는 것으로 준비를 시작한다. 또한 1단계에서 일반적인 N-그램 추출과는 다른 동작인 해시 라이브러리를 들여온다. 준비를 계속하면서 2단계에서 (파일의 콘텐츠를 읽는 것과는 반대로) 파일의 모든 바이트를 읽고 N-그램으로 변환하는 함수를 만든다. N-그램의 MD5 해시값을 계산하고 16진수로 반환하는 함수를 만든다. 또한 3단계에서 해시값을 계산할 수 있도록 N-그램을 바이트로 변환하는 함수를 만든다.

다음으로 4단계에서 해시값이 계산된 파일의 N-그램에 대해 반복하면서 법modulo B에 대해 연산한 다음, 축소된 해시값에 대해 딕셔너리에 있는 카운트를 증가시킨다. 매개변수 B는 딕셔너리의 키 개수에 대한 제한을 제어한다. 해시값 계산을 통해 N-그램의 개수를 계산하는 버킷을 확률적으로 만들 수 있다. 이제 함수를 실행해야 하므로 B값을 명시해야 한다. 5단계에서 216보다 작으면서 가장 큰 소수를 선택한다.

해시 충돌의 개수를 최소화하고자 소수를 선택하는 것이 표준이다. 이제 6단계에서 파일의 디렉터리에 대해 반복하면서 이전에 정의한 함수를 각 파일에 적용한다. 결과는 N-그램의 해시값 카운트가 저장된 큰 딕셔너리 T다. 이 딕셔너리는 너무 크지 않도록 7단계에서 이 딕셔너리의 축소된 N-그램 해시값 중에서 가장 빈도수가 높은 K1개를 선택한다. 이렇게 하면 해시 충돌로 인해 K1개보다 많을 수 있지만 가장 빈도수가 높은 N-그램을 선택할 확률이 높다. 이 시점에서 우리가 갖고 있는 특성셋은 선택한 K1개의 N-그램 해시값에 매핑된 N-그램들이다. 이제 8~9단계에서 데이터셋을 특성화한다. 특히 샘플 파일에 대해 반복하면서 N-그램을 계산한다. N-그램의 축소된 해시값이 선택된 K1개의 해시값 중의 하나라면 빈도가 있는 N-그램이라 생각해 특성셋의 일부로 사용한다.

해시-그램 알고리듬이 항상 빠르지는 않지만 우리가 다루는 데이터셋이 큰 경우에는 속도를 개선할 수 있다. 많은 경우 N-그램을 추출하는 나이브 접근 방식이 메모리 에러로 이어지는 상황에서 해시-그램은 메모리 에러 없이 성공적으로 끝낼 수 있다.

해시-그램 알고리듬에 관한 자세한 내용은 https://www.edwardraff.com/publications /hash-grams-faster.pdf를 참조한다.

▌ 악성코드 동적 분류기 구축하기

어떤 상황에서는 악성코드의 행위를 기반으로 악성코드를 탐지할 수 있는 경우가 있다. 특히 동적 상황에서 악성코드를 분석할 때 악성코드가 자신의 의도를 숨기는 것은 매우 어렵다. 이런 이유로 동적 정보에 관해 작동하는 분류기는 정적 분류기보다 더 정확할 수 있다. 이 레시피에서는 동적 악성코드 분류기를 살펴본다. 우리가 사용하는 데이터셋은 안드로이드 응용 프로그램의 VirusShare 저장소의 일부 데이터셋이다. 요하네스 쏜Johannes Thon 은 안드로이드 API 23을 사용하는 여러 대의 LG 넥서스Nexus 5 기기에서 4,000개가 넘는 앱에 대해 동적 분석dynamic analysis을 했으며, 구락스goorax는 CC 라이선스하에서 LG 넥서스 5 기기에서 원본에서 수정되지 않은 4,300개 넘은 정상 앱을 동적 분석했다.

우리의 접근 방식은 API 호출call 시퀀스에 N-그램을 사용하는 것이다.

준비

이 레시피를 위한 준비는 pip로 scikit-learn, nltk, xgboost 패키지를 설치하는 것이다. 준비를 위한 명령어는 다음과 같다.

```
pip install sklearn nltk xgboost
```

이 외에도 저장소 Resources 디렉터리에 정상 동적 분석 파일과 악성 동적 분석 파일이 있다. DA Logs Benign*.7z 압축 파일을 DA Logs Benign 디렉터리에 푼다. DA Logs Malware*.7z 압축 파일을 DA Logs Malicious 디렉터리에 푼다.

실행 순서

이 레시피에서는 관측한 API 호출 시퀀스를 기반으로 분류기가 악성코드를 탐지한다.

1. 로그가 JSON 형식이므로 JSON 라이브러리를 들여오는 것으로 시작한다.

```
import numpy as np
import os
import json

directories_with_labels = [("DA Logs Benign", 0), ("DA Logs Malware", 1)]
```

2. JSON 로그를 구문 분석하는 함수를 만든다.

```
def get_API_class_method_type_from_log(log):
    """ 행위 로그에서 나온 API 호출을 구문 분석한다. """
    API_data_sequence = []
    with open(log) as log_file:
        json_log = json.load(log_file)
        api_calls_array = "[" + json_log["api_calls"] + "]"
```

3. 클래스class, 메서드method, API 호출 유형을 선택한다.

```
    api_calls = json.loads(api_calls_array)
        for api_call in api_calls:
            data = api_call["class"] + ":" + api_call["method"] + ":" + api_call["type"]
            API_data_sequence.append(data)
    return API_data_sequence
```

4. 로그를 말뭉치로 읽고 레이블을 수집한다.

```
data_corpus = []
labels = []
for directory, label in directories_with_labels:
    logs = os.listdir(directory)
    for log_path in logs:
        file_path = directory + "/" + log_path
        try:
            data_corpus.append(get_API_class_method_type_from_log(file_path))
            labels.append(label)
        except:
            pass
```

5. 이제 말뭉치에 있는 데이터가 어떻게 생겼는지 살펴본다.

```
print(data_corpus[0])
```

결과는 다음과 같다.

```
['android.os.SystemProperties:get:content',
 'android.os.SystemProperties:get:content',
 'android.os.SystemProperties:get:content',
 'android.os.SystemProperties:get:content',
 'android.os.SystemProperties:get:content',
 'android.os.SystemProperties:get:content',
 'android.os.SystemProperties:get:content',
 'android.os.SystemProperties:get:content',
 'android.os.SystemProperties:get:content',
 'android.os.SystemProperties:get:content',
 'android.os.SystemProperties:get:content',
 'android.os.SystemProperties:get:content',
 'android.app.ContextImpl:registerReceiver:binder',
 'android.app.ContextImpl:registerReceiver:binder',
 'android.os.SystemProperties:get:content',
 'android.os.SystemProperties:get:content']
```

6. 훈련 데이터와 테스트 데이터를 분할한다.

```
from sklearn.model_selection import train_test_split

corpus_train, corpus_test, y_train, y_test = train_test_split(
    data_corpus, labels, test_size=0.2, random_state=11
)
```

7. 우리의 접근 방식은 N-그램을 사용하므로 현재 데이터 형식을 약간 수정하는 N-그램 추출 함수를 불러온다.

```
import collections
from nltk import ngrams
import numpy as np

def read_file(file_path):
    """ 이진 파일의 문자열을 읽는다. """
    with open(file_path, "rb") as binary_file:
        data = binary_file.read()
    return data

def text_to_Ngrams(text, n):
    """ 텍스트에서 N-그램 리스트를 만든다. """
    Ngrams = ngrams(text, n)
    return list(Ngrams)

def get_Ngram_counts(text, N):
    """ 텍스트에서 N-그램의 빈도수 개수를 얻는다. """
    Ngrams = text_to_Ngrams(text, N)
    return collections.Counter(Ngrams)
```

8. N=4로 설정하고 N-그램을 수집한다.

```
N = 4
total_Ngram_count = collections.Counter([])
for file in corpus_train:
    total_Ngram_count += get_Ngram_counts(file, N)
```

9. 다음으로 가장 빈도수가 높은 N-그램을 K1=3000개로 좁힌다.

```
K1 = 3000
K1_most_frequent_Ngrams = total_Ngram_count.most_common(K1)
K1_most_frequent_Ngrams_list = [x[0] for x in K1_most_frequent_Ngrams]
K1_most_frequent_Ngrams_list[:7]
```

가장 빈도수가 높은 N-그램 7개는 다음과 같다.

```
[('java.lang.reflect.Method:invoke:reflection',
  'java.lang.reflect.Method:invoke:reflection',
  'java.lang.reflect.Method:invoke:reflection',
  'java.lang.reflect.Method:invoke:reflection'),
 ('java.io.FileInputStream:read:runtime',
  'java.io.FileInputStream:read:runtime',
  'java.io.FileInputStream:read:runtime',
  'java.io.FileInputStream:read:runtime'),
 ('android.content.ContentValues:put:globals',
  'android.content.ContentValues:put:globals',
  'android.content.ContentValues:put:globals',
  'android.content.ContentValues:put:globals'),
 ('libcore.io.IoBridge:open:file',
  'libcore.io.IoBridge:open:file',
  'libcore.io.IoBridge:open:file',
  'libcore.io.IoBridge:open:file'),
 ('dalvik.system.DexFile:loadClass:dex',
  'dalvik.system.DexFile:loadClass:dex',
  'dalvik.system.DexFile:loadClass:dex',
  'dalvik.system.DexFile:loadClass:dex'),
 ('android.util.Base64:decode:generic',
  'android.util.Base64:decode:generic',
  'android.util.Base64:decode:generic',
  'android.util.Base64:decode:generic'),
 ('android.os.SystemProperties:get:content',
  'android.os.SystemProperties:get:content',
  'android.os.SystemProperties:get:content',
  'android.os.SystemProperties:get:content')]
```

10. 그런 다음 샘플을 N-그램 카운트의 벡터로 특성화하는 메서드를 만든다.

```
def featurize_sample(file, Ngrams_list):
    """ 샘플의 특성 벡터를 만든다. 특성은 우리가 선택한 N-그램 K1개의 개수다. """
    K1 = len(Ngrams_list)
    feature_vector = K1 * [0]
    fileNgrams = get_Ngram_counts(file, N)
    for i in range(K1):
        feature_vector[i] = fileNgrams[Ngrams_list[i]]
    return feature_vector
```

11. 위 함수를 훈련 샘플과 테스트 샘플을 특성화하는 데 적용한다.

```
X_train = []
for sample in corpus_train:
    X_train.append(featurize_sample(sample, K1_most_frequent_Ngrams_list))
X_train = np.asarray(X_train)

X_test = []
for sample in corpus_test:
    X_test.append(featurize_sample(sample, K1_most_frequent_Ngrams_list))
X_test = np.asarray(X_test)
```

12. 상호 정보^{mutual information}를 사용해 가장 빈도수가 높은 K1=3000개의 N-그램을 가장 많은 정보를 가진 K2=500개의 N-그램으로 좁힌다. 그런 다음 파이프라인을 설정해 XGBoost 분류기를 실행한다.

```
from sklearn.feature_selection import SelectKBest,
mutual_info_classif
from sklearn.pipeline import Pipeline
from xgboost import XGBClassifier

K2 = 500
mi_pipeline = Pipeline(
    [
        ("mutual_information", SelectKBest(mutual_info_classif, k=K2)),
        ("xgb", XGBClassifier())
```

```
    ]
)
```

13. 파이프라인을 훈련하고 훈련 데이터셋과 테스트 데이터셋에 대해 정확도를 평가한다.

```
mi_pipeline.fit(X_train, y_train)
print("훈련 정확도:\t{mi_pipeline.score(X_train, y_train)*100:.4f} %")
print("테스트 정확도:\t{mi_pipeline.score(X_test, y_test)*100:.4f} %")
```

훈련 데이터셋과 테스트 데이터셋에 대한 정확도 결과는 다음과 같다.

```
훈련 정확도:      89.4618 %
테스트 정확도:    83.5238 %
```

레시피 설명

이 레시피에서 악성코드의 실시간 행동^runtime behavior^을 기반으로 악성코드와 정상 샘플 분류라고 하는 다소 흥미로운 작업을 수행한다. 처음 세 단계는 샘플의 실시간 행동에 관한 정보가 포함된 JSON 파일을 읽어 구문 분석하는 함수를 만든다. 이와는 별도로 JSON은 데이터에 관한 여러 속성을 갖는 경우에 유용한 파일 형식이다. API 호출 클래스, 메서드, 콘텐츠를 추출하는 전략을 선택한다. API 호출이 발생한 시간과 호출된 인수와 같은 다른 특성도 사용할 수 있다. 이런 특성까지 사용하면 데이터셋이 더 커지고 이런 특성으로 인해 속도가 느려지거나 과적합될 수 있다. 분류기를 위해 추가 특성을 선택하는 것과 관련해서 조사해 보는 것이 좋다.

구문 분석하는 함수를 만들었으므로 4단계에서는 한 곳에서 데이터 구문 분석과 구문 분석된 모든 데이터 수집을 수행한다. 5단계에서 수집한 말뭉치를 확인한다. 데이터를 구성하는 API 호출의 네 가지 예를 볼 수 있다. 다음은 훈련 데이터와 테스트 데이터를 분할하는 표준 단계다. 7~8단계에서 N-그램 추출 함수를 가져와 데이터셋에서 N-그램을 추출하는 데 사용한다. 이런 추출 메서드는 이진 파일에 사용했던 메서드와 비슷하지만 현재 텍스트 형식에 맞도록 수정했다. 처음에 가장 빈도수가 높은 N-그램 K1=3000개를 수집한다. 9단계에서 K1과 (나중에) K2를 증가시키면 분류기의 정확도가 개선될 것이라고 예상할 수 있지만 메모리와 계산 요구 사항도 증가한다. 10단계에서 샘플을 N-그램 특성 벡터로 특성화하는 함수를 만들고, 11단계에서 이 함수를 적용해 훈련 샘플과 테스트 샘플을 특성화한다. 특성셋을 더 줄이고 싶다면 12단계에서 상호 정보$^{mutual\ information}$를 사용해 가장 빈도수가 높은 N-그램 K1=3000개에서 가장 유용한 정보를 가진 N-그램 K2=500 개를 선택한다. 가장 좋은 N-그램을 선택하는 것에 관해서는 레시피에서 설명한 것처럼 많은 옵션이 있다.

예를 들어 다른 선택은 카이 제곱$^{chi-squared}$을 사용하는 것이다. 또한 XGBoost 외에 다른 분류기를 선택할 수도 있다. 마지막으로 정확도를 통해 API 호출 시퀀스에 대한 N-그램을 사용하는 접근 방식이 좋다는 것을 알 수 있다.

▋ MalConv – 악성 PE 탐지를 위한 종단 간 딥러닝

정적 악성코드 탐지에서 새로운 발전 중의 하나는 악성코드 탐지를 위해 종단 간 머신러닝$^{end-to-end\ machine\ learning}$에 딥러닝을 사용하는 것이다. 이 레시피에서는 PE 악성코드를 나타내는 PE 헤더나 다른 특성에 대한 지식이 필요 없으므로 모든 특성 공학$^{feature\ engineering}$을 완전히 건너뛴다. 우리는 단순히 신경망에 원시 바이트$^{raw\ byte}$의 스트림을 입력하고 훈련한다. 이 아이디어는 논문 https://arxiv.org/pdf/1710.09435.pdf에서 처음 제안됐다. 이 아키텍처는 아래 그림에서 볼 수 있는 것처럼 MalConv로 알려져 있다.

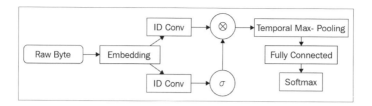

준비

이 레시피를 위한 준비는 pip로 keras, tensorflow, tqdm 패키지를 설치하는 것이다. 준비를 위한 명령어는 다음과 같다.

```
pip install keras tensorflow tqdm
```

이 외에도 저장소의 최상위 디렉터리 PE Samples Dataset에 정상 파일과 악성 파일 샘플이 있다. Benign PE Samples*.7z 압축 파일을 Benign PE Samples 디렉터리에 푼다. Malicious PE Samples*.7z 압축 파일을 Malicious PE Samples 디렉터리에 푼다.

실행 순서

이 레시피에서 원시 PE 파일에 대해 MalConv를 훈련하는 방법을 자세히 설명한다.

1. 벡터 연산을 위해 numpy와 반복 연산에 대한 진행 상황을 추적하고자 tdqm을 들여온다.

```
import numpy as np
from tqdm import tqdm
```

2. 바이트를 벡터로 변환embed하는 임베딩embedding 함수를 만든다.

```python
def embed_bytes(byte):
    binary_string = f"{byte:08b}"
    vec = np.zeros(8)
    for i in range(8):
        if binary_string[i] == "1":
            vec[i] = float(1) / 16
        else:
            vec[i] = -float(1) / 16
    return vec
```

3. 원시 PE 샘플의 위치를 읽어 레이블의 리스트를 만든다.

```python
import os
from os import listdir

directories_with_labels = [("Benign PE Samples", 0), ("Malicious PE Samples",
1)]
list_of_samples = []
labels = []
for dataset_path, label in directories_with_labels:
    samples = [f for f in listdir(dataset_path)]
    for file in samples:
        file_path = os.path.join(dataset_path, file)
        list_of_samples.append(file_path)
        labels.append(label)
```

4. 파일의 바이트 문자열을 읽을 편의 함수를 만든다.

```python
def read_file(file_path):
    """ 파일의 이진 문자열을 읽는다. """
    with open(file_path, "rb") as binary_file:
        return binary_file.read()
```

5. 샘플마다 읽을 바이트의 최대 길이 maxSize를 설정하고 샘플의 모든 바이트를 임베딩embedding[1]하고, 결과를 X에 모은다.

```
max_size = 15000
num_samples = len(list_of_samples)
X = np.zeros((num_samples, 8, max_size))
Y = np.asarray(labels)
file_num = 0
for file in tqdm(list_of_samples):
    sample_byte_sequence = read_file(file)
    for i in range(min(max_size, len(sample_byte_sequence))):
        X[file_num, :, i] = embed_bytes(sample_byte_sequence[i])
    file_num += 1
```

6. 최적화기optimizer를 준비한다.

```
from keras import optimizers

my_opt = optimizers.SGD(lr=0.01, decay=1e-5, nesterov=True)
```

7. 케라스Keras의 함수 API를 사용해 심층 신경망 아키텍처를 설정한다.

```
from keras import Input
from keras.layers import Conv1D, Activation, multiply, GlobalMaxPool1D, Dense
from keras import Model

inputs = Input(shape=(8, max_Size))
conv1 = Conv1D(kernel_size=(128), filters=32, strides=(128), padding='same')
(inputs)
conv2 = Conv1D(kernel_size=(128), filters=32, strides=(128), padding='same')
(inputs)
a = Activation('sigmoid', name='sigmoid')(conv2)
mul = multiply([conv1, a])
```

---

1 임베딩(embedding)은 자연어를 숫자의 나열인 벡터로 바꾼 결과 혹은 그 일련의 과정 전체를 가리키는 용어다. 단어나 문장 각각을 벡터로 변환해 벡터 공간에 '끼워 넣는다(embed)'는 취지에서 임베딩이라는 이름이 붙었다. 컴퓨터가 자연어를 처리할 수 있게 하려면 자연어를 계산 가능한 형식인 임베딩으로 바꿔 줘야 한다. 출처: 한국어 임베딩(https://bit.ly/2HDJkOR) – 옮긴이

```
b = Activation('relu', name='relu')(mul)
p = GlobalMaxPool1D()(b)
d = Dense(16)(p)
predictions = Dense(1, activation='sigmoid')(d)
model = Model(inputs=inputs, outputs=predictions)
```

8. 모델을 컴파일하고 배치 크기[2]batch size를 선택한다.

```
model.compile(optimizer=my_opt, loss="binary_crossentropy", metrics=["acc"])
batch_size = 16
num_batches = int(num_samples / batch_size)
```

9. 배치에 대해 모델을 훈련한다.

```
for batch_num in tqdm(range(num_batches)):
    batch = X[batch_num * batch_size : (batch_num + 1) * batch_size]
    model.train_on_batch(batch, Y[batch_num * batch_size : (batch_num + 1) *
batch_size])
```

레시피 설명

1단계에서 numpy와 반복문에서 진행 상황을 백분율로 표시해 주는 패키지인 tqdm을 들여오는 것으로 시작한다. 2단계에서 파일의 원시 바이트를 심층 신경망에 입력하기 위한 일환으로 8차원 공간에 대응시키고자 바이트를 벡터로 변환하고, 바이트의 각 비트는 벡터의 좌표에 대응시키는 간단한 임베딩 방법을 사용한다. 비트 값이 1이면 해당 좌표의 값을 1/16로 설정하고, 비트 값이 0이면 해당 좌표의 값을 −1/16로 설정한다. 예를 들어 10010001은 벡터(1/16, −1/16, −1/16, 1/16, −1/16, −1/16, −1/16, 1/16)에 대응된다. 신경망으로 훈련하는 임베딩과 같이 임베딩을 수행하는 다른 방법도 가능하다.

---

2 배치 크기(batch size)와 이와 관련된 세대(epoch) 및 반복(iteration)에 대한 용어의 의미는 개발자의 개발 정보와 리뷰 블로그 (https://bit.ly/2Y6AFwF)를 참조하기 바란다. – 옮긴이

MalConv 아키텍처는 간단하지만 계산적으로 빠른 선택을 한다. 3단계에서 샘플과 레이블의 리스트를 만들고, 4단계에서 파일의 바이트를 읽는 함수를 만든다. 파일을 바이트 문자열로 읽으려면 설정을 r 대신 rb로 바꿔야 한다. 5단계에서 tqdm을 사용해 루프의 진행 상황을 추적한다. 각 파일에 대해 바이트 시퀀스를 읽어 각 바이트를 8차원 공간으로 임베딩한다. 그리고 나서 모든 임베딩을 X로 모은다. 바이트 수가 maxSize=15000를 초과하면 중단한다. 바이트 수가 maxSize보다 작으면 바이트는 0으로 간주한다. 파일당 읽을 바이트의 크기를 제어하는 maxSize 매개변수는 메모리 용량, 사용 가능한 계산 용량, 샘플의 크기에 따라 조정할 수 있다. 다음 6~7단계에서 확률적 경사 하강법SGD, Stochastic Gradient Descent을 매개변수로 하는 표준 최적화기를 만들고 MalConv 아키텍처와 매우 흡사하도록 우리 신경망의 아키텍처를 정의한다. 여기서는 우리 모델에서 입출력 관계가 자명하지 않게non-trivial 만들고자 케라스의 함수 API를 사용한 것에 유의한다.

마지막으로 더 좋은 아키텍처와 매개변수 선택은 향후 연구가 필요한 분야라는 점에 유의한다. 계속해서 8~9단계에서 배치 크기batch size를 자유롭게 선택하고 훈련을 시작할 수 있다. 배치 크기는 학습 과정의 속도speed와 안정성stability 모두에 영향을 줄 수 있는 중요한 매개변수다. 우리의 목적을 위해 간단한 선택을 했다. 한 번에 하나의 배치로 신경망을 훈련한다.

▍ 패킹된 악성코드 다루기

패킹은 실행 파일을 압축하거나 암호화하는 것으로 일반적인 압축이 실행하기 전에 디스크에 압축을 푸는 것과는 달리 실행 시 메모리에서 자동으로 압축이 풀린다는 점에서 차이가 있다. 패커packer는 분석가에게 난독화 도전 문제obfuscation challenge다.

예를 들어 VMProtect라는 패커는 고유한 아키텍처의 가상 환경에서 실행해 분석가의 눈으로부터 콘텐츠를 보호하므로 소프트웨어를 분석하는 모든 사람에게 커다란 도전 과제다.

Amber는 보안 제품과 완화^{mitigation}를 우회하기 위한 반사형 PE 패커$^{reflective PE packer}$다. 정기적으로 컴파일된$^{Regularly Compiled}$ PE 파일을 셸 코드처럼 스스로 로딩하고 실행할 수 있는 반사 페이로드$^{reflective payload}$[3]로 패킹할 수 있다. 이 패커는 백신$^{anti-virus}$이나 방화벽 ^{firewall}, 침입 탐지 시스템^{IDS}, 침입 방지 시스템^{IPS} 제품과 응용 프로그램 화이트리스트 완화를 우회하는 데 사용할 수 있도록 스텔스 인-메모리 페이로드 배포$^{stealthy in-memory payload deployment}$를 가능하게 한다. 가장 많이 사용되는 패커는 UPX다.

패킹은 코드를 난독화하므로 이로 인해 머신러닝 분류기의 성능이 떨어질 수 있다. 실행 파일을 패킹하는 데 사용된 패커를 확인할 수 있어야만 같은 패커를 사용해 코드를 풀어 원래의 난독화되지 않은 버전으로 되돌릴 수 있다. 그래야만 백신과 머신러닝 모두 파일이 악성인지 탐지하는 것이 더 간단해진다.

패커 사용하기

이 레시피에서는 UPX 패커를 구하는 방법과 사용하는 방법을 살펴본다. 패커 모음을 갖는 목적은 첫째로 레시피의 다른 부분에 상세히 설명한 대로 데이터 증강$^{data augmentation}$을 수행하고, 둘째로 패킹에 사용된 패커가 결정되면 샘플을 푸는 것이다.

준비

이 레시피에서는 필요한 패키지가 없다. 이 책 저장소의 **Packers** 디렉터리에서 **upx.exe** 파일을 찾을 수 있다.

---

3 컴퓨팅에서 페이로드는 패킷 또는 다른 전송 데이터 장치의 전송 용량이다. 이 용어는 군대에 뿌리를 두고 있으며 종종 피해를 입히는 실행할 수 있는 악성코드의 용량과 관련이 있다. 기술적으로 특정 패킷 또는 다른 PDU(Protocol Data Unit)의 페이로드는 통신 엔드 포인트에 의해 전송된 실제 전송 데이터다. 네트워크 프로토콜은 패킷 페이로드에 허용되는 최대 길이도 지정한다. 악성코드와 관련해 페이로드는 일반적으로 대상 피해자에게 해를 끼치는 악성코드를 의미한다. 보다 자세한 내용은 https://bit. ly/3kUIlbT를 참조하기 바란다. – 옮긴이

실행 순서

이 레시피에서 UPX 패커를 사용해 파일을 패킹한다.

1. https://github.com/upx/upx/releases/에서 UPX의 최신 버전을 내려받아 압축을 푼다.

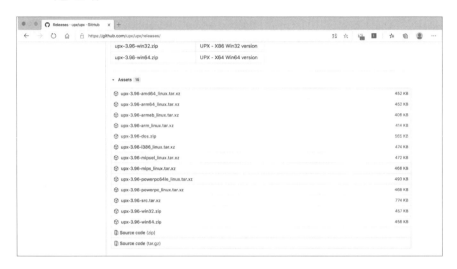

2. 패킹하려는 파일에 대해 upx.exe를 실행한다.

```
upx forfiles.exe
```

성공적으로 패킹이 됐다면 결과는 다음과 같다.

일반적인 압축 파일과는 달리 파일은 압축됐지만 실행 가능한 상태다.

레시피 설명

보시다시피 패커 사용은 매우 간단하다. 대부분 패커의 장점 중 하나는 파일의 콘텐츠를 난독화하는 것 외에도 파일의 크기를 줄인다는 것이다. 많은 해커가 자체 제작한custom-made 패커를 이용한다. 이런 패커의 장점은 풀기 어렵다는 것이다. 악성 파일을 탐지하는 관점에서 커스텀 패커custom packer를 사용해 패킹된 파일은 매우 의심스러울 수밖에 없다.

패킹된 샘플 데이터셋 만들기

패커 분류기packer classifier에 관한 데이터셋을 모으는 확실한 한 가지 방법은 패커로 레이블 링된 샘플을 수집하는 것이다. 패킹된 샘플을 모으는 또 다른 유익한 방법은 대규모 파일 데이터셋을 수집한 다음 패킹하는 것이다.

준비

이 레시피에서는 필요한 패키지가 없다. 이 책 저장소의 Packers 디렉터리에서 upx.exe 파일을 찾을 수 있다.

실행 순서

이 레시피에서 UPX를 사용해 디렉터리에 있는 파일을 패킹한다.

1. upx.exe를 디렉터리 A에 저장하고, 샘플의 모음은 디렉터리 B에 저장한다. 이 예에서 B는 Benign PE Samples UPX다.
2. 디렉터리 B의 파일을 리스트로 만든다.

```
import os

files_path = "./Benign PE Samples UPX/"
files = os.listdir(files_path)
file_paths = [files_path + x for x in files]
```

3. 디렉터리 B에 있는 각 파일에 대해 upx를 실행한다.

```
from subprocess import Popen, PIPE

cmd = "upx.exe"
for path in file_paths:
    cmd2 = cmd + " \"" + path + "\""
    res = Popen(cmd2, stdout=PIPE).communicate()
    print(res)
```

4. 패킹 시 에러가 발생할 때마다 원래의 샘플을 삭제한다.

```
if "error" in str(res[0]):
    print(path)
    os.remove(path)
```

레시피 설명

처음 두 단계는 UPX 패커를 실행하기 위한 준비 단계다. 3단계에서 하위 프로세스 subprocess를 사용해 파이썬의 외부 명령어 UPX를 호출한다. 4단계에서 샘플을 패킹하면서 에러가 발생하면 샘플을 제대로 패킹할 수 없기 때문에 해당 파일을 삭제한다. 이렇게 하면 디렉터리에는 패킹된 샘플만 들어 있으므로 깨끗하고 체계적인 데이터를 분류기에 입력할 수 있다.

패커 분류기 구축

패커에 해당하는 레이블이 포함된 이름의 디렉터리에 해당 패커로 패킹된 샘플을 저장한 데이터셋을 만들었으므로 이 샘플 파일을 대상으로 샘플이 패킹됐는지 그리고 패킹됐다면 어떤 패커로 패킹됐는지 결정하기 위한 분류기를 학습한다.

준비

이 레시피를 위한 준비는 pip로 scikit-learn과 nltk 패키지를 설치하는 것이다. 준비를 위한 명령어는 다음과 같다.

```
pip install sklearn nltk
```

이 외에도 저장소에 패킹된 파일과 패킹되지 않은 파일이 있다. 이 레시피에서 패킹되지 않은 샘플, UPX로 패킹된 샘플, Amber로 패킹된 샘플의 세 가지 유형을 사용한다. Benign PE Samples*.7z 압축 파일을 Benign PE Samples 디렉터리에 푼다. Benign PE Samples UPX.7z 압축 파일을 Benign PE Samples UPX 디렉터리에 푼다. Benign PE Samples Amber.7z 압축 파일을 Benign PE Samples Amber 디렉터리에 푼다.

실행 순서

이 레시피에서 파일을 패킹하는 데 사용한 패커를 결정하는 분류기를 구축한다.

1. 사용된 패커에 해당하는 레이블과 함께 분석해야 할 파일의 이름을 읽는다.

```python
import os
from os import listdir

directories_with_labels = [
    ("Benign PE Samples", 0),
    ("Benign PE Samples UPX", 1),
    ("Benign PE Samples Amber", 2),
]
list_of_samples = []
labels = []
for dataset_path, label in directories_with_labels:
    samples = [f for f in listdir(dataset_path)]
    for file in samples:
        file_path = os.path.join(dataset_path, file)
        list_of_samples.append(file_path)
        labels.append(label)
```

---

2. 훈련 데이터와 테스트 데이터를 분할한다.

```
from sklearn.model_selection import train_test_split

samples_train, samples_test, labels_train, labels_test = \
    train_test_split(
        list_of_samples, labels, test_size=0.3, stratify=labels, random_
state=11
)
```

3. N-그램 추출에 필요한 것들을 들여온다.

```
import collections
from nltk import ngrams
import numpy as np
```

4. N-그램 추출에 사용할 함수를 만든다.

```
def read_file(file_path):
    """ 이진 파일의 문자열을 읽는다. """
    with open(file_path, "rb") as binary_file:
        data = binary_file.read()
    return data

def byte_sequence_to_Ngrams(byte_sequence, N):
    """ 바이트 문자열에서 N-그램 리스트를 만든다. """
    Ngrams = ngrams(byte_sequence, N)
    return list(Ngrams)

def extract_Ngram_counts(file, N):
    """ 이진 파일을 읽고, 이진 문자열에서 N-그램의 개수를 출력한다."""
    filebyte_sequence = read_file(file)
    file_Ngrams = byte_sequence_to_Ngrams(filebyte_sequence, N)
    return collections.Counter(file_Ngrams)

def featurize_sample(sample, K1_most_frequent_Ngrams_list):
    """ 샘플의 특성 벡터를 만든다. 특성은 우리가 선택한 N-그램 K1개의 개수다. """
    K1 = len(K1_most_frequent_Ngrams_list)
```

```
        feature_vector = K1 * [0]
        file_Ngrams = extract_Ngram_counts(sample, N)
        for i in range(K1):
            feature_vector[i] = file_Ngrams[K1_most_frequent_Ngrams_list[i]]
        return feature_vector
```

5. 데이터에 대해 특성으로 사용하려는 N-그램을 선택한다.

```
N = 2
total_Ngram_count = collections.Counter([])
for file in samples_train:
    total_Ngram_count += extract_Ngram_counts(file, N)

K1 = 100
K1_most_common_Ngrams = total_Ngram_count.most_common(K1)
K1_most_common_Ngrams_list = [x[0] for x in K1_most_common_Ngrams]
```

6. 훈련 데이터를 특성화한다.

```
Ngram_features_list_train = []
y_train = []
for i in range(len(samples_train)):
    file = samples_train[i]
    NGram_features = featurize_sample(file, K1_most_common_Ngrams_list)
    Ngram_features_list_train.append(NGram_features)
    y_train.append(labels_train[i])
X_train = Ngram_features_list_train
```

7. 훈련 데이터에 대해 랜덤 포레스트 모델을 훈련한다.

```
from sklearn.ensemble import RandomForestClassifier

clf = RandomForestClassifier(n_estimators=100)
clf = clf.fit(X_train, y_train)
```

8. 테스트 데이터를 특성화한다.

```
Ngram_features_list_test = []
y_test = []
for i in range(len(samples_test)):
    file = samples_test[i]
    NGram_features = featurize_sample(file, K1_most_common_Ngrams_list)
    Ngram_features_list_test.append(NGram_features)
    y_test.append(labels_test[i])
X_test = Ngram_features_list_test
```

9. 훈련한 분류기를 사용해 테스트 데이터를 예측하고 혼동 행렬을 사용해 성능을 평가한다.

```
y_pred = clf.predict(X_test)
from sklearn.metrics import confusion_matrix

print(confusion_matrix(y_test, y_pred))
```

결과는 다음과 같다.

```
[[112   1   0]
 [  0  60   0]
 [  0   0  23]]
```

레시피 설명

1단계에서 데이터와 레이블을 배열로 구성하는 것으로 시작한다. 특히 샘플을 읽어 패킹하는 데 사용한 패커에 해당하는 레이블을 붙인다. 2단계에서 데이터를 훈련 데이터와 테스트 데이터로 분할한다. 데이터를 특성화할 준비를 마쳤으므로 3~4단계에서 N-그램 추출에 필요한 라이브러리를 들여오고 이전 레시피에서 설명한 N-그램 함수도 만들고, N=2와 가장 빈도수가 높은 N-그램 K1=100개를 특성으로 선택하고, 5~6단계에서 데이터를 특성화한다. 다른 N값과 가장 정보가 많은 N-그램을 선택하는 다른 방법은 좋은 결과를 만들어 내겠지만 필요한 계산 자원이 증가한다. 데이터를 특성화했으므로 7단계에서 데이터를 훈련 데이터와 테스트 데이터로 분할한 다음 8단계에서 데이터에 대해 (간단한 첫 번째 선택인) 랜덤 포레스트 분류기를 훈련한다. 9단계에서 혼동 행렬로 판단해 보면 머신러닝 분류기가 이런 유형의 문제에 대해 매우 정확하게 동작한다는 것을 알 수 있다.

▌ MalGAN – 유사 악성코드 만들기

생성적 적대 신경망GAN, Generative Adversarial Network을 사용해 적대적 악성코드adversarial malware 샘플을 만들어 훈련에 사용하면 공격자를 탐지하기 전까지의 탐지 방법을 개선할 수 있을 뿐만 아니라 공격자를 식별하기 전까지의 간격을 식별할 수 있다. 이 레시피의 코드는 https://github.com/j40903272/MalConv-keras를 기반으로 한다. 적대적 악성코드 샘플은 샘플을 분류하는 데 사용하고자 신경망(이 경우에는 MalConv)을 속이기 위해 작지만 세심하게 계산된 바이트 문자열로 패딩해 수정한 악성코드 샘플이다.

준비

이 레시피를 위한 준비는 pip로 pandas, keras, tensorflows, scikit-learn 패키지를 설치하는 것이다. 준비를 위한 명령어는 다음과 같다.

```
pip install pandas keras tensorflow sklearn
```

MalGAN과 관련된 코드와 리소스resource[4] 파일은 저장소의 MalGAN 디렉터리에 있다. 이 외에도 PE 샘플 "MalGAN_input/samplesIn.csv" 파일의 첫 번째 열에 적는다. 이 파일의 두 번째 열에 해당 샘플의 의견(정상이면 1, 악성이면 0)을 적는다.

---

4 요구되는 연산을 수행하는 데 필요한 데이터 처리 시스템의 모든 요소를 말한다. - 옮긴이

실행 순서

이 레시피에서 적대적 악성코드^{adversarial malware}를 만든다.

1. MalGAN을 위한 코드와 유틸리티 라이브러리 몇 개를 들여오는 것으로 시작한다.

```
import os
import pandas as pd
from keras.models import load_model
import MalGAN_utils
import MalGAN_gen_adv_examples
```

2. 입력 경로와 출력 경로를 지정한다.

```
save_path = "./MalGAN_output"
model_path = "./MalGAN_input/malconv.h5"
log_path = "./MalGAN_output/adversarial_log.csv"
pad_percent = 0.1
threshold = 0.6
step_size = 0.01
limit = 0.
input_samples = "./MalGAN_input/samplesIn.csv"
```

3. 적대적 샘플 생성에 GPU 사용 여부를 설정한다.

```
MalGAN_utils.limit_gpu_memory(limit)
```

4. 샘플의 이름과 레이블이 저장된 csv 파일을 읽어 데이터프레임에 저장한다.

```
df = pd.read_csv(input_samples, header=None)
fn_list = df[0].values
```

5. 미리 계산된 MalConv 모델을 불러온다.

```
model = load_model(model_path)
```

6. **고속 경사 부호법**^{FGSM, Fast Gradient Signed Method}을 사용해 적대적 악성코드를 생성한다.

```
adv_samples, log = MalGAN_gen_adv_examples.gen_adv_samples(
    model, fn_list, pad_percent, step_size, threshold
)
```

7. 결과 로그를 저장하고 샘플을 디스크에 저장한다.

```
log.save(log_path)
for fn, adv in zip(fn_list, adv_samples):
    _fn = fn.split(&/&)[-1]
    dst = os.path.join(save_path, _fn)
    print(dst)
    with open(dst, &wb&) as f:
        f.write(adv)
```

레시피 설명

1단계에서 MalGAN 코드에 사용되는 모든 것을 들여오는 것으로 시작한다. 2단계에서 이제 설명할 몇 가지 인수를 지정한다. savePath 매개변수는 적대적 샘플이 저장될 위치다. modelPath 변수는 미리 계산된 MalConv의 가중값의 경로다. logPath 매개변수는 샘플에 대한 **고속 경사 부호법**^{FGSM} 응용 프로그램과 관련된 데이터가 저장되는 곳이다. 예를 들어 로그 파일은 다음과 같다.

filename (파일 이름)	original score(점수)	file length (파일 길이)	pad length (패딩 길이)	loss(손실값)	predict score (예측 점수)
0778...b916	0.001140	235	23	1	0.912

원래 점수^{original score}가 0에 가까우면 MalConv가 원래의 샘플을 악성이라고 판단했다는 것을 의미한다. 샘플에 패딩을 한 다음에 최종 예측 점수^{predict score}가 1에 가까우면 수정된 샘플을 정상으로 판단했다는 것을 의미한다. `padPercent` 매개변수는 샘플의 끝에 패딩할 바이트 수를 결정한다. `threshold` 매개변수는 적대적 예제^{adversarial example}에서 신경망이 디스크에 저장할 정상 샘플이 얼마나 확실해야 하는지를 결정한다. `stepSize`는 FGSM에 사용되는 매개변수다. 이상이 이 단계의 매개변수 전부다. 3단계에서 CPU나 GPU를 사용할 것인지 선택해야 한다. 레시피를 간단하게 하고자 CPU를 사용한다. 분명한 것은 GPU를 사용하면 계산이 더 빨라진다는 것이다. 여기서 `limit` 매개변수는 계산에 사용할 GPU의 양을 나타내며 레시피에서는 0으로 설정한다. 다음 4단계에서 `inputSamples` 매개변수가 가리키는 .csv 파일을 읽는다. 이 입력 로그는 다음과 같은 형식을 취한다.

2b5137a1658c...8	1
0778a070b28...6	0

여기서 첫 번째 열은 주어진 샘플의 경로이며 두 번째 열은 주어진 레이블(1이면 정상, 0이면 악성)이다. 이제 5단계에서 미리 계산된 MalGAN 모델을 가져와 6단계에서 적대적 악성코드 샘플을 만들고 7단계에서 디스크에 저장한다.

▌ 악성코드 추이 추적하기

악성코드의 분포는 끊임없이 변하고 있다. 새로운 샘플뿐만 아니라 새로운 유형의 바이러스가 계속 등장한다. 예를 들어 cryptojacker는 암호 화폐^{cryptocurrency}가 등장하기 전까지 알려지지 않은 비교적 최근에 나온 악성코드다. 흥미롭게도 머신러닝 관점에서 볼 때 진화하고 있는 악성코드의 유형뿐만 아니라 추이 개념^{concept drift}으로 알려진 정의도 최근에 나온 것이다. 더 구체적으로 설명하면 15년된 바이러스는 현재 사용 중인 시스템에서 더 이상 실행되지 않을 것이다. 따라서 15년된 바이러스는 사용자에게 해를 끼칠 수 없으므로 더 이상 악성코드의 인스턴스^{instance}가 될 수 없다.

악성코드의 추이^{drift}를 추적하고 예측함으로써 조직은 자원을 올바른 유형의 방어로 전환해 미래의 위협으로부터 스스로를 예방할 수 있다.

준비

이 레시피를 위한 준비는 pip로 matplotlib, statsmodels, scipy 패키지를 설치하는 것이다. 준비를 위한 명령어는 다음과 같다.

```
pip install matplotlib statsmodels scipy
```

실행 순서

이 레시피에서 시계열 회귀분석을 사용해 과거 데이터를 기반으로 악성코드 분포를 예측한다.

1. 관심 있는 영역의 악성코드 분포에 대한 과거 데이터를 수집한다.

```
month0 = {"Trojan": 24, "CryptoMiner": 11, "Other": 36, "Worm": 29}
month1 = {"Trojan": 28, "CryptoMiner": 25, "Other": 22, "Worm": 25}
month2 = {"Trojan": 18, "CryptoMiner": 36, "Other": 41, "Worm": 5}
month3 = {"CryptoMiner": 18, "Trojan": 33, "Other": 44, "Worm": 5}
months = [month0, month1, month2, month3]
```

2. 악성코드의 각 클래스에 대해 데이터를 개별 시계열 데이터로 변환한다.

```
trojan_time_series = []
crypto_miner_time_series = []
worm_time_series = []
other_time_series = []
```

```
for month in months:
    trojan_time_series.append(month["Trojan"])
    crypto_miner_time_series.append(month["CryptoMiner"])
    worm_time_series.append(month["Worm"])
    other_time_series.append(month["Other"])


import plotly.graph_objects as go

x  = [x for x in range(4)]

fig = go.Figure()
fig.add_trace(go.Scatter(x=x, y=trojan_time_series, mode='lines+markers'))
fig.update_layout(title='트로이목마 악성코드 시계열 그래프')
fig.show()

fig = go.Figure()
fig.add_trace(go.Scatter(x=x, y=crypto_miner_time_series,
mode='lines+markers'))
fig.update_layout(title='암호화폐 채굴 악성코드 시계열 그래프')
fig.show()

fig = go.Figure()
fig.add_trace(go.Scatter(x=x, y=worm_time_series, mode='lines+markers'))
fig.update_layout(title='웜 악성코드 시계열 그래프')
fig.show()

fig = go.Figure()
fig.add_trace(go.Scatter(x=x, y=other_time_series, mode='lines+markers'))
fig.update_layout(title='기타 유형 악성코드 시계열 그래프')
fig.show()
```

트로이 목마Trojan 악성코드 시계열 그래프는 다음과 같다.

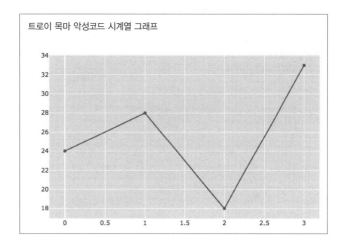

암호 화폐 채굴CryptoMiner 악성코드 시계열 그래프는 다음과 같다.

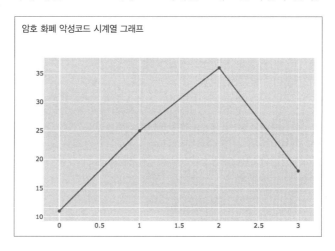

웜Worm 악성코드 시계열 그래프는 다음과 같다.

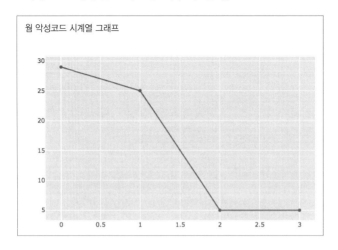

기타 유형의 악성코드 시계열 그래프는 다음과 같다.

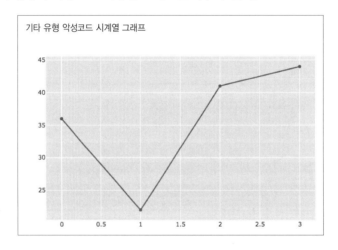

3. statsmodels에서 이동 평균moving average 라이브러리를 들여온다.

```
from statsmodels.tsa.arima_model import ARMA
```

4. 이동평균을 사용해 시계열을 기반으로 다음 달의 분포를 예측한다.

```
ts_model = ARMA(trojan_time_series, order=(0, 1))
model_fit_to_data = ts_model.fit(disp=True)
y_Trojan = model_fit_to_data.predict(len(trojan_time_series), len(trojan_time_
series))
print(f"트로이 목마 악성코드에 대한 다음 달 예측: {y_Trojan[0]} %")
```

트로이 목마에 대한 예측 결과는 다음과 같다.

트로이 목마 악성코드에 대한 다음 달 예측: 21.699999876315772 %

암호 화폐 채굴 악성코드에 대해서도 같은 방법을 사용한다.

```
ts_model = ARMA(crypto_miner_time_series, order=(0, 1))
model_fit_to_data = ts_model.fit(disp=True)
y_CryptoMiner = \
    model_fit_to_data.predict(len(crypto_miner_time_series),len(crypto_miner_
time_series))
print(f"암호 화폐 채굴 악성코드에 대한 다음 달 예측: {y_CryptoMiner[0]} %")
```

예측 결과는 다음과 같다.

암호 화폐 채굴 악성코드에 대한 다음 달 예측: 24.09999979660618 %

웜에 대한 코드는 다음과 같다.

```
ts_model = ARMA(worm_time_series, order=(0, 1))
model_fit_to_data = ts_model.fit(disp=True)
y_Worm = model_fit_to_data.predict(len(worm_time_series), len(worm_time_
series))

print(f"웜 악성코드에 대한 다음 달 예측: {y_Worm[0]} %")
```

예측 결과는 다음과 같다.

월 악성코드에 대한 다음 달 예측: **14.666665384131406 %**

다른 유형의 악성코드에 대한 코드는 다음과 같다.

```
ts_model = ARMA(other_time_series, order=(0, 1))
model_fit_to_data = ts_model.fit(disp=True)
y_Other = model_fit_to_data.predict(len(other_time_series), len(other_time_
series))

print(f"기타 유형 악성코드에 대한 다음 달 예측: {y_Other[0]} %")
```

예측 결과는 다음과 같다.

기타 유형 악성코드에 대한 다음 달 예측: **27.400000645620793 %**

레시피 설명

1단계에서 설명을 위해 각 악성코드 유형의 비율을 나타내는 작은 데이터셋을 만든다. 더 많은 과거 데이터를 사용하면 이런 데이터셋은 보안 영역의 자원을 전환할 수 있는 위치를 나타낼 수 있다. 2단계에서 한 곳에서 수집한 데이터를 시각화한다. 간단한 예측을 하고자 자동회귀 이동평균autoregressive-moving-average 모델을 의미하며 이동평균 모델의 일반화인 ARMA 라이브러리를 들여온다. 간단히 ARMA를 **이동평균**MA으로 취급한다. 4단계에서 이동평균을 사용해 악성코드의 백분율이 다음 기간에 얼마나 진화할지 예측한다. 더 큰 데이터셋을 사용하면 다른 모델을 시도하는 것은 물론 시간을 설명하는 훈련 데이터와 테스트 데이터를 분할하는 것이 좋다. 이렇게 하면 가장 정확한 시간을 예측할 수 있는 탐색적 모델explanatory model을 찾을 수 있다.

04

소셜 공학을 위한 머신러닝

머신러닝의 멋지고 새로운 응용 분야가 많이 있지만 사회공학social engineering 분야만큼 빛을 발하는 곳은 어디에도 없다. 머신러닝은 스피어 피싱spear phishing[1] 웹사이트를 매우 성공적으로 자동화했으므로 우리는 트위터Twitter 스피어 피싱 봇spear phishing bot 레시피를 통해 배우도록 한다. 또한 트위터 스피어 피싱 봇은 진짜 같은 가짜 비디오를 만드는 데도 사용되며, 동시에 가짜 비디오를 발견하는 데도 사용된다. 4장의 레시피에서 볼 수 있는 음성 전송voice transfer, 거짓말 탐지, 다른 편리한 도구들은 사회공학 게임을 향상시키고자 고안된 것이다.

---

1 조직 내에 신뢰할 만한 발신인으로 위장해 ID 및 패스워드 정보를 요구하는 일종의 피싱 공격. 메일을 보내 가짜 사이트로 유도해 악성코드를 설치하게 하거나 ID와 패스워드를 입력하게 해 네트워크에 침입할 수도 있다. 사용자 ID와 암호를 답변하거나 링크 클릭, 메일, 팝업 창 또는 웹 사이트의 첨부 파일을 열 경우에 ID 및 암호 도용의 피해자가 되거나 조직이 위험에 처할 수 있다. 출처: 정보통신용어사전 – 옮긴이

4장에서는 다음과 같은 레시피를 설명한다.

- 트위터 스피어 피싱 봇

- 성대모사

- **공개 출처 정보**OSINT, Open Source INTelligence를 위한 음성 인식

- 얼굴 인식

- 딥페이크

- 딥페이크 인식

- 머신러닝을 사용한 거짓말 탐지

- 성격 분석

- 소셜 매퍼

- 가짜 리뷰 생성기 훈련

- 가짜 리뷰 만들기

- 가짜 뉴스

▐ 기술 요구 사항

4장에서는 다음과 같은 라이브러리를 사용한다.

- Markovify

- Twitter developer account

- Tweepy

- PyTorch

- OpenCV

- Keras

- TensorFlow
- IBM's Watson

설치 명령과 코드는 https://github.com/PacktPublishing/Machine-Learning-for-Cybersecurity-Cookbook/tree/master/Chapter04에서 확인할 수 있다.

▌ 트위터 스피어 피싱 봇

이 레시피에서는 머신러닝을 사용해 트위터 스피어 피싱 봇을 만든다. 이 봇은 인공지능을 사용해 목표 대상target의 트윗을 흉내내 흥미롭고 매력적인 콘텐츠를 만든다. 또한 트윗에는 내장된 링크가 포함돼 있어 표적이 이 피싱 링크를 클릭하게 된다. 물론 우리는 이 봇을 악의적인 목적으로 사용하지 않을 것이며 이 링크는 더미dummy2 링크다. 링크 자체는 난독화되므로 표적은 클릭할 때까지 링크가 실제로 어디에 연결되는지는 알 수 없다.

실험적으로 이런 형태의 공격은 성공률이 높은 것으로 나타났으며, 이런 형태의 공격을 시뮬레이션하면 여러분의 고객이나 조직의 보안 태세를 테스트하고 개선할 수 있다.

준비

이 레시피를 위한 준비는 pip로 tweepy, markovify 패키지를 설치하는 것이다. 준비를 위한 명령어는 다음과 같다.

```
pip install tweepy markovify
```

---

2 유용한 데이터가 포함되지 않지만 공간을 예비해 둬 실제 데이터가 명목상 존재하는 것처럼 다루는 유순한 정보를 의미한다. - 옮긴이

또한 트위터의 개발자 계정을 설정해야 한다. 이 과정은 비교적 간단하며 계정은 무료로 만들 수 있다.

실행 순서

이 레시피에서는 머신러닝을 사용해 스피어 피싱 트위터 봇을 만든다.

1. 트위터 개발자 계정을 만든다.
2. 새로운 앱을 만들고 API 키, 액세스 토큰access token, 액세스 토큰 시크릿access token secret을 받는다.[3]
3. tweepy 라이브러리를 들여오고 트위터 API 액세스 자격증명을 입력한다.

```
import json
import tweepy

CONSUMER_API_KEY = "컨슈머 API 키"
CONSUMER_API_SECRET_KEY = "컨슈머 API 시크릿 키"
ACCESS_TOKEN = "액세스 토큰"
ACCESS_TOKEN_SECRET = "액세스 토큰 시크릿"

auth = tweepy.OAuthHandler(CONSUMER_API_KEY, CONSUMER_API_SECRET_KEY)
auth.set_access_token(ACCESS_TOKEN, ACCESS_TOKEN_SECRET)

api = tweepy.API(
    auth, wait_on_rate_limit=True, wait_on_rate_limit_notify=True,
compression=True
)
```

4. 목표 대상 또는 흉내내려는 사용자를 선택한다. 이 경우 트위터에서 활동하는 기술 분야의 저명한 인사를 선택한다.

---

3 개발자 계정을 만들고 API 키를 발급받는 방법은 트위터 API 사용을 위한 준비(개발자 신청 및 Consumer Key, Access Token 발급) 블로그(http://hleecaster.com/twitter-api-developer/)를 참조하기 바란다. — 옮긴이

```
user_id = "elonmusk"
```

5. 사용자의 최근 count = 200개의 트윗을 수집한다.

```
count = 200
user_tweets = api.user_timeline(screen_name=user_id, count=count, tweet_
mode="extended")
```

6. 사용자의 모든 트윗을 하나의 큰 텍스트로 모은다.

```
tweet_corpus = []
for tweet in user_tweets:
    tweet_corpus.append(tweet.full_text)
    tweets_text = ". ".join(tweet_corpus)
```

7. 이제 텍스트를 처리한다. 발견된 URL의 인스턴스를 새로운 URL로 대체하는 함
수를 만든다.

```
import re

def replace_URLs(string, new_URL):
    """ 문자열의 모든 URL을 사용자 정의 URL로 대체한다. """
    modified_string = re.sub(
        "http[s]?://(?:[a-zA-Z]|[0-9]|[$-_@.&+]|[!*\(\),]|(?:%[0-9a-fA-F]
[0-9a-fA-F]))+",
        " " + new_URL + " ", string
    )
    return modified_string
```

8. 피싱 링크를 만들어 트윗에 삽입한다. 이 경우 URL 단축기^{shortener}를 사용해
google.com으로 연결되는 링크를 난독화한다.

```
phishing_link = "https://urlzs.com/u8ZB"
processed_tweets_text = replace_URLs(tweets_text, phishing_link)
```

9. 가공된 텍스트에 대해 마르코프 모델을 훈련하고 트윗을 만든다.

```
import markovify

markov_model = markovify.Text(processed_tweets_text)
```

10. 피싱 링크가 들어 있는 트윗을 원하는 개수만큼 만든다.

```
num_phishing_tweets_desired = 5
num_phishing_tweets_so_far = 0
generated_tweets = []
while num_phishing_tweets_so_far < num_phishing_tweets_desired:
    tweet = markov_model.make_short_sentence(140)
    if phishing_link in tweet and tweet not in generated_tweets:
        generated_tweets.append(tweet)
        num_phishing_tweets_so_far += 1
```

결과는 다음과 같다.

```
#LaunchAmerica https://urlzs.com/u8ZB RT @SpaceX: Dragon is the future of medicine imo.
https://urlzs.com/u8ZB @teslaownerssv @AstroJordy @flcnhvy Yeah.
@trylolli @Maisie_Williams 🚀📡 https://urlzs.com/u8ZB @Erdayastronaut @rweb11742 Yes, but from a visiting American.
https://urlzs.com/u8ZB @teslaownerssv @AstroJordy @flcnhvy Fully.
@trylolli @Maisie_Williams 🚀📡 https://urlzs.com/u8ZB @Erdayastronaut @rweb11742 Merlin is a type of cold..
```

11. 사용자나 사용자의 팔로워, 또는 사용자의 친구를 목표로 트윗을 게시한다. 예를 들어 이 코드는 사용자의 친구를 얻는다.

```
user = api.get_user(user_id)
for friend in user.friends():
    print(friend.screen_name)
```

결과는 다음과 같다.

```
TheOnion
TheBabylonBee
karpathy
Astro_Soichi
```

```
pcgamer
PopMech
PyTorch
Nigel_Lockyer
jagarikin
AstroVicGlover
Tesmanian_com
gwern
flcnhvy
machineIearning
BBC_Future
kanyewest
teslacn
DeepMind
valleyhack
OpenAI
```

레시피 설명

1~2단계에서 트위터 개발자 웹 페이지를 방문해 무료로 제공되는 API 계정을 만들 수 있다. 3단계에서 파이썬으로 트위터 API에 액세스하고자 tweepy 라이브러리를 사용한다. 우리의 목표는 목표 대상 트위터 사용자의 트윗을 학습해 목표 대상과 같은 스타일과 주제의 트윗을 만드는 것이다. 이런 트윗은 같은 주제와 스타일에 관심을 가진 모든 사람에게 미끼가 될 가능성이 있다. 4단계에서 일론 머스크Elon Musk의 스타일을 모방하기로 했다. 5~6단계에서 일론 머스크가 공개한 최근 200개의 트윗을 수집한다. 일반적으로 사용자의 더 많은 트윗을 수집할수록 모델은 더 설득력 있는 트윗을 만들 것이다. 그러나 시간과 관련성을 설명하는 것이 중요할 수 있다. 즉 사용자는 오래된 주제를 다루는 사용자보다 적시에 관련성 있는 트윗을 하는 클릭할 가능성이 높다.

7단계에서 모든 URL을 원하는 URL로 대체하도록 텍스트를 처리하는 함수를 만들고, 8단계에서 텍스트에 적용한다. URL 단축기를 사용해 피싱 링크의 목적지를 숨겼는데 목적지는 구글 웹 페이지다. 트윗을 처리하는 이 단계에서 창의성을 발휘할 여지가 있다. 예를 들어 @화면 이름^{screen name}을 사용자 정의해 목표 대상과 더 관련 있게 만들 수 있다. 9~10단계에서 처리한 트윗에 대해 마르코프 모델을 훈련한 다음 피싱 링크를 삽입한 몇 개의 트윗을 만든다. 마지막으로 11단계와 관련해 봇을 더욱 효과적으로 만들고자 트윗을 날릴 일^日, 주^週, 월^月 또는 다른 최적의 시간(예를 들어 이벤트 관련 타이밍)을 선택하거나 트윗에 링크가 있는 사진을 추가해야 한다는 것을 명심해야 한다.

▌ 성대모사

신경망을 통한 목소리 스타일^{voice style} 전달의 새로운 기술로 인해 목표 대상 목소리를 설득력이 있게 모사하는 것이 점점 쉬워지고 있다. 이 레시피에서는 목표 대상의 음성을 사회공학 목적으로 사용하거나 오바마^{Obama}의 목소리를 사용해 비욘세^{Beyoncé}의 노래를 부르는 장난기 많은 예를 통해 여러분이 원하는 대로 목표 대상이 말하는 것을 녹음하고자 딥러닝을 사용하는 방법을 살펴본다. 높은 품질로 결과를 빠르게 얻고자 `mazzzystar/randomCNN-voice-transfer` 아키텍처를 사용한다. 특히 대규모의 녹음된 오디오 데이터셋에 대해 모델을 미리 훈련할 필요가 없다.

이 책에서는 두 가지 버전의 음성 전달 신경망 코드를 제공하는데, 하나는 GPU용이며 다른 하나는 CPU용이다. 이 레시피에서는 CPU용을 설명하지만 GPU용 코드도 매우 비슷하다.

준비

이 레시피를 위한 준비는 pip로 `torch`, `librosa`, `numba` 패키지를 설치하는 것이다. 준비를 위한 명령어는 다음과 같다.

```
pip install torch librosa==0.6 numba==0.48
```

또한 2개의 파일을 voice_impersonation_input 디렉터리에 옮겨 놓는다. 한 파일은 음성으로 표현하고자 하는 메시지의 오디오 녹음 파일이고, 다른 파일은 해당 메시지를 음성으로 표현하고자 하는 음성이다.

실행 순서

이 레시피에서는 어떤 사람의 목소리를 다른 사람의 목소리 녹음으로 전달한다. 코드는 CPU용 성대모사(메인 함수), 모델, 유틸리티의 세 부분으로 구성된다. 메인 함수를 실행하는 방법을 설명한 다음 무엇을 하는지 설명한다. 코드의 다른 부분에 대한 참조reference가 발생할 때마다 참조하는 메서드가 수행하는 작업을 상세히 설명하지만 간결성을 위해 세부 정보는 생략한다.

다음은 Voice Impersonation.ipynb 파일의 코드다.

1. 파이토치PyTorch 유틸리티, 신경망 모델, 몇 가지 기본 계산을 위해 math를 들여온다.

```
import math
from torch.autograd import Variable
from voice_impersonation_utils import *
from voice_impersonation_model import *
```

2. 사용할 음성을 style_file에서 지정하고, 이 음성으로 말하고자 하는 오디오를 content_file에서 지정한다.

```
input_files = "voice_impersonation_input/"
content_file = input_files + "male_voice.wav"
style_file = input_files + "Eleanor_Roosevelt.wav"
```

3. 콘텐츠와 스타일 파일에서 스펙트럼을 추출한 다음 파이토치 텐서^{PyTorch tensor}로
변환한다.

```
audio_content, sampling_rate = wav2spectrum(content_file)
audio_style, sampling_rate = wav2spectrum(style_file)
audio_content_torch = torch.from_numpy(audio_content)[None, None, :, :]
audio_style_torch = torch.from_numpy(audio_style)[None, None, :, :]
```

4. 확률화 콘볼루션 신경망^{Random CNN} 모델을 인스턴스화하고 eval 모드로 설정한다.

```
voice_impersonation_model = RandomCNN()
voice_impersonation_model.eval()
```

5. 신경망 훈련을 위해 텐서를 준비하고 아담 최적화기^{Adam optimizer}와 학습률을 선
택한다.

```
audio_content_variable = Variable(audio_content_torch, requires_grad=False).
float()
audio_style_variable = Variable(audio_style_torch, requires_grad=False).
float()
audio_content = voice_impersonation_model(audio_content_variable)
audio_style = voice_impersonation_model(audio_style_variable)
learning_rate = 0.003
audio_G_var = Variable(
    torch.randn(audio_content_torch.shape) * 1e-3, requires_grad=True
)
opt = torch.optim.Adam([audio_G_var])
```

6. 스타일 매개변수, 콘텐츠 매개변수, 모델을 훈련할 기간을 지정한다.

```
style_param = 1
content_param = 5e2

num_epochs = 500
print_frequency = 50
```

7. 모델을 훈련한다.

```
for epoch in range(1, num_epochs + 1):
    opt.zero_grad()
    audio_G = voice_impersonation_model(audio_G_var)

    content_loss = content_param * compute_content_loss(audio_content, audio_G)
    style_loss = style_param * compute_layer_style_loss(audio_style, audio_G)
    loss = content_loss + style_loss
    loss.backward()
    opt.step()
```

8. 훈련 진행 상황을 출력하고 출력 파일의 이름을 지정한 다음, 신경망 출력 스펙
   트럼을 오디오 파일로 변환한다.

```
    if epoch % print_frequency == 0:
        print(f"epoch: {epoch:>3}")
        print(f"content loss: {content_loss.item()}")
        print(f"style loss: {style_loss.item()}")
        print(f"loss: {loss.item()}")
        print()

gen_spectrum = audio_G_var.cpu().data.numpy().squeeze()
output_audio_name = "Eleanor_saying_there_was_a_change_now.wav"
spectrum2wav(gen_spectrum, sampling_rate, output_audio_name)
```

최종 결과는 Eleanor_saying_there_was_a_change_now.wav 오디오 파일이다.

레시피 설명

1단계에서 파이토치, 신경망 모델, 몇 가지 기본 계산을 위해 math를 들여오는 것으로 시
작한다. 더 흥미로운 것은 2단계에서 콘텐츠와 스타일 오디오를 지정한다는 것이다. 콘텐
츠 파일을 통해 원하는 문구, 예를 들어 "you can't do cybersecurity without machine
learning(머신러닝 없이 사이버 보안을 할 수 없다)."라는 문장을 말하게 할 수 있다. 그런 다음

스타일 파일에서 일론 머스크와 같이 유명한 사람의 음성 녹음을 선택한다. 음성모사voice impersonation의 최종 결과는 일론 머스크가 "you can't do cybersecurity without machine learning(머신러닝 없이 사이버 보안을 할 수 없다)."라는 문장을 말하는 것이다. 3~4단계, 그리고 5단계는 모델에 데이터를 공급하기 위한 준비를 한 다음 확률화 CNN과 최적화기를 인스턴스화한다. 모델의 주요 특징은 오디오 스펙트럼에 대해 1D 계층layer이 아닌 2D 콘볼루션 계층을 사용하며 시간 축에 대해 그램gram을 계산한다는 것이다. (훈련 모드와 대조되는) 평가evaluation 모드로 모델을 설정하고, 훈련과 테스트에서 다르게 사용되는 드롭아웃dropout 및 배치 노름batch norm과 같은 특정 계층의 행동에 영향을 미친다. 다음 6단계에서 style과 content 매개변수를 정의하는데 스타일과 콘텐츠에 상대적인 가중값을 할당한다. 특히 최종 결과 오디오가 각 파일의 콘텐츠에 비해 스타일을 얼마나 강하게 반영할 것인지 결정한다. 이제 7단계에서 순전파forward propagation와 역전파backward propagation를 수행해 모델을 훈련할 준비를 마쳤다. 8단계에서 훈련 진행 상황을 모니터링한 다음 마지막으로 스타일 파일의 스타일을 사용해 콘텐츠 파일의 내용을 발음하는 오디오 파일을 출력해 디스크에 저장한다. 이 파일은 이 책의 저장소에 있다.

▌ 공개 출처 정보를 위한 음성 인식

이 이야기는 펜 테스터pen tester[4]가 당시 FBI 국장인 제임스 코미James Comey에 대한 정보intelligence를 수집하고 있었다는 것이다. 펜 테스터는 코미의 영상을 들으면서 코미가 트위터 계정을 포함해 여러 소셜 미디어 계정을 갖고 있다고 언급한 것에 주목했다. 그러나 당시에 코미의 계정은 알려지지 않았다.

---

4 고도로 숙련된 보안 전문가가 컴퓨터 시스템 또는 웹 애플리케이션 네트워크를 공격하여 취약점을 발견하는 윤리적 해킹의 한 형태인 모의 침투 테스트를 펜 테스트라고 한다. 이 테스트는 자동화하거나 수동으로 수행할 수 있으며, 요구 사항에 따라서 두 가지 모두 혼합될 수 있다. 합법적인 펜 테스트를 직업으로 하는 사람을 펜 테스터라고 한다. – 옮긴이

철저한 조사를 통해 펜 테스터는 결국 코미의 비밀 트위터 계정의 이름이 라인홀드 니부르Reinhold Niebuhr라는 것을 발견했다. 이 레시피의 목표는 펜 테스터가 키워드 검색에서 목표 대상에 대한 다량의 오디오/비디오 영상을 자동으로 신속하게 선별하는 것을 돕는 것이다. 구체적으로 머신러닝을 사용해 음성을 텍스트로 변환하고 이 텍스트를 수집한 다음, 관심 키워드를 검색한다.

준비

이 레시피를 위한 준비는 pip로 speechrecognition 패키지를 설치하는 것이다. 준비를 위한 명령어는 다음과 같다.

```
pip install speechrecognition
```

이 외에도 인식하고자 하는 음성이 담긴 오디오 파일을 수집한다.

실행 순서

이 레시피에서는 음성 인식 라이브러리를 사용해 음성 녹음을 텍스트로 변한한 다음 이 텍스트를 원하는 키워드로 사용해 검색한다.

1. 음성 인식 라이브러리를 들여오고 텍스트로 변환할 음성이 있는 오디오 파일 목록을 선택한다. 또한 이 오디오 파일에서 자동으로 탐지하고자 하는 키워드 목록을 만든다.

```
import speech_recognition

list_of_audio_files = ["Eleanor_Roosevelt.wav", "Comey.wav"]
keywords = ["Twitter", "Linkedin", "Facebook", "Instagram", "password", "FBI"]
```

2. 구글 음성 인식 API를 사용해 오디오 파일을 텍스트로 변환하는 함수를 만든다.

```python
def transcribe_audio_file_to_text(audio_file):
    """ 오디오 파일을 읽어 텍스트 스크립트를 만든다. """
    recognizer = speech_recognition.Recognizer()

    with speech_recognition.AudioFile(audio_file) as audio_source:
        audio = recognizer.record(audio_source)

        return recognizer.recognize_google(audio)
```

3. 오디오 파일을 텍스트로 변환하고 텍스트가 들어 있는 오디오 파일을 기억하고
자 딕셔너리를 만든다.

```python
audio_corpus = {}
for audio_file in list_of_audio_files:
    audio_corpus[transcribe_audio_file_to_text(audio_file)] = audio_file
print(audio_corpus)
```

말뭉치 출력은 다음과 같다.

```
{"I'm very glad to be able to take part in this celebration dim sum Direct on
human rights day": 'Eleanor_Roosevelt.wav', "have you met read recently that
I'm on Twitter I am not a tweeter I am there to listen to read especially
what's being said about the FBI and its mission": 'Comey.wav'}
```

4. 텍스트의 말뭉치에서 키워드를 검색하고 키워드가 들어 있는 오디오 파일을 출
력한다.

```python
for keyword in keywords:
    for transcription in audio_corpus:
        if keyword in transcription:
            print(f"'{audio_corpus[transcription]}' 파일에서 찾은 키워드
{keyword}")
```

실행 결과 `Twitter`와 `FBI` 키워드를 탐지했다.

```
'Comey.wav' 파일에서 찾은 키워드 Twitter
'Comey.wav' 파일에서 찾은 키워드 FBI
```

레시피 설명

음성 인식 라이브러리를 들여오고 텍스트로 변환할 음성이 담긴 오디오 파일을 목록을 선택하는 것으로 시작한다. 또한 1단계에서는 이 오디오 파일에서 자동으로 탐지하려는 키워드 리스트를 만든다. 이 키워드의 발화를 탐지하는 접근 방식은 같은 의미를 갖는 키워드의 변형을 효과적으로 설명하는 어간 추출이나 표제어 추출을 통해 더 강건하게 만들 수 있다. 예를 들어 이 접근 방식을 제대로 구현하면 Twitter, Twitted, Tweet가 모두 탐지된다. 2단계에서 구글 음성 인식 API를 사용해 오디오를 텍스트로 변환하도록 지정한다. pocketsphinx와 같은 다른 음성 인식 서비스를 이용할 수도 있다. 이제 3단계에서 오디오 파일을 텍스트로 바꿀 준비를 한다. 텍스트 형식으로 된 오디오를 갖고 있으므로 지금부터 순조롭게 진행할 수 있다. 4단계에서 관심 있는 키워드를 검색하기만 하면 된다. 말뭉치와 텍스트가 더 커질 때 유익할 수 있는 추가 최적화는 키워드가 발견된 문장을 출력해 문맥context을 더 쉽게 이해할 수 있게 만드는 것이다.

▌ 얼굴 인식

얼굴 인식 시스템은 이미지나 비디오에서 사람을 식별하거나 확인하는 기술이다. 목표 대상이나 잠재적인 목표 대상에 대한 공개 출처 정보OSINT를 수집할 때 얼굴 인식 시스템이 중요할 수 있다. 이 레시피에서는 잘 개발된 `face_recognitio` 파이썬 라이브러리를 사용한다.

준비

이 레시피를 위한 준비는 pip로 face_recognition와 OpenCV 패키지를 설치하는 것이다.
준비를 위한 명령어는 다음과 같다.

```
pip install face_recognition opencv-python
```

이 외에도 개인 인물 사진과 해당 개인을 찾으려는 사진들이 필요하다.

실행 순서

이 레시피에서는 일련의 이미지에서 주어진 개인을 찾아 레이블링하고자 face_recognition
을 훈련한다.

1. face_recognition 라이브러리를 들여오는 것으로 시작한다.

   ```
   import face_recognition
   ```

2. OSINT를 수집할 개인에 대해 레이블링된 초상화를 불러오는 것으로 시작한다.

   ```
   known_image = face_recognition.load_image_file("trump_official_portrait.jpg")
   ```

   개인의 얼굴이 선명하게 드러나야 한다.

3. 다음으로 개인의 얼굴을 자동으로 탐지하고 싶은 알 수 없는 이미지를 불러온다.

```
unknown_image = face_recognition.load_image_file("trump_and_others.jpg")
```

아래 사진에는 검색하려는 개인의 얼굴이 들어 있다.

4. 개인의 얼굴을 인코딩한다.

```
trump_encoding = face_recognition.face_encodings(known_image)[0]
```

5. 알 수 없는 이미지에 있는 모든 개인의 얼굴을 인코딩한다.

```
unknown_faces = face_recognition.face_encodings(unknown_image)
```

6. 개인의 얼굴을 검색한다.

```
matches = face_recognition.compare_faces(unknown_faces, trump_encoding)
print(matches)
```

결과는 다음과 같다.

```
[False, False, False, True]
```

7. 알 수 없는 이미지에 있는 모든 얼굴의 위치를 불러와 얼굴이 일치하는 위치를 변수에 저장한다.

```
face_locations = face_recognition.face_locations(unknown_image)
trump_face_location = face_locations[3]
```

8. 알 수 없는 이미지를 cv2로 읽는다.

```
import cv2
unknown_image_cv2 = cv2.imread("trump_and_others.jpg")
```

9. 알 수 없는 이미지에서 얼굴이 일치하는 곳에 사각형을 그린다.

```
(top, right, bottom, left) = trump_face_location
cv2.rectangle(unknown_image_cv2, (left, top), (right, bottom), (0, 0, 255), 2)
```

10. 사각형에 레이블링한다.

```
cv2.rectangle(
    unknown_image_cv2, (left, bottom - 35), (right, bottom), (0, 0, 255), cv2.
FILLED
)
font = cv2.FONT_HERSHEY_DUPLEX
cv2.putText(unknown_image_cv2, "Trump", (left+6, bottom-6), font, 1.0, (255,
255, 255), 1)
```

11. 레이블링된 사각형이 있는 이미지를 표시한다.

```
cv2.namedWindow('image', cv2.WINDOW_NORMAL)
cv2.imshow('image',unknown_image_cv2)
cv2.waitKey(0)
cv2.destroyAllWindows()
```

아래 그림은 결과가 성공했다는 것을 보여 준다.

이 검색과 레이블링 과정을 자동화하는 것은 간단하다.

레시피 설명

1단계에서 얼굴 인식 라이브러리를 들여오는 것으로 시작한다. 다음 단계에서 펜 테스트 pen test의 이미지 모음에서 찾고자 하는 목표 대상의 이미지를 불러온다. 3단계에서 목표 대상의 얼굴이 있는지 검색할 예제 이미지를 준비한다. 4~5단계에서는 이미지에서 발견된 모든 얼굴을 인코딩한 다음 6단계에서 표적 대상의 얼굴을 검색한다. 편의상 표적 대상의 얼굴과 일치하는 결과를 출력한다. 7~10단계에서 일치하는 것을 찾았다는 것을 보여 준다. 이를 위해 검색한 이미지를 불러온다. 그런 다음 분류기가 탐지한 표적 대상의 얼굴에 사각형을 그리고 레이블링한다. 11단계의 결과를 보면 큰 성과가 있음을 알 수 있다. 우리는 성공적으로 탐지했다.

`face_recognition` 도구 뒤에 있는 기술은 딥러닝으로, 당연히 GPU를 사용해 얼굴 검색 과정을 더 빨리 수행할 수 있다.

▮ 딥페이크

딥페이크deepfake는 신경망을 이용해 비디오나 이미지를 찍고, 그 위에 어떤 콘텐츠를 중첩시켜 그 결과를 진짜처럼 보이게 하는 기술이다. 예를 들어 이 기술을 사용하면 앨리스Alice가 어떤 운동을 지지한다고 말하는 비디오를 찍은 다음 앨리스를 밥Bob으로 바꿔, 밥이 실제로 그 운동을 지지한다고 말하는 것처럼 보이는 비디오를 만들 수 있다. 분명히 이 기술은 비디오나 이미지를 믿을 수 있는 신뢰에 큰 영향을 미칠 뿐만 아니라 사회공학자에게도 유용한 도구를 제공한다.

이 레시피에서는 딥페이크의 변형을 사용해 어떤 표적 대상의 얼굴 이미지를 가져와 다른 대상 표적의 얼굴 이미지에 중첩해 사실적으로 만든다. 이 레시피는 깃허브 저장소 wuhuikai/FaceSwap에 있는 코드를 수정해 간단히 만든 버전이다.

준비

이 레시피를 위한 준비는 pip로 OpenCV, dlib,[5] scipy 패키지를 설치하는 것이다. 준비를 위한 명령어는 다음과 같다.

```
pip install opencv-python dlib scipy
```

또한 2개의 이미지가 필요하다. 하나는 개인 인물 사진이며 다른 하나는 개인의 얼굴이 들어 있는 사진이다. 전자의 개인 인물 사진의 얼굴이 후자의 사진에 옮겨진다. 샘플은 deepfake_input에 있다.

실행 순서

이 레시피에서는 어떤 이미지에서 한 개인의 얼굴을 다른 사람의 얼굴로 대체한다. 코드는 Deepfake.ipynb(메인), deepfake_config 구성 파일, deepfake_face_detection, deepfake_face_points_detection, deepfake_face_swap의 다섯 부분으로 구성된다. 또한 모델 디렉터리도 포함한다.

다음 코드는 Deepfake.ipynb 파일의 코드다.

1. 이미지 작업을 위한 OpenCV와 관련 코드에서 얼굴을 바꾸는 데 필요한 메서드를 들여온다.

```
import os
import cv2
import numpy as np
from deepfake_face_detection import select_face
from deepfake_face_swap import (
```

---

5 바닐라 파이썬의 경우 버전 3.6까지만 whl 파일이 있으며, 3.7부터는 소스를 컴파일해서 사용해야 한다. conda 환경에서는 conda install -c conda-forge dlib 명령어를 사용하면 설치할 수 있다. – 옮긴이

```
    warp_image_2d,
    warp_image_3d,
    mask_from_points,
    apply_mask,
    correct_colours,
    transformation_from_points,
    ProcessFace,
)
```

2. content_image에서 사용하려는 얼굴이 들어 있는 이미지와 target_image에서 얼굴을 바꾸고자 하는 이미지를 선택한다. 마지막으로 결과를 저장할 위치를 지정한다.

```
content_image = "deepfake_input/author.jpg"
target_image = "deepfake_input/gymnast.jpg"
result_image_path = "deepfake_results/author_gymnast.jpg"
```

실행한 예제의 소스 이미지는 저자의 얼굴 사진이다.

대상 이미지는 체조 선수의 사진이다.

3. 이미지를 OpenCV로 읽은 다음 소스의 얼굴과 대상의 얼굴을 추출한다.

```
content_img = cv2.imread(content_image)
destination_img = cv2.imread(target_image)
content_img_points, content_img_shape, content_img_face = select_face(content_
img)
destination_img_points, destination_img_shape, destination_img_face = select_
face(
    destination_img
)
```

4. 소스 얼굴의 변환된 버전을 계산한다.

```
result_image = ProcessFace(
    content_img_points, content_img_face, destination_img_points, destination_
img_face
)
```

5. 변환된 얼굴을 대상 이미지에 그리고, 파일을 디스크에 저장한다.

```
x, y, w, h = destination_img_shape
destination_img_copy = destination_img.copy()
```

```
destination_img_copy[y : y + h, x : x + w] = result_image
result_image = destination_img_copy
cv2.imwrite(result_image_path, result_image)
```

이 예제에서 딥페이크 작업의 최종 결과는 체조 선수의 몸과 저자의 얼굴이 있는 아래의 이미지다.

프레임 단위로 메서드를 적용하면 동영상으로 확장할 수 있다.

레시피 설명

평소와 같이 1단계에서 적절한 라이브러리를 들여오는 것으로 시작한다. 2단계에서 스타일과 콘텐츠 이미지를 지정한다. 여기서 콘텐츠는 대상 표적 이미지인 반면에 스타일은 그리려는 얼굴이다. 3단계에서 이미지에 얼굴이 여러 개가 있다면 어떤 얼굴을 사용할 것인지 묻는 화면이 표시된다. 다음 단계인 4단계는 중첩 얼굴을 그리는 방법을 결정하는 계산이다. 이 단계가 완료되면 5단계에서 딥페이크로 중첩된 얼굴을 그려서 보여 줄 수 있다. 분명히 이 구현은 개선의 여지가 있지만 괜찮게 작동한다.

❚ 딥페이크 인식

딥페이크와 비슷한 이미지 위조 기술이 등장함에 따라 위조된 미디어와 실제 미디어를 구별하는 것이 점점 어려워지고 있다. 다행히도 신경망이 가짜 미디어를 구성할 수 있듯 이 신경망으로 가짜 매체를 탐지할 수 있다. 이 레시피에서는 심층 신경망^{deep neural network}을 사용해 가짜 이미지를 탐지한다. 이 레시피는 깃허브 저장소 DariusAf/MesoNet의 MesoNet 아키텍처를 사용한다.

준비

이 레시피를 위한 준비는 pip로 `keras`, `tensorflow`, `pillow` 패키지를 설치하는 것이다. 준비를 위한 명령어는 다음과 같다.

```
pip install keras tensorflow pillow
```

이 외에도 다른 이미지를 추가할 수 있도록 `mesonet_test_images` 디렉터리에 가짜^{fake} 이미지와 진짜 이미지가 들어 있다.

실행 순서

이 레시피에서는 딥페이크로 만들어진 이미지를 탐지한다. 코드는 `Deepfake Recognition. ipynb`(메인), MesoNet 분류기를 만드는 파일 `mesonet_classifiers.py`, 훈련된 가중값이 들어 있는 폴더 `mesonet_weights`, 테스트 이미지가 들어 있는 폴더 `mesonet_test_images`의 네 부분으로 구성된다.

다음 코드는 `Deepfake Recognition.ipynb` 파일의 코드다.

   1. MesoNet 신경망과 keras의 이미지 데이터 생성기를 들여온다.

```
from mesonet_classifiers import *
from keras.preprocessing.image import ImageDataGenerator
```

2. MesoNet을 인스턴스화하고 가중값을 불러온다.

```
MesoNet_classifier = Meso4()
MesoNet_classifier.load("mesonet_weights/Meso4_DF")
```

3. 디렉터리에서 이미지를 읽을 이미지 데이터 생성기를 만들고 알 수 없는 이미지
   가 저장된 경로를 지정한다.

```
image_data_generator = ImageDataGenerator(rescale=1.0 / 255)
data_generator = image_data_generator.flow_from_directory(
    "", classes=["mesonet_test_images"]
)
```

결과는 다음과 같다.

```
Found 3 images belonging to 1 classes.
```

4. 숫자 레이블을 텍스트 레이블 "real"과 "fake"로 변환하는 사전을 만든다.

```
num_to_label = {1: "real", 0: "fake"}
```

이 예제에서는 디렉터리에 3개의 이미지가 있으며, 1개는 진짜이고 다른 2개는
가짜다.

어느 것이 어떤 것인지 알 수 있을까?

5. MesoNet을 실행하면 결과는 다음과 같다.

```
X, y = data_generator.next()
probabilistic_predictions = MesoNet_classifier.predict(X)
predictions = [num_to_label[round(x[0])] for x in probabilistic_predictions]
print(predictions)
```

결과는 다음과 같다.

```
['real', 'fake', 'fake']
```

레시피 설명

대부분의 레시피와 같이 필요한 라이브러리를 들여오는 것으로 시작한다. 그런 다음 2단
계에서 MesoNet 모델을 불러온다. 즉 모델의 구조structure와 미리 훈련한 가중값을 불러
온다. 명확하게 하고자 아키텍처는 MesoNet_classifiers 파일에서 찾을 수 있으며 다음
과 같다.

```
x = Input(shape = (IMGWIDTH, IMGWIDTH, 3))
x1 = Conv2D(8, (3, 3), padding='same', activation = 'relu')(x)
x1 = BatchNormalization()(x1)
x1 = MaxPooling2D(pool_size=(2, 2), padding='same')(x1)
x2 = Conv2D(8, (5, 5), padding='same', activation = 'relu')(x1)
x2 = BatchNormalization()(x2)
x2 = MaxPooling2D(pool_size=(2, 2), padding='same')(x2)
x3 = Conv2D(16, (5, 5), padding='same', activation = 'relu')(x2)
x3 = BatchNormalization()(x3)
x3 = MaxPooling2D(pool_size=(2, 2), padding='same')(x3)
x4 = Conv2D(16, (5, 5), padding='same', activation = 'relu')(x3)
x4 = BatchNormalization()(x4)
x4 = MaxPooling2D(pool_size=(4, 4), padding='same')(x4)
y = Flatten()(x4)
```

```
y = Dropout(0.5)(y)
y = Dense(16)(y)
y = LeakyReLU(alpha=0.1)(y)
y = Dropout(0.5)(y)
y = Dense(1, activation = 'sigmoid')(y)
```

3단계에서 픽셀pixel[6]의 수치를 재조정rescale하고 정규화하고자 한 번에 이미지 처리를 수행할 수 있는 편리한 케라스 객체인 ImageDataGenerator를 정의해 사용한다. 레이블 0과 1이무엇을 나타내는지 구별하기 어렵다. 이런 이유로 4단계에서 가독성을 위해 0과 1을 단어real과 fake로 번역하는 딕셔너리를 정의한다. 마지막으로 5단계에서 MesoNet 모델이테스트 이미지의 레이블을 정확하게 예측할 수 있음을 알 수 있다.

▌ 머신러닝을 사용한 거짓말 탐지

사회공학을 위해 정보intelligence를 수집할 때 개인이 진실을 말하고 있는지 그리고 거짓말을 하는지 아는 것이 중요하다. 이를 위해 머신러닝이 도움이 될 수 있다. 비디오에서 미세 표정microexpression과 음성 품질vocal quality을 분석함으로써 머신러닝이 거짓말을 하는 배우를 식별하는 데 도움을 줄 수 있다. 이 레시피에서 얼굴과 음성 인식을 사용하는 거짓말 탐지 시스템인 Lie To Me(내게 거짓말을 해봐)를 약간 수정한 버전을 사용해 거짓말 탐지 주기를 실행한다.

준비

이 레시피를 위한 준비는 pip로 여러 개의 패키지를 설치하는 것이다. 패키지의 목록은 requirements.txt 파일에 들어 있다. 여러 개의 패키지를 한 번에 설치하기 위한 명령어

---

6 픽처(picture)와 엘러먼트(element)의 합성어로 화면을 구성하는 최소 단위. 2차원 화상을 표본화할 때 그 하나하나의 표본 화점. 텔레비전이나 사진 전송 또는 화상 신호를 컴퓨터에 입력하려고 주사할 때 화상을 분해하는 최소의 점, 즉 공간적인 화상의 구성 요소를 말한다. 그 수가 많을수록 화상의 해상도가 좋아진다. 출처: 정보통신용어사전 – 옮긴이

는 다음과 같다.[7]

```
pip install -r requirements.txt
```

또는

```
pip install flask flask-jsglue flask-socketio flask_upload werkzeug==0.16
```

분석하려는 음성이 담긴 하나의 비디오 파일이 필요하다.

실행 순서

이 레시피에서는 거짓말을 하는 행동에 대한 비디오를 분석한다.

1. 터미널에서 다음과 같이 Lie To Me 응용 프로그램을 실행한다.

   ```
   python application.py
   ```

   실행 결과는 다음과 같다.

   ```
   * Restarting with stat
   * Debugger is active!
   * Debugger PIN: 250-255-704
   (13880) wsgi starting up on http://127.0.0.1:5000
   ```

2. 웹 브라우저를 열고 http://127.0.0.1:5000/ 주소를 입력해 Lie To Me의 포털
   로 이동한다.

---

7 원 소스의 requirements.txt의 패키지들은 파이썬 3.8과 호환되지 않는 버전들이 있으므로 설치된 파이썬 버전과 호환되는 버전
으로 설치해야 한다. 옮긴이가 원 소스와는 다른 require.txt 파일을 추가해 놨다. dlib 지금까지 실습을 잘 따라왔다면 flask와 관
련된 패키지만 설치해도 된다. – 옮긴이

3. UPLOAD(파일 올리기)를 클릭하고 분석하려는 비디오를 선택한다. 그리고 ANALYZE 를 클릭하면 분석을 시작한다.

4. 분석이 완료되면 다음과 같은 내용을 알 수 있다.

아래 화면은 **눈 깜박임 분석**Blink Analysis 그래프의 변화를 보여 준다.

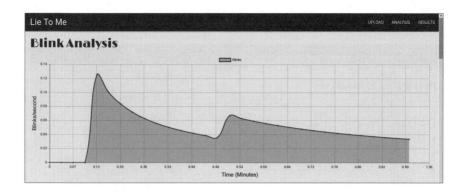

아래 화면은 **미세 표정 분석**^{Miro Expression Analysis} 그래프의 변화를 보여 준다.

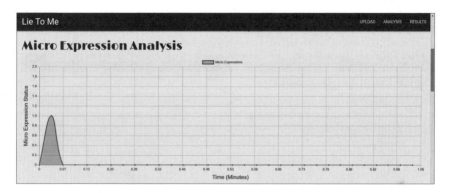

아래 화면은 **음성 에너지 분석**^{Voice Energy Analysis8} 그래프의 변화를 보여 준다.

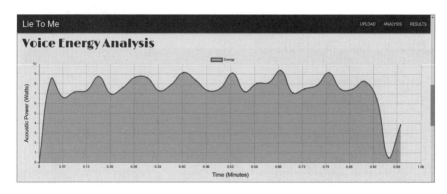

---

8 목소리에 힘이 있는지 없는지 확인하는 것을 말한다. – 옮긴이

아래 화면은 **음성의 고저 분석**Voice Pitch Analysis 그래프의 변화를 보여 준다.

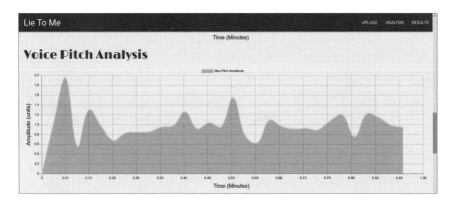

아래 화면은 **음성 고저의 윤곽 분석**Voice Pitch Contour Analysis 그래프의 변화를 보여 준다.

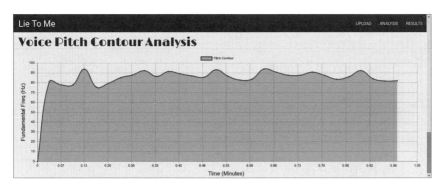

아래 화면은 **모음 지속 시간 분석**Vowel Duration Analysis 그래프의 변화를 보여 준다.

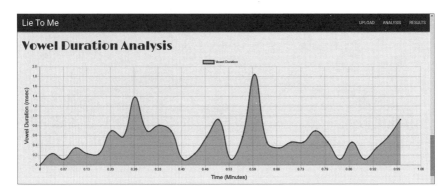

5. 마지막으로 RESULTS(결과)를 클릭하면 비디오에서 탐지된 거짓말에 대한 분석 결과를 보여 준다.

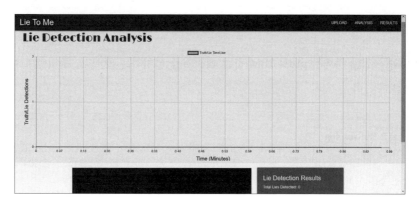

레시피 설명

1단계에서 파이썬을 사용해 Lie To Me 응용 프로그램을 실행한다. 2~3단계에서 응용 프로그램의 포털에 들어가 후보 비디오를 올린다. 비디오 분석이 완료되면 Lie To Me 응용 프로그램은 여러 탐색 화면을 보여 준다. 이 화면들은 거짓말을 나타내는 특징들을 나타낸다. 마지막으로 5단계에서 비디오에 거짓말을 하는 사람이 있는지 여부와 거짓말을 하고 있다면 언제, 얼마나 많이 했는지를 보여 주는 화면을 볼 수 있다.

▌성격 분석

목표 대상의 성격 유형과 의사소통 스타일을 알면 영향을 미칠 가능성을 크게 높일 수 있다. 이런 이유로 성격 분석은 사회공학자가 사용할 수 있는 좋은 도구다. 이 레시피에서는 IBM 왓슨Watson 퍼스널리티 인사이트Watson Personality Insights[9] API를 사용해 목표 대상의 트

---

9 IBM 왓슨 퍼스널리티 인사이트에 대한 자세한 내용은 https://www.ibm.com/kr-ko/cloud/watson-personality-insights를 참조하기 바란다. - 옮긴이

윗을 분석해 성격 프로파일을 얻는다.

준비

이 레시피를 위한 준비는 pip로 IBM 왓슨 패키지를 설치하는 것이다. 준비를 위한 명령어는 다음과 같다.

```
pip install ibm-watson
```

이 외에도 왓슨 퍼스널리티 인사이트 계정을 만들어야 한다.

실행 순서

이 레시피에서는 트윗 작성자의 성격을 분석하고자 API 호출을 설정한다.

1. 왓슨 퍼스널리티 인사이트의 계정을 만든다. 계정 생성은 간단하며 무료다. IBM Cloud 리소스 목록(https://cloud.ibm.com/resources)의 서비스에서 Personality Insights를 선택하면 API 키와 URL을 확인하고 내려받을 수 있다.

2. 파이썬의 왓슨 라이브러리를 들여오고 오늘 날짜를 기록한다.

```
from ibm_watson import PersonalityInsightsV3
from ibm_cloud_sdk_core.authenticators import IAMAuthenticator
from datetime import date

v = str(date.today())
```

3. 1단계에서 얻은 API 키를 지정하고 퍼스널리티 인사이트 인스턴스를 선언한다.

```
url = 'API 키에 해당하는 URL을 입력한다.'
api_key = "API 키를 입력한다"
```

```
authenticator = IAMAuthenticator(api_key)
personality_insights = PersonalityInsightsV3(
    version='{version}',
    authenticator=authenticator
)
personality_insights.set_service_url(url)
```

4. 텍스트 파일, 예를 들어 트윗의 모음을 준비한다.

```
tweets_file = "ElonMuskTweets.txt"
```

5. 텍스트 파일에 대해 퍼스널리티 인사이트 API를 호출한다.

```
with open(tweets_file) as input_file:
    profile = personality_insights_service.profile(
        input_file.read(),
        "application/json",
        raw_scores=False,
        consumption_preferences=True,
    ).get_result()
```

6. 마지막으로 성격 프로파일을 출력한다.

```
import json

print(json.dumps(profile, indent=2))
```

결과의 일부는 다음과 같다.

```
{
  "word_count": 2463,
  "processed_language": "en",
  "personality": [
    {
      "trait_id": "big5_openness",
      "name": "Openness",
```

```json
      "category": "personality",
      "percentile": 0.7417085532819794,
      "raw_score": 0.7693601834245967,
      "significant": true,
      "children": [
        {
          "trait_id": "facet_adventurousness",
          "name": "Adventurousness",
          "category": "personality",
          "percentile": 0.9589655282562557,
          "raw_score": 0.5666602092187718,
          "significant": true
        },
        {
          "trait_id": "facet_artistic_interests",
          "name": "Artistic interests",
          "category": "personality",
          "percentile": 0.44854779978198406,
          "raw_score": 0.6587775641735801,
          "significant": true
        },
        {
          "trait_id": "facet_emotionality",
          "name": "Emotionality",
          "category": "personality",
          "percentile": 0.0533351337262023,
          "raw_score": 0.582421071885513,
          "significant": true
        },
        {
          "trait_id": "facet_imagination",
          "name": "Imagination",
          "category": "personality",
          "percentile": 0.6744965596310484,
          "raw_score": 0.7573278042274626,
          "significant": true
        },
        {
          "trait_id": "facet_intellect",
```

214

"name": "Intellect",
        "category": "personality",
        "percentile": 0.9827455276786493,
        "raw_score": 0.7051010440594778,
        "significant": true
      },
      {
        "trait_id": "facet_liberalism",
        "name": "Authority-challenging",
        "category": "personality",
        "percentile": 0.7643013050444816,
        "raw_score": 0.552503585235492,
        "significant": true
      }
    ]
  },
  {
    "trait_id": "big5_conscientiousness",
    "name": "Conscientiousness",
    "category": "personality",
    "percentile": 0.3214235846764071,
    "raw_score": 0.606422630839484,
    "significant": true,
    "children": [
      {
        "trait_id": "facet_achievement_striving",
        "name": "Achievement striving",
        "category": "personality",
        "percentile": 0.6676010646935248,
        "raw_score": 0.7113392137651575,
        "significant": true
      },
      {
        "trait_id": "facet_cautiousness",
        "name": "Cautiousness",
        "category": "personality",
        "percentile": 0.8426803639415534,
        "raw_score": 0.5559484851309396,
        "significant": true
      },

```
      {
        "trait_id": "facet_dutifulness",
        "name": "Dutifulness",
        "category": "personality",
        "percentile": 0.44475667894855275,
        "raw_score": 0.6554982941830318,
        "significant": true
      },
      {
        "trait_id": "facet_orderliness",
        "name": "Orderliness",
        "category": "personality",
        "percentile": 0.6800969674627358,
        "raw_score": 0.5094847390099362,
        "significant": true
      },
      {
        "trait_id": "facet_self_discipline",
        "name": "Self-discipline",
        "category": "personality",
        "percentile": 0.7838762384307647,
        "raw_score": 0.6080646835701723,
        "significant": true
      },
      {
        "trait_id": "facet_self_efficacy",
        "name": "Self-efficacy",
        "category": "personality",
        "percentile": 0.9781809149815043,
        "raw_score": 0.8240533320564047,
        "significant": true
      }
    ]
  },

  ...

  {
    "consumption_preference_category_id": "consumption_preferences_reading",
```

216

```
      "name": "Reading Preferences",
      "consumption_preferences": [
        {
          "consumption_preference_id": "consumption_preferences_read_
frequency",
          "name": "Likely to read often",
          "score": 1.0
        },
        {
          "consumption_preference_id": "consumption_preferences_books_
entertainment_magazines",
          "name": "Likely to read entertainment magazines",
          "score": 0.0
        },
        {
          "consumption_preference_id": "consumption_preferences_books_non_
fiction",
          "name": "Likely to read non-fiction books",
          "score": 1.0
        },
        {
          "consumption_preference_id": "consumption_preferences_books_
financial_investing",
          "name": "Likely to read financial investment books",
          "score": 0.0
        },
        {
          "consumption_preference_id": "consumption_preferences_books_
autobiographies",
          "name": "Likely to read autobiographical books",
          "score": 1.0
        }
      ]
    },
    {
      "consumption_preference_category_id": "consumption_preferences_
volunteering",
      "name": "Volunteering Preferences",
      "consumption_preferences": [
```

```
                {
                    "consumption_preference_id": "consumption_preferences_volunteer",
                    "name": "Likely to volunteer for social causes",
                    "score": 0.0
                }
            ]
        }
    ],
    "warnings": []
}
```

레시피 설명

왓슨 퍼스널리티 인사이트 계정을 만드는 것으로 시작한다. API 호출 속도의 제한과 가격에 따른 서비스가 다르지만 가장 낮은 요금제는 설정하기 쉽고, 무료이며 이 레시피를 사용하기에는 충분하다. 2단계에서 오늘 날짜를 변수에 저장하고 IBM 왓슨 라이브러리를 들여온다. 최신 날짜를 지정해 왓슨의 최신 버전을 사용하도록 한다. 다음 3단계에서 API 키를 사용해 IBM 왓슨 퍼스널리티 인사이트를 인스턴스화한다.

4단계에서 표적 대상이 만든 텍스트 데이터셋을 순서대로 모은다. 트위터 스피어 피싱 봇 레시피를 사용하면 사용자의 트윗을 수집하는 데 도움이 된다. 5단계에서 일론 머스크 Elon Musk의 최신 트윗으로 구성된 텍스트 데이터셋에 퍼스널리티 인사이트 응용 프로그램을 실행한다. 성격 프로파일을 JSON으로 표시한다. CSV와 같은 다른 형식으로도 표시할 수 있으며 자세한 내용은 왓슨 퍼스널리티 인사이트의 API 문서를 참조한다. 마지막으로 6단계에서 성격 프로파일의 일부를 출력한다. 보다시피 표적 대상이 자원봉사에 동의할 가능성과 같은 실행 가능성에 관한 통찰력을 제공한다.

▎ 소셜 매퍼

소셜 매퍼 Social Mapper는 공개 출처 정보OSINT 수집 도구로 얼굴 인식을 사용해 표적 대상의 소셜 미디어 프로파일을 상호 연관시킬 수 있는 도구다. 인기 있는 소셜 미디어 사이트에서 표적 대상의 이름과 사진을 자동으로 검색해 사용자의 소셜 미디어 프로파일을 손쉽게 찾아낸 다음, 추가 조사를 위해 사용할 수 있는 결과를 보고서로 출력한다.

소셜 매퍼의 가장 큰 장점은 단순한 이름 검색과는 달리 이름 검색과 이미지 인식을 결합해 오탐률을 낮춰 사회공학자의 귀중한 시간을 절약할 수 있다는 것이다.

소셜 매퍼는 현재 링크드인LinkedIn, 페이스북Facebook,[10] 트위터Twitter, 구글 플러스Google Plus, 인스타그램Instagram, VKontakte, 웨이보Weibo, Douban을 지원한다.

준비

소셜 매퍼는 python3에서 사용하도록 설계됐으며 다른 파이썬 환경에서는 작동하지 않을 수 있다. 설치에 필요한 요구 사항은 https://github.com/Greenwolf/social_mapper 에서 확인할 수 있다. 또한 이 레시피는 Mac이나 Debian/Kali Linux 머신이 필요하다.

실행 순서

이 레시피에서는 소셜 매퍼를 사용해 개인의 소셜 미디어 계정을 연관시킨다.

1. 깃허브 페이지 https://github.com/Greenwolf/social_mapper의 지침에 따라 소셜 매퍼와 소셜 매퍼를 사용하는 데 필요한 것들을 설치한다.[11]

---

10 참고로 현재 페이스북은 약 100번 정도의 검색 후에 소셜 매퍼를 탐지하기 때문에 일회용 계정을 사용해야 한다. - 옮긴이

11 dlib 설치 시 오류가 발생하면 https://pypi.org/simple/dlib/에서 설치된 파이썬 버전에 맞는 파일을 받아서 직접 설치하거나 conda 환경에서는 conda install -c conda-forge dlib 명령어로 설치하면 된다. - 옮긴이

2. 파일의 이름과 표적 대상의 전체 이름으로 된 표적 대상의 얼굴 이미지를 Input-Examples/imagefolder/에 저장한다.

3. 표적 대상을 검색하려는 소셜 미디어 웹사이트에 임시 계정을 만든다. 예를 들어 페이스북, 링크드인, 트위터에 대해 일회성 계정을 만든다.

4. social_mapper.py 파일을 열고 일회성 계정 자격 증명credential을 입력한다. 예를 들어 트위터에만 관심이 있는 경우 다음과 같이 입력한다.

```
global linkedin_username
global linkedin_password
linkedin_username = ""
linkedin_password = ""
global facebook_username
global facebook_password
facebook_username = ""
facebook_password = ""
global twitter_username
global twitter_password
twitter_username = "일회용 계정 아이디"
twitter_password = "일회용 계정 패스워드"
global instagram_username
global instagram_password
instagram_username = ""
instagram_password = ""
global google_username
global google_password
```

```
google_username = ""
google_password = ""
global vk_username
global vk_password
```

5. 터미널에서 다음과 같이 표적 대상의 소셜 미디어 프로파일을 검색하는 명령어
를 실행한다.

```
python social_mapper.py -f imagefolder -i ./Input-Examples/imagefolder/ -m
fast -fb -tw ?ig -vk
```

결과는 다음과 같다.

```
Facebook Check 1/3 : Bill Gates
Facebook session has expired, attempting to reestablish...
Facebook Timeout Error, session has expired and attempts to reestablish have
failed
Facebook Check 2/3 : Linus Torvalds
Facebook session has expired, attempting to reestablish...
Facebook Timeout Error, session has expired and attempts to reestablish have
failed
Facebook Check 3/3 : Steve Jobs
Facebook session has expired, attempting to reestablish...
Facebook Timeout Error, session has expired and attempts to reestablish have
failed
Twitter Login Page title field seems to have changed, please make an issue on:
https://github.com/Greenwolf/social_mapper
Twitter Check 3/3 : Steve Jobs
[+] Instagram Login Page loaded successfully [+]
[+] Instagram Login Success [+]

Instagram Check 1/3 : Bill Gates                               Instagram
Login Page title field seems to have changed, please make an issue on:
https://github.com/Greenwolf/social_mapper
Instagram Timeout Error, session has expired and attempts to reestablish have
failed
Instagram Check 2/3 : Linus Torvalds                          Instagram
```

Login Page title field seems to have changed, please make an issue on:
https://github.com/Greenwolf/social_mapper
Instagram Timeout Error, session has expired and attempts to reestablish have
failed
Instagram Check 3/3 : Steve Jobs   Instagram
Login Page title field seems to have changed, please make an issue on:
https://github.com/Greenwolf/social_mapper
Instagram Timeout Error, session has expired and attempts to reestablish have
failed
VKontakte Check 3/3 : Steve Jobs
Bill Gates
    Twitter: https://twitter.com/BillGates
    Vkontakte: https://vk.com/id299750146

Linus Torvalds
    Twitter: https://twitter.com/Linus__Torvalds
    Vkontakte: https://vk.com/id221930578

Steve Jobs
    Twitter: https://twitter.com/SteveJobs_BOT
    Vkontakte: https://vk.com/applejobs58

Results file: SM-Results/results-social-mapper.csv
HTML file: SM-Results/results-social-mapper.html

---

6. social_mapper/results-socialmapper.csv 파일에서 결과를 확인한다.

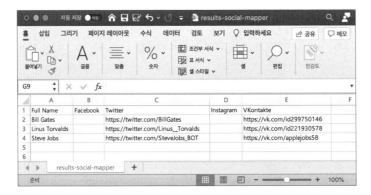

`social_mapper/results-socialmapper.html` 파일에서 결과를 확인한다.

| Photo | Name | LinkedIn | Facebook | Twitter | Instagram |
		GooglePlus	VKontakte	Weibo	Douban
	Bill Gates	Twitter: https://twitter.com/BillGates			

각 표적 대상 개인에 대해 개인의 소셜 네트워크 데이터를 가진 행이 추가된다.

레시피 설명

1단계에서 소셜 매퍼를 준비하는 것으로 시작한다. 2단계에서 입력 디렉터리에 표적 대상의 이미지를 저장한다. 이미지 파일의 이름은 표적 대상의 전체 이름을 따서 만들어야 한다. 그렇지 않으면 응용 프로그램은 표적 대상의 계정을 찾지 못한다. 다음으로 3단계에서 표적 대상을 검색하려는 소셜 미디어 웹사이트에 대한 일회성 계정을 만들고, 4단계에서 해당 정보를 `social_mapper.py` 파일의 적절한 위치에 입력한다. 다른 계정이 많을수록 소셜 매퍼를 통해 표적 대상에 대한 데이터를 더 많이 수집할 수 있다는 점에 유의한다. 이제 표적 대상을 검색할 준비를 마쳤다. 5단계에서 터미널에 표적 대상의 소셜 미디어 프로파일 검색 명령어를 입력하고 실행한다. 다양한 인수와 옵션을 사용할 수 있다. 예를 들어 `-tw` 인수를 사용해 트위터를 지정했다. 이 외에도 링크드인(`-li`)이나 인스타그램(`-ig`)과 같은 소셜 미디어를 추가할 수 있다. 마지막으로 6단계에서 소셜 매퍼가 빌 게이츠[Bill Gates]의 트위터 계정을 찾았다는 것을 알 수 있다.

▌ 가짜 리뷰 생성기

사회공학에서 중요한 부분은 사칭impersonation이다. 사회공학자는 현재 존재하지 않는 회사나 사업을 대표하는 것처럼 가장하고 싶어 할 수 있다. 프로파일을 만들어 설득력 있는 리뷰를 작성하면 사회공학자는 가짜 사업fake business에 대한 신뢰를 높일 수 있다. 이 레시피에서는 순환 신경망RNN, Recurrent Neural Network을 훈련해 훈련 데이터셋과 비슷한 새로운 리뷰를 생성한다.

가짜 리뷰 생성기 훈련

첫 번째 단계는 모델을 훈련하는 것이다. 나중에 훈련한 모델을 사용해 새로운 리뷰를 만든다.

준비

이 레시피를 위한 준비는 pip로 keras와 tensorflow 패키지를 설치하는 것이다. 준비를 위한 명령어는 다음과 같다.

```
pip install keras tensorflow
```

실행 순서

이 레시피에서는 리뷰 말뭉치를 사용해 순환 신경망을 훈련한다.

1. 모방하려는 리뷰의 유형을 수집한다. 이에 대한 자세한 내용은 '레시피 설명'을 참조한다.

```
with open("airport_reviews_short.csv", encoding="utf-8") as fp:
    reviews_text = fp.read()
```

2. 텍스트의 문자를 벡터화하고자 딕셔너리를 만든다.

```
chars_list = sorted(list(set(reviews_text)))
char_to_index_dict = {
    character: chars_list.index(character) for character in chars_list
}
```

말뭉치에 들어 있는 문자에 따라 다르겠지만 딕셔너리는 다음과 같은 형태를 보일 것이다.

```
{'\n': 0, ' ': 1, '!': 2, '"': 3, '#': 4, '$': 5, '%': 6, '&': 7, "'": 8, '(':
9, ')': 10, '*': 11, '+': 12, ',': 13, '-': 14, '.': 15, '/': 16, '0': 17,
'1': 18, '2': 19, '3': 20, '4': 21, '5': 22, '6': 23, '7': 24, '8': 25, '9':
26, ':': 27, ';': 28, '<': 29, '=': 30, '>': 31, '?': 32, '@': 33, 'A': 34,
'B': 35, 'C': 36, 'D': 37, 'E': 38, 'F': 39, 'G': 40, 'H': 41, 'I': 42, 'J':
43, 'K': 44, 'L': 45, 'M': 46, 'N': 47, 'O': 48, 'P': 49, 'Q': 50, 'R': 51,
'S': 52, 'T': 53, 'U': 54, 'V': 55, 'W': 56, 'X': 57, 'Y': 58, 'Z': 59, '[':
60, ']': 61, '`': 62, 'a': 63, 'b': 64, 'c': 65, 'd': 66, 'e': 67, 'f': 68,
'g': 69, 'h': 70, 'i': 71, 'j': 72, 'k': 73, 'l': 74, 'm': 75, 'n': 76, 'o':
77, 'p': 78, 'q': 79, 'r': 80, 's': 81, 't': 82, 'u': 83, 'v': 84, 'w': 85,
'x': 86, 'y': 87, 'z': 88, '~': 89, '£': 90, '±': 91, '´': 92, '¾': 93, 'Â':
94, 'â': 95, 'ç': 96, 'é': 97, 'ì': 98, 'í': 99, 'ü': 100, '–': 101, ''': 102,
''': 103, '"': 104, '"': 105, '…': 106, '€': 107}
```

3. RNN을 구성하고 문자 시퀀스를 학습하고 예측한다.

```
import keras
from keras import layers

max_length = 40
rnn = keras.models.Sequential()
rnn.add(
    layers.LSTM(1024, input_shape=(max_length, len(chars_list)), return_
sequences=True)
)
rnn.add(layers.LSTM(1024, input_shape=(max_length, len(chars_list))))
rnn.add(layers.Dense(len(chars_list), activation="softmax"))
```

4. 최적화기를 선택하고 모델을 컴파일한다.

```
optimizer = keras.optimizers.SGD(lr=0.01, decay=1e-6, nesterov=True)
rnn.compile(loss="categorical_crossentropy", optimizer=optimizer)
```

5. 텍스트를 벡터화하는 편의 함수를 만든다.

```python
import numpy as np

def text_to_vector(input_txt, max_length):
    """ 텍스트를 읽어 벡터화한다.
        X는 연속적인 문자 시퀀스로 구성된다.
        Y는 다음 문자로 구성된다. """
    sentences = []
    next_characters = []
    for i in range(0, len(input_txt) - max_length):
        sentences.append(input_txt[i : i + max_length])
        next_characters.append(input_txt[i + max_length])
    X = np.zeros((len(sentences), max_length, len(chars_list)))
    y = np.zeros((len(sentences), len(chars_list)))
    for i, sentence in enumerate(sentences):
        for t, char in enumerate(sentence):
            X[i, t, char_to_index_dict[char]] = 1
            y[i, char_to_index_dict[next_characters[i]]] = 1
    return [X, y]
```

6. 샘플 텍스트 입력을 벡터화하고 모델을 배치로 훈련한다.

```
X, y = text_to_vector(reviews_text, max_length)
rnn.fit(X, y, batch_size=256, epochs=1)
```

7. 마지막으로 나중에 사용할 수 있도록 모델의 가중값을 저장한다.

```
rnn.save_weights("weights.hdf5")
```

레시피 설명

1단계에서 모방하려는 리뷰 데이터셋을 수집하는 것으로 시작한다. 실제로는 많은 리뷰의 말뭉치가 필요하다. Yelp 리뷰 데이터셋과 같이 사용할 수 있는 데이터셋이 많이 있다. 2단계로 넘어가면서 문자와 숫자 간의 사상^{mapping12}을 만든다. 이렇게 텍스트를 벡터로 만들 수 있다. 응용 프로그램에 따라 표준 아스키 코드$^{ASCII\ code}$를 사용할 수도 있다. 계속해서 3단계에서는 문자의 시퀀스를 학습하고 예측하고자 순환 신경망의 아키텍처를 선언한다. 상대적으로 간단한 아키텍처를 사용한다. 다음 레시피에서 보겠지만 이 모델은 설득력 있는 결과를 제공한다. 의욕이 있는 독자라면 다른 아키텍처를 실험해 보길 바란다. 다음으로 4단계에서 (표준) 최적화기를 선언하고, 5단계에서 텍스트를 벡터화하는 함수를 만들어 신경망에 공급할 수 있게 한다. 5단계에서 벡터의 구조^{shape}는 다음과 같다.

- X: (리뷰 수, maxlen, 문자 수)
- y: (리뷰 수, 문자 수)

계산을 단순하게 하고자 리뷰의 처음 40개의 문자만 사용하도록 max_length=40로 설정한다. 필요한 모든 준비를 마쳤으므로 6단계에서 텍스트를 벡터화한 다음, 벡터로 모델을 훈련한다. 특히 text_to_vector 함수는 텍스트를 벡터화된 문장과 (다음 문자인) 벡터화된 레이블로 변환한다. 마지막으로 7단계에서 나중에 모델을 재훈련할 필요가 없도록 모델의 가중값을 저장한다.

가짜 리뷰 만들기

훈련된 신경망을 갖게 됐으므로 다음 단계는 이 신경망을 사용해 새로운 가짜 리뷰를 만드는 것이다.

---

12 하나의 값을 다른 값으로 또는 한 데이터셋을 다른 데이터셋으로 번역하거나 2개의 데이터셋 간에 1:1 대응 관계를 설정하는 것이다. 출처: 정보통신용어사전 – 옮긴이

준비

이 레시피를 위한 준비는 pip로 keras와 tensorflow 패키지를 설치하는 것이다. 준비를 위한 명령어는 다음과 같다.

```
pip install keras tensorflow
```

실행 순서

이 레시피에서는 이전에 훈련한 순환 신경망을 사용해 리뷰를 만든다.

1. keras를 들여오는 것으로 시작한다.

```
import keras
from keras import layers
```

2. 문자에 대한 인덱스 딕셔너리를 만들거나 이전 레시피의 딕셔너리를 가져온다.

```
char_to_index_dict = {'\n': 0, ' ': 1, '!': 2, '"': 3, '#': 4, '$': 5, '%': 6,
'&': 7, "'": 8, '(': 9, ')': 10, '*': 11, '+': 12, ',': 13, '-': 14, '.': 15,
'/': 16, '0': 17, '1': 18, '2': 19, '3': 20, '4': 21, '5': 22, '6': 23, '7':
24, '8': 25, '9': 26, ':': 27, ';': 28, '<': 29, '=': 30, '>': 31, '?': 32,
'@': 33, 'A': 34, 'B': 35, 'C': 36, 'D': 37, 'E': 38, 'F': 39, 'G': 40, 'H':
41, 'I': 42, 'J': 43, 'K': 44, 'L': 45, 'M': 46, 'N': 47, 'O': 48, 'P': 49,
'Q': 50, 'R': 51, 'S': 52, 'T': 53, 'U': 54, 'V': 55, 'W': 56, 'X': 57, 'Y':
58, 'Z': 59, '[': 60, ']': 61, '`': 62, 'a': 63, 'b': 64, 'c': 65, 'd': 66,
'e': 67, 'f': 68, 'g': 69, 'h': 70, 'i': 71, 'j': 72, 'k': 73, 'l': 74, 'm':
75, 'n': 76, 'o': 77, 'p': 78, 'q': 79, 'r': 80, 's': 81, 't': 82, 'u': 83,
'v': 84, 'w': 85, 'x': 86, 'y': 87, 'z': 88, '~': 89, '£': 90, '±': 91, '´':
92, '¼': 93, 'Â': 94, 'â': 95, 'ç': 96, 'é': 97, 'ì': 98, 'í': 99, 'ü': 100, '–':
101, ''': 102, ''': 103, '"': 104, '"': 105, '…': 106, '€': 107}

char_indices = dict((char, chars.index(char)) for char in chars)
```

228

3. 시드 텍스트^{seed text}를 읽고 신경망이 받아들일 문장의 최대 길이 max_length를 선언한다.

```
text = open("seed_text.txt").read()
max_length = 40
```

4. 순환 신경망 모델을 구성하고 미리 훈련한 가중값을 가져온다.

```
rnn = keras.models.Sequential()
rnn.add(
    layers.LSTM(1024, input_shape=(max_length, len(chars_list)), return_
sequences=True)
)
rnn.add(layers.LSTM(1024, input_shape=(max_length, len(chars_list))))
rnn.add(layers.Dense(len(chars_list), activation="softmax"))
rnn.load_weights("weights.hdf5")
optimizer = keras.optimizers.SGD(lr=0.01, decay=1e-6, nesterov=True)
rnn.compile(loss="categorical_crossentropy", optimizer=optimizer)
```

5. 확률 벡터^{probability vector}에서 표본 추출^{sampling}하는 함수를 만든다.

```
import numpy as np

def sample_next_char(preds):
    """ 확률 분포를 기반으로 후속 문자(subsequent character)를 샘플링한다. """
    return np.random.choice(chars_list, p=preds)
```

6. 시드 텍스트에서 무작위 리뷰를 만든다.

```
import sys

start_index = np.random.randint(0, len(text) - max_length ? 1)
generated_text = text[start_index : start_index + max_length]
sys.stdout.write(generated_text)
sentence_length = 1000
for i in range(sentence_length):
    vec_so_far = np.zeros((1, max_length, len(chars_list)))
```

```
for t, char in enumerate(generated_text):
    vec_so_far[0, t, char_to_index_dict[char]] = 1.0
preds = rnn.predict(vec_so_far)[0]
next_char = sample_next_char(preds)
generated_text += next_char
generated_text = generated_text[1:]
sys.stdout.write(next_char)
sys.stdout.flush()
print(generated_text)
```

코드를 실행해 얻은 리뷰는 다음과 같다.

```
"<SOR>Very nice atmosphere. I had the burger which was delicious. Also, the chicken curry was the b
est in town.<EOR>"
"<SOR>Amazing! My favorite place to go when your in Vegas! And the breakfast and wine are a definit
e place to eat!<EOR>"
"<SOR>Best pizza in town, crispy and crispy and not crazy about the chocolate level of taste. The b
est part is the location too. Their crepes are amazing!  A must try, best service . We will be retu
rning several times for wonton soups.<EOR>"
"<SOR>The food was fresh and tasty. I was so impressed by the kids and I loved the fresh chsty. I w
as so impressed by the kids and I loved the fresh ch
```

레시피 설명

초기 단계(1~2단계와 4단계)는 훈련 단계에서 수행한 작업으로 레시피를 자체적으로 포함할 수 있도록 여기서 재현한다. 3단계에서 순환 신경망을 초기화하고자 시드 텍스트를 읽는다. 시드 텍스트는 max_length보다 더 긴 문자열로 구성된 모든 텍스트가 될 수 있다. 이제 미리 훈련하고, 미리 가져오고, 시드 텍스트로 초기화된 신경망을 사용해 흥미로운 텍스트를 만들 수 있어야 한다. 이를 위해 5단계에서 신경망이 만들 결과 문자를 샘플링하기 위한 편의 함수를 만든다. 확률 벡터probability vector에서 표본 추출sampling하면 순환 신경망은 단순히 가장 가능성이 높은 문자를 선택하지 않고 반복적으로 생성된 텍스트를 만든다. 온도 매개변수와 지수 계량을 사용해 표본 추출하는 더 좋은 방법이 있지만 여기서는 기본을 다룬다. 마지막으로 6단계에서 신경망을 이용해 텍스트를 만든다. 텍스트의 문자 수를 1,000자로 지정한다. 이 매개변수를 변경하면 출력되는 리뷰 수를 바꿀 수 있다.

█ 가짜 뉴스

가짜 뉴스는 전통적인 뉴스 미디어나 온라인 소셜 미디어를 통해 유포되는 등 허위 정보 disinformation나 선전propaganda의 유형이다. 다른 허위 정보 캠페인과 마찬가지로 그 영향은 치명적일 수 있다. 이 레시피에서는 진짜 뉴스와 가짜 뉴스의 데이터셋을 가져와 머신러 닝을 사용해 뉴스 기사가 가짜인지 확인한다.

준비

이 레시피를 위한 준비는 pip로 pandas와 scikit-learn 패키지를 설치하는 것이다. 준비 를 위한 명령어는 다음과 같다.

```
pip install pandas sklearn
```

이 외에도 fake_news_dataset.7z 압축 파일을 푼다.

실행 순서

이 레시피에서는 가짜 뉴스 데이터셋을 읽어 전처리한 다음 랜덤 포레스트 분류기를 훈련 해 가짜 뉴스를 탐지한다.

1. pandas를 들여와 fake_news_dataset.csv 파일을 읽는다.

```
import pandas as pd

columns = [
    "text",
    "language",
    "thread_title",
    "spam_score",
```

```
        "replies_count",
        "participants_count",
        "likes",
        "comments",
        "shares",
        "type",
    ]
    df = pd.read_csv("fake_news_dataset.csv", usecols=columns)
```

2. 데이터셋에 대해 영어로 된 기사에 초점을 맞춰 결측값^{missing value}이 있는 행을 삭제하는 전처리를 수행한다.

```
df = df[df["language"] == "english"]
df = df.dropna()
df = df.drop("language", axis=1)
```

3. 범주형 특성^{categorical feature}을 수치형^{numerical type}으로 변환하는 편의 함수를 만든다.

```
features = 0
feature_map = {}
def add_feature(name):
    """ 특성을 특성 딕셔너리에 추가한다. """
    if name not in feature_map:
        global features
        feature_map[name] = features
        features += 1
```

4. "fake"와 "real" 특성을 숫자로 변환한다.

```
add_feature("fake")
add_feature("real")
```

5. 모든 레이블을 real이나 fake로 변환하는 함수를 만든다.

```python
def article_type(row):
    """ 대상을 fake나 real로 이진화한다. """
    if row["type"] == "fake":
        return feature_map["fake"]
    else:
        return feature_map["real"]
```

6. 데이터프레임에 대해 레이블을 0과 1로 변환하는 함수를 적용한다.

```python
df["type"] = df.apply(article_type, axis=1)
```

7. 데이터프레임을 훈련 데이터와 테스트 데이터로 분할한다.

```python
from sklearn.model_selection import train_test_split

df_train, df_test = train_test_split(df)
```

8. 2개의 TF–IDF 벡터화기vectorizer를 인스턴스화한다. 하나는 기사의 텍스트용이고 다른 하나는 제목headline용이다.

```python
from sklearn.feature_extraction.text import TfidfVectorizer

vectorizer_text = TfidfVectorizer()
vectorizer_title = TfidfVectorizer()
```

9. TF–IDF 벡터화기를 텍스트와 제목 데이터에 적합하고 변환한다.

```python
vectorized_text = vectorizer_text.fit_transform(df_train.pop("text").values)
vectorized_title = vectorizer_title.fit_transform(df_train.pop("thread_title").values)
```

10. 데이터프레임의 나머지 수치형 항목numerical field을 행렬로 변환한다.

```
from scipy import sparse

spam_score_train = sparse.csr_matrix(df_train["spam_score"].values).
transpose()
replies_count_train = sparse.csr_matrix(df_train["replies_count"].values).
transpose()
participants_count_train = sparse.csr_matrix(
    df_train["participants_count"].values
).transpose()
likes_train = sparse.csr_matrix(df_train["likes"].values).transpose()
comments_train = sparse.csr_matrix(df_train["comments"].values).transpose()
shares_train = sparse.csr_matrix(df_train["shares"].values).transpose()
```

11. 모든 행렬을 하나의 특성 행렬feature matrix로 병합하고 레이블 집합을 만든다.

```
from scipy.sparse import hstack

X_train = hstack(
    [
        vectorized_text,
        vectorized_title,
        spam_score_train,
        replies_count_train,
        participants_count_train,
        likes_train,
        comments_train,
        shares_train,
    ]
)
y_train = df_train.pop("type").values
```

12. 랜덤 포레스트 분류기를 인스턴화하고 훈련 데이터로 훈련한다.

```
from sklearn.ensemble import RandomForestClassifier
```

```
clf = RandomForestClassifier()
clf.fit(X_train, y_train)
```

13. 이전에 훈련한 TF-IDF 벡터화기를 사용해 테스트 데이터의 텍스트와 제목을 숫
자 형태로 변환한다.

```
vectorized_text_test = vectorizer_text.transform(df_test.pop("text").values)
vectorized_title_test = vectorizer_title.transform(df_test.pop("thread_
title").values)
```

14. 이전과 같이 모든 숫자로 된 특성을 하나의 특성 행렬로 결합한다.

```
spam_score_test = sparse.csr_matrix(df_test["spam_score"].values).transpose()
replies_count_test = sparse.csr_matrix(df_test["replies_count"].values).
transpose()
participants_count_test = sparse.csr_matrix(
    df_test["participants_count"].values
).transpose()
likes_test = sparse.csr_matrix(df_test["likes"].values).transpose()
comments_test = sparse.csr_matrix(df_test["comments"].values).transpose()
shares_test = sparse.csr_matrix(df_test["shares"].values).transpose()
X_test = hstack(
    [
        vectorized_text_test,
        vectorized_title_test,
        spam_score_test,
        replies_count_test,
        participants_count_test,
        likes_test,
        comments_test,
        shares_test,
    ]
)
y_test = df_test.pop("type").values
```

15. 랜덤 포레스트 분류기를 테스트한다.

```
print(f"랜덤 포레스트 분류기 성능: {clf.score(X_test, y_test)*100:>8.6f} %")
```

결과는 다음과 같다.

```
랜덤 포레스트 분류기 성능: 99.805637 %
```

레시피 설명

초기 단계(1~6단계)는 가짜 뉴스 데이터셋을 들여와 수치형 데이터로 변환하는 기본적인 데이터 정리^{munging}를 하는 것이다. 다음으로 7단계에서 분류기를 구성하기 위한 준비로 데이터셋을 훈련 데이터와 테스트 데이터로 분할한다. 텍스트 데이터를 다루고 있으므로 텍스트 데이터를 특성화해야 한다. 이를 위해 8~9단계에서 텍스트에 대해 자연어 처리로 TF-IDF 벡터화기를 인스턴스화하고 적합한다. 다른 자연어 처리 접근 방식이 여기서 유용할 수도 있다. 계속 특성화하고자 10~11단계에서 데이터프레임의 수치형 특성을 추출한다. 데이터셋을 특성화했으므로 이제 12단계에서 기본 분류기를 인스턴스화하고 데이터셋에 적합한다. 13~15단계에서 테스트 데이터셋에 대해 과정을 반복하고 성능을 측정한다. 놀라운 성능을 확인할 수 있다. 지금도 분류기의 성능을 높이기 위한 가능한 단계로 이미지를 포함하는 기사의 출처를 설명하고, 다른 이벤트와의 정교한 상관관계를 계산하는 것이 포함될 수 있다.

05

머신러닝을 사용하는 모의 해킹

펜 테스트라고 하는 모의 해킹penetration test은 정보 시스템에 대해 인가된 사이버 공격 시뮬레이션으로 보안 취약점security vulnerability을 알아낼 수 있도록 설계됐다. 5장에서는 모의 해킹과 보안 대책security countermeasure을 위한 다양한 머신러닝 기술을 살펴본다. 간단한 자동 가입 방지 기술CAPTCHA, Completely Automated Public Test to tell Computers and Humans Apart을 크래킹하는 것으로 시작한다. 딥러닝과 퍼지 및 코드 가젯fuzzing and code gadget을 사용해 자동으로 소프트웨어의 취약점을 발견하는 방법도 살펴본다. 메타스플로잇Metasploit에 대한 개선 사항을 보여 줄 뿐만 아니라 적대적 공격adversarial attack에 대한 머신러닝 시스템의 강건성robustness을 평가하는 방법을 살펴본다. 마지막으로 토르 트래픽Tor traffic의 비익명화deanonymize와 키 입력 패턴 인식keystroke dynamics을 통한 무단 접근unauthorized access 인식 그리고 악성 URL 탐지와 같이 보다 전문적인 주제도 살펴본다.

5장에서는 다음과 같은 레시피를 설명한다.

- 자동 가입 방지 기술 해독기^{CAPTCHA Breaker}
- 신경망이 지원하는 퍼징^{Neural Net-assisted Fuzzing}
- 딥익스플로잇^{DeepExploit}
- 머신러닝을 이용한 웹 서버 취약점 스캐너^{GyoiThon}
- 머신러닝을 이용한 토르 비익명화
- 머신러닝을 이용한 **사물인터넷**^{IoT, Internet of Things} 장치 유형 식별
- 키 입력 패턴 인식
- 악성 URL 탐지기
- 딥 파우닝^{Deep-pwning}
- 소프트웨어 취약점을 자동으로 탐지하는 딥러닝 기반 시스템^{VulDeePecker}

▌ 기술 요구 사항

5장에서는 다음과 같은 라이브러리를 사용한다.

- TensorFlow
- Keras
- OpenCV
- Google API Client
- Censys
- NetworkX
- Tldextract
- dpkt
- NumPy

- SciPy
- Xlib
- Gensim

설치 명령과 코드는 https://github.com/PacktPublishing/Machine-Learning-for-Cybersecurity-Cookbook/tree/master/Chapter05에서 확인할 수 있다.

▮ 자동 가입 방지 기술 해독기

자동 가입 방지 기술CAPTCHA은 자동화된 접근automated access 또는 스크래핑scraping[1]을 막기 위한 시스템이다. 이 기술은 사용자가 사람인지 프로그램인지 판별하기 위한 질문을 한다. 다음 화면과 같은 것을 많이 보았을 것이다.

Input this code: Z X 7 Z

자동 가입 방지 기술은 때로는 코드를 입력하거나 일련의 이미지에서 상점 전면storefront이나 신호등traffic light과 같이 어떤 사물을 선택하거나 수학 문제를 풀라고 요구한다. 이 레시피에서는 **진짜로 간단한 자동 가입 방지 기술**Really Simple CAPTCHA이라고 하는 간단한 자동 가입 방지 기술을 깨뜨리는 방법을 살펴본다.

---

1 스크린에 보여지는 데이터 중에서 필요한 데이터만을 추출하도록 만들어진 프로그램. 웹 스크래핑(web scraping)이라고도 한다. 출처: 정보통신용어사전 - 옮긴이

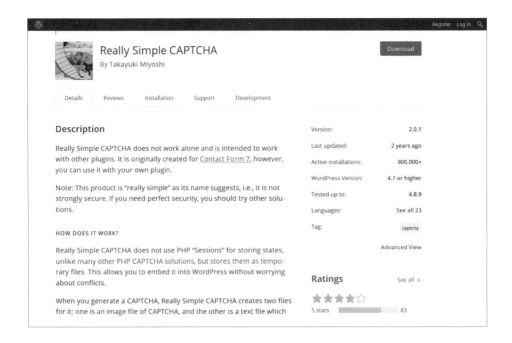

Really Simple CAPTCHA은 매우 단순하지만 널리 사용되고 있다. 가장 중요한 것은 이런 접근 방식으로 더 복잡한 CAPTCHA 시스템을 깨드릴 수 있다는 것이다. 첫 번째 단계는 머신러닝에 사용할 수 있도록 CAPTCHA 데이터셋을 가공process하는 것이다. 이 문제에 관한 가장 단순한 접근 방식은 실패할 가능성이 높다. 즉 4글자로 된 CAPTCHA를 입력받아 $(26+10)^4 = 1,679,616$가지(알파벳 26자와 10개의 숫자) 중의 하나로 분류하는 지도학습 분류기supervised classifier를 만들려면 엄청난 양의 데이터와 계산이 필요하다. 대신 개별 문자에 대한 분류기를 훈련하고, CAPTCHA를 각각의 문자로 자른 다음 각각 문자에 대해 네 번의 분류를 수행한다. 여기서도 문제가 있는데 문자를 정확하게 자르는 것이 쉽지 않다는 것이다. OpenCV 기능과 추가 고려 사항을 사용하는 이 레시피로 문제를 해결할 수 있다.

CAPTCHA 데이터셋 가공

이 레시피는 CAPTCHA 해독기를 만들기 위한 첫 번째 부분으로 머신러닝 훈련을 위해 CAPTCHA 데이터셋을 가공한다.

준비

이 레시피를 위한 준비는 pip로 여러 개의 패키지를 설치하는 것이다. 준비를 위한 명령어는 다음과 같다.

```
pip install opencv-python imutils
```

이 외에도 편의를 위해 captcha_images.7z 압축 파일에 CAPTCHA를 모아놓았다. 이 파일을 사용하려면 압축 파일을 captcha_images 디렉터리에 풀기만 하면 된다.

실행 순서

이 레시피에서는 머신러닝 훈련을 위해 CAPTCHA 데이터셋을 가공한다.

1. 많은 양의 CAPTCHA 말뭉치를 수집한다.
2. 다음 목표는 CAPTCHA를 가공하고, CAPTCHA 이미지를 저장할 위치를 지정한 다음 지정한 디렉터리에 모든 CAPTCHA를 열거하는 것이다.

```
import os

captcha_images_folder = "captcha_images"
captchas = [
    os.path.join(captcha_images_folder, f) for f in os.listdir(captcha_images_
folder)
]
```

3. CAPTCHA 이미지를 입력받아 CAPTCHA 이미지의 그레이스케일grayscale[2] 버전과 한계점(즉 검정색과 흰색) 버전을 만드는 함수를 만든다.

```
import cv2

def preprocess_CAPTCHA(img):
    """ CPATCH 이미지를 입력받아 한계점을 설정한다. """
    gray = cv2.cvtColor(img, cv2.COLOR_BGR2GRAY)
    gray_with_border = cv2.copyMakeBorder(gray, 8, 8, 8, 8, cv2.BORDER_
REPLICATE)
    preprocessed = cv2.threshold(
        gray_with_border, 0, 255, cv2.THRESH_BINARY_INV | cv2.THRESH_OTSU
    )[1]
    return gray_with_border, preprocessed
```

4. CAPTCHA 이미지의 경로를 입력받아 해당 경로에 CAPTCHA의 레이블을 저장한다.

```
def get_CAPTCHA_label(path_to_file):
    """ 파일 이름에서 CAPCHA 텍스트를 얻는다. """
    filename = os.path.basename(path_to_file)
    label = filename.split(".")[0]

    return label
```

5. CAPTCHA를 개별 문자로 자르고자 CAPTCHA의 윤곽을 계산한 다음 경계 직사각형을 결정한다.

```
def find_bounding_rectangles_of_contours(contours):
    """ 잘라낸 문자 윤곽의 사각형 경계를 결정한다. """
    letter_bounding_rectangles = []
    for contour in contours:
```

---

2 그레이스케일 이미지는 톤의 단계를 사용해 이미지를 표현하며, 2비트 그레이스케일 이미지는 4단계, 8비트 그레이스케일 이미지는 256단계, 16비트 그레이스케일 이미지는 65,563단계의 톤의 단계를 사용한다. 그레이스케일 이미지는 미묘한 필체의 차이까지 정확하게 제공할 수 있다. 출처: 정보통신용어사전 – 옮긴이

```
        (x, y, w, h) = cv2.boundingRect(contour)
        if w / h > 1.25:
            half_width = int(w / 2)
            letter_bounding_rectangles.append((x, y, half_width, h))
            letter_bounding_rectangles.append((x + half_width, y, half_width,
h))
        else:
            letter_bounding_rectangles.append((x, y, w, h))
    return letter_bounding_rectangles
```

6. CAPTCHA 경로를 입력받아 해당 디렉터리에 있는 CAPTCHA를 이미지로 읽은
   다음 위에서 정의한 함수를 사용해 전처리한다.

```
def CAPTCHA_to_gray_scale_and_bounding_rectangles(captcha_image_file):
    """ CAPTCHA를 입력받아 그레이스케일 버전과 잘라낸 문자의 사각형 경계를 출력한다. """
    image = cv2.imread(captcha_image_file)
    gray, preprocessed = preprocess_CAPTCHA(image)
    contours = cv2.findContours(
        preprocessed.copy(), cv2.RETR_EXTERNAL, cv2.CHAIN_APPROX_SIMPLE
    )
    contours = contours[0]
    letter_bounding_rectangles = find_bounding_rectangles_of_
contours(contours)
    letter_bounding_rectangles = sorted(letter_bounding_rectangles, key=lambda
x: x[0])
    return gray, letter_bounding_rectangles
```

7. 문자 윤곽의 사각형 경계를 입력받아 문자 이미지를 만드는 함수를 만든다.

```
def bounding_rectangle_to_letter_image(letter_bounding_box, grayscaled):
    """ 경계 사각형으로 정의한 문자를 얻는다. """
    x, y, w, h = letter_bounding_box
    letter_image = grayscaled[y - 2 : y + h + 2, x - 2 : x + w + 2]
    return letter_image
```

8. CAPTCHA를 자르고 각 자른 문제를 저장한다.

```
captcha_processing_output_folder = "extracted_letter_images"
character_counts = {}

def crop_bounding_rectangles_and_save_to_file(
    letter_bounding_rectangles, gray, captcha_label
):
    """ CAPTCHA의 개별 문자를 저장한다. """
    for letter_bounding_rectangle, current_letter in zip(
        letter_bounding_rectangles, captcha_label
    ):
        letter_image = bounding_rectangle_to_letter_image(
            letter_bounding_rectangle, gray
        )

        save_path = os.path.join(captcha_processing_output_folder, current_
letter)
        if not os.path.exists(save_path):
            os.makedirs(save_path)

        character_count = character_counts.get(current_letter, 1)

        p = os.path.join(save_path, str(character_count) + ".png")
        cv2.imwrite(p, letter_image)

        character_counts[current_letter] = character_count + 1
```

9. 모든 CAPTCHA에 대해 전처리를 하고 문자 윤곽을 찾은 다음 해당 문자를 저장한다.

```
import imutils
import numpy as np

for captcha_image_file in captchas:
    captcha_label = get_CAPTCHA_label(captcha_image_file)
    gray, letter_bounding_rectangles =
CAPTCHA_to_gray_scale_and_bounding_rectangles(
```

```
        captcha_image_file
    )
    if len(letter_bounding_rectangles) != 4:
        continue
    crop_bounding_rectangles_and_save_to_file(
        letter_bounding_rectangles, gray, captcha_label
    )
```

레시피 설명

1단계에서 많은 양의 CAPTCHA 말뭉치를 수집하는 것으로 시작한다. CAPTCHA 말뭉치는 captcha_images.7z 파일로 압축해 놓았다. 그렇지 않으면 Really Simple CAPTCHA 코드를 온라인에서 구할 수 있으므로 해당 코드를 수정해 많은 양의 CAPTCHA 이미지를 만들 수 있다. 추가적인 아이디어는 봇을 사용해 CAPTCHA 이미지를 스크래핑하는 것이다. 다음 2단계에서 CAPTCHA 이미지를 저장할 경로를 지정한 다음 해당 디렉터리에 모든 CAPTCHA를 저장한다. 우리의 목표는 이 이미지를 가공하는 것이다. 3단계에서 CAPTCHA 이미지의 한계값과 그레이스케일로 변환하는 함수를 만든다. 이렇게 변환함으로써 계산을 줄일 수 있을 뿐만 아니라 문자가 어디서 시작하고 어디서 끝나는지를 쉽게 알 수 있다. 그런 다음 4단계에서 CAPTCHA의 레이블을 얻는 함수를 만든다. 계속해서 가공을 위한 준비로 CAPTCHA의 윤곽을 입력받아 각 문자의 경계 사각형을 결정하는 함수를 만든다. 5단계에서 경계 사각형을 찾으면 문자를 분리하고자 문자를 쉽게 잘라낼 수 있다. 다음으로 6단계에서 위에서 만든 모든 함수를 결합해 하나의 편의 함수로 만든다. 또한 실제로 문자를 자르기 위한 추가 함수를 만든다. 8단계에서는 이전 단계를 수행하는 함수를 만든 다음 결과로 나온 분리된 문자와 저장된 각 문자의 개수를 세는 함수를 만든다. 이는 작명naming과 집계accounting에 도움이 된다. 지금 문자를 자르는 작업을 수행할 수 있는 단계에 와 있으므로 9단계에서는 모든 CAPTCHA에 대해 반복하고 유틸리티 함수를 사용해 각 문자를 잘라낸다. 참고로 if 문장은 CAPTCHA를 잘못 자른 경우 건너뛰게 만든다.

이 레시피의 결과로 출력 디렉터리 extracted_letter_images에는 아래 화면과 같이 대부분의 문자와 숫자로 된 디렉터리가 있어야 한다.

```
Directory of C:\Users\ETsukerman\Desktop\Machine Learning for Cybersecurity Cookbook Code\Chapter05\extracted_letter_images

04/23/2019  06:17 PM    <DIR>          .
04/23/2019  06:17 PM    <DIR>          ..
04/23/2019  06:19 PM    <DIR>          2
04/23/2019  06:19 PM    <DIR>          3
04/23/2019  06:19 PM    <DIR>          4
04/23/2019  06:19 PM    <DIR>          5
04/23/2019  06:19 PM    <DIR>          6
04/23/2019  06:19 PM    <DIR>          7
04/23/2019  06:19 PM    <DIR>          8
04/23/2019  06:19 PM    <DIR>          9
04/23/2019  06:19 PM    <DIR>          A
04/23/2019  06:19 PM    <DIR>          B
04/23/2019  06:19 PM    <DIR>          C
04/23/2019  06:19 PM    <DIR>          D
04/23/2019  06:19 PM    <DIR>          E
04/23/2019  06:19 PM    <DIR>          F
04/23/2019  06:19 PM    <DIR>          G
04/23/2019  06:19 PM    <DIR>          H
04/23/2019  06:19 PM    <DIR>          J
04/23/2019  06:19 PM    <DIR>          K
04/23/2019  06:19 PM    <DIR>          L
04/23/2019  06:19 PM    <DIR>          M
04/23/2019  06:19 PM    <DIR>          N
04/23/2019  06:19 PM    <DIR>          P
04/23/2019  06:19 PM    <DIR>          Q
04/23/2019  06:19 PM    <DIR>          R
04/23/2019  06:19 PM    <DIR>          S
04/23/2019  06:19 PM    <DIR>          T
04/23/2019  06:19 PM    <DIR>          U
04/23/2019  06:19 PM    <DIR>          V
04/23/2019  06:19 PM    <DIR>          W
04/23/2019  06:19 PM    <DIR>          X
04/23/2019  06:19 PM    <DIR>          Y
04/23/2019  06:19 PM    <DIR>          Z
               0 File(s)              0 bytes
              34 Dir(s)  79,015,010,304 bytes free
```

모든 문자와 숫자 디렉터리가 없는 이유는 CAPTCHA가 숫자 1과 문자 I가 혼동하기 쉬워 두 문자를 사용하지 않기 때문이다. 숫자 0과 문자 O에 대해서도 비슷하다. 각 디렉터리에는 아래 화면처럼 처음 CAPTCHA에서 잘라 가공한 문자나 숫자의 인스턴스가 많이 있다.

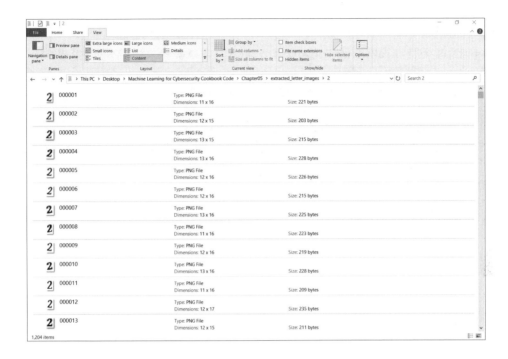

이렇게 전처리 단계가 끝난다.

CAPTCHA 해독기 신경망 훈련

이제 데이터를 잘 가공했으니 CAPTCHA 예측을 위한 신경망을 훈련할 수 있다. 이 레시피는 이전 레시피에 이어서 진행을 한다.

준비

이 레시피를 위한 준비는 pip로 여러 개의 패키지를 설치하는 것이다. 준비를 위한 명령어는 다음과 같다.

```
pip install opencv-python imutils sklearn keras tensorflow
```

실행 순서

이 레시피에서는 Really Simple CAPTCHA의 CAPTCHA를 풀고자 신경망을 훈련한다.

1. 추출된 문자 이미지가 있는 디렉터리를 지정한다.

```
captcha_processing_output_folder = "extracted_letter_images"
```

2. 이미지 조작을 위해 OpenCV와 imutils를 들여온다.

```
import cv2
import imutils
```

3. 이미지를 일정한 크기로 조정하는 함수를 만든다.

```
def resize_image_to_dimensions(image, desired_width, desired_height):
    """ 이미지를 원하는 크기로 조정한다. """
    (h, w) = image.shape[:2]
    if w > h:
        image = imutils.resize(image, width=desired_width)
    else:
        image = imutils.resize(image, height=desired_height)
    pad_width = int((desired_width - image.shape[1]) / 2.0)
    pad_height = int((desired_height - image.shape[0]) / 2.0)
    image_with_border = cv2.copyMakeBorder(
        image, pad_height, pad_height, pad_width, pad_width, cv2.BORDER_
REPLICATE
    )
    image_with_border_resized = cv2.resize(
        image_with_border, (desired_width, desired_height)
    )
    return image_with_border_resized
```

4. 이미지를 읽을 준비를 한다.

```
def read_image(image_file_path):
    """ 이미지 파일을 읽는다. """
```

```
    img = cv2.imread(image_file_path)
    img = cv2.cvtColor(img, cv2.COLOR_BGR2GRAY)
    img = resize_image_to_dimensions(img, 20, 20)
    img = np.expand_dims(img, axis=2)
    return img
```

5. 각 문자 이미지를 읽어 레이블로 기록한다.

```
import numpy as np
import os
from imutils import paths

images = []
labels = []

for image_file_path in imutils.paths.list_images(captcha_processing_output_
folder):
    image_file = read_image(image_file_path)
    label = image_file_path.split(os.path.sep)[-2]
    images.append(image_file)
    labels.append(label)
```

6. 모든 이미지를 정규화한다. 즉 픽셀pixel의 값을 0부터 1 사이의 값으로 재조정하고 레이블을 Numpy 배열로 변환한다.

```
images = np.array(images, dtype="float") / 255.0
labels = np.array(labels)
```

7. 이미지와 레이블을 훈련 데이터와 테스트 데이터로 분할한다.

```
from sklearn.model_selection import train_test_split

(X_train, X_test, y_train, y_test) = train_test_split(
    images, labels, test_size=0.3, random_state=11
)
```

8. 레이블을 인코딩하고자 LabelBinarizer를 들여온다.

```
from sklearn.preprocessing import LabelBinarizer

label_binarizer = LabelBinarizer().fit(y_train)
y_train = label_binarizer.transform(y_train)
y_test = label_binarizer.transform(y_test)
```

9. 신경망 아키텍처를 만든다.

```
from keras.models import Sequential
from keras.layers.convolutional import Conv2D, MaxPooling2D
from keras.layers.core import Flatten, Dense

num_classes = 32
NN_model = Sequential()
NN_model.add(
    Conv2D(20, (5, 5), padding="same", input_shape=(20, 20, 1),
activation="relu")
)
NN_model.add(MaxPooling2D(pool_size=(2, 2), strides=(2, 2)))
NN_model.add(Conv2D(50, (5, 5), padding="same", activation="relu"))
NN_model.add(MaxPooling2D(pool_size=(2, 2), strides=(2, 2)))
NN_model.add(Flatten())
NN_model.add(Dense(512, activation="relu"))
NN_model.add(Dense(num_classes, activation="softmax"))
NN_model.compile(
    loss="categorical_crossentropy", optimizer="adam", metrics=["accuracy"]
)
NN_model.summary()
```

10. 신경망을 훈련 데이터에 적합한다.

```
NN_model.fit(
    X_train,
    y_train,
    validation_data=(X_test, y_test),
    batch_size=16,
```

```
        epochs=5,
        verbose=1
    )
```

11. 해독하려는 CAPTCHA 인스턴스를 선택한다.

```
CAPTCHA = "captcha_images\\NZH2.png"
```

12. 이전 레시피에서 이미지를 가공하는 데 사용한 모든 함수, find_bounding_ rectangles_of_contours와 preprocess_CAPTCHA, get_CAPTCHA_label, CAPTCHA_to_ grayscale_and_bounding_rectangles를 들여온다.

13. 이전 레시피에서 했던 것처럼 CAPTCHA 이미지를 가공한다.

```
captcha_label = get_CAPTCHA_label(CAPTCHA)
gray, letter_bounding_rectangles = CAPTCHA_to_gray_scale_and_bounding_
rectangles(
    CAPTCHA
)
predictions = []
```

14. 잘라 낸 각 문자 이미지를 읽고 신경망을 사용해 레이블을 예측한다.

```
for letter_bounding_rectangle in letter_bounding_rectangles:
    x, y, w, h = letter_bounding_rectangle
    letter_image = gray[y - 2 : y + h + 2, x - 2 : x + w + 2]
    letter_image = resize_image_to_dimensions(letter_image, 20, 20)
    letter_image = np.expand_dims(letter_image, axis=2)
    letter_image = np.expand_dims(letter_image, axis=0)
    prediction = NN_model.predict(letter_image)
    letter = label_binarizer.inverse_transform(prediction)[0]
    predictions.append(letter)
```

15. 예측 결과를 출력한다.

```
captcha_text = CAPTCHA.split('/')[-1].split('.')[0]
print(f"원래의 CAPTCHA 텍스트는 '{captcha_text}'이며,")
predicted_captcha_text = "".join(predictions)
print(f"예측한 CAPTCHA 텍스트는 '{predicted_captcha_text}'입니다.")
```

결과는 다음과 같다.

```
원래의 CAPTCHA 텍스트는 NZH2이며,
예측한 CAPTCHA 텍스트는 NZH2입니다.
```

레시피 설명

이전 레시피에서 CAPTCHA를 전처리했으므로 전처리한 이미지를 사용해 CAPTCHA 해독기를 훈련할 준비를 마쳤다. CAPTCHA에서 추출한 모든 개별 문자에 대한 경로를 변수에 설정하는 것으로 시작한다. 2단계에서 이미지 조작에 사용할 라이브러리를 들여온 다음 3단계에서 이미지의 크기를 재조정하는 함수를 만든다. 이는 문자 인식을 위한 표준 방식으로 훈련을 빠르게 하고 메모리 사용률을 줄여 준다. 4단계에서 훈련을 위해 파일을 Numpy 배열로 읽는 편의 함수를 만들고, 5단계에서 모든 문자에 대해 레이블을 기록한다. 다음으로 6단계에서 이미지를 정교화하는데, 이는 또 다른 표준 컴퓨터 비전computer vision[3] 트릭이다. 7단계에서 분류기 적합에 필요한 훈련 데이터와 테스트 데이터로 분할을 한 다음 8단계에서 LabelBinarizer을 사용해 레이블을 인코딩한다. 이는 레이블이 숫자가 아닌 문자일 수 있기 때문에 필요한 과정이다. 9단계에서 신경망 아키텍처를 만든다. 명시된 아키텍처는 비교적 일반적인 아키텍처로 정밀도precision와 속도speed 성능을 모두 제공한다. 10단계에서 신경망을 훈련 데이터셋에 적합한다. 다른 매개변수는 신경망의 성능을 향상시킬 수 있다. 이제 힘든 일은 끝났다. 다음으로 CAPTCHA 해독기가 작동하는 방식

---

3 인간의 시각이 하는 일을 자동화하고자 디지털 이미지 또는 비디오에서 높은 수준의 정보를 얻도록 하는 컴퓨터 과학의 응용 분야. 디지털 이미지의 획득, 분석, 처리, 실제 세계의 수치 또는 상징적 정보를 생성하는 고차원 데이터 추출 방법을 포함한다. 출처: 국립국어원 우리말 샘 – 옮긴이

을 알아본다. 11단계에서 우리의 CAPTCHA 해독기 성능을 알아보고자 단일 인스턴스를 선택한다. 12~14단계에서 파이프라인을 통해 이 이미지를 전달하고 이 CAPTCHA에 대한 예측 텍스트를 얻는다. 마지막으로 15단계에서 예측이 정확한지 검증한다.

▌ 신경망이 지원하는 퍼징

퍼징fuzzing은 프로그램에 무작위 값을 입력해 프로그램의 오류crash나 원치 않는 정보 유출 information leak 또는 의도하지 않은 오동작을 유발하도록 하는 프로그램 취약점 탐지 방법이다. 자동화된 퍼징automated fuzzing에서 프로그램은 이런 입력값을 만들어 낸다. 일반적으로 자동화된 퍼저fuzzer는 중복 입력값redundant input을 시도할 때 멈추는 일stuck이 발생하는 단점이 있다. 이런 이유로 최근에는 인공지능 기반 퍼저가 개발되고 있다. 이 레시피에서는 소프트웨어에서 알려지지 않은 취약점을 찾고자 동동 쉬Dongdong She의 연구진이 개발한 신경망 기반 퍼저neural network-based fuzzer(https://arxiv.org/abs/1807.05620 참고)인 NEUZZ를 사용한다.

준비

이 레시피는 Ubuntu 16.04나 18.04 버전의 가상 머신이나 물리적 머신이 필요하다. 해당 장치에서 준비를 위한 명령어는 다음과 같다.

```
pip install keras tensorflow
sudo apt install indicator-cpufreq cpufrequtils
```

선택한 디렉터리에 neuzz-modified.7z 압축 파일을 푼다.

실행 순서

이 레시피에서는 NEUZZ를 사용해 readelf 유닉스^{Unix} 도구에 충돌을 유발하는 입력값 crash-causing input을 찾는다.

1. 다음 명령어를 사용해 NEUZZ를 빌드한다.

```
gcc -O3 -funroll-loops ./neuzz.c -o neuzz
```

 경고가 뜨더라도 문제가 되지 않는다.

2. 32비트 바이너리^{binary} 파일을 실행하는 데 필요한 라이브러리를 설치한다.

```
sudo dpkg --add-architecture i386
sudo apt update
sudo apt install libc6:i386 libncurses5:i386 libstdc++6:i386 lib32z1
```

3. 루트^{root} 권한으로 CPU 스케일링 알고리듬^{scaling algorithm}과 코어 덤프^{core dump} 알림 notification을 설정한다.

```
cd /sys/devices/system/cpu
echo performance | tee cpu*/cpufreq/scaling_governor
echo core >/proc/sys/kernel/core_pattern
```

4. neuzz와 nn.py 그리고 afl-showmap 파일을 programs/readelf로 복사한다.

```
cp /path_to_neuzz/neuzz /path_to_neuzz/programs/readelf
cp /path_to_neuzz/nn.py /path_to_neuzz/programs/readelf
cp /path_to_neuzz/afl-showmap /path_to_neuzz/programs/readelf
```

---

4 저자가 사용한 gcc 버전과 다르면 컴파일된 파일을 실행해도 에러가 발생할 수 있다. NEUZZ 제작자에게서 제공받은 컴파일된 neuzz 파일을 git repository에 neuzz_compiled 파일로 포함해 놨다. 해당 파일의 이름을 neuzz로 바꿔 사용한다. - 옮긴이

5. 모든 파일에 실행 권한을 부여한다.

```
chmod +x /path_to_neuzz/programs/readelf/neuzz
chmod +x /path_to_neuzz/programs/readelf/nn.py
chmod +x /path_to_neuzz/programs/readelf/afl-showmap
chmod +x /path_to_neuzz/programs/readelf/readelf
```

6. 터미널을 열고 신경망 모듈을 시작한다.

```
cd /path_to_neuzz/programs/readelf
python nn.py ./readelf -a
```

7. 다른 터미널을 열고 NEUZZ를 시작한다.

```
./neuzz -i neuzz_in -o seeds -l 7506 ./readelf -a @@
```

아래 화면은 명령어를 실행한 결과 화면이다.

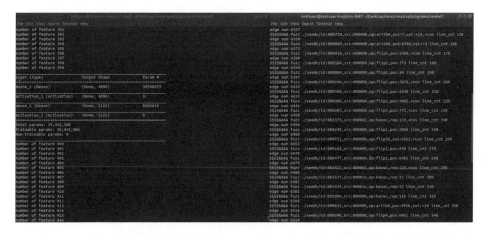

8. 다음 명령어를 실행해 NEUZZ가 수집한 오류를 테스트한다.

```
./readelf -a crashes/file_name
```

```
testuser@testuser-Inspiron-3847:~/Desktop/neuzz/programs/readelf$ ./readelf -a crashes/crash_0_001652
readelf: Error: '-a': No such file
ELF Header:
  Magic:   7f 45 4c 46 01 01 01 00 00 00 00 00 00 00 00 00
  Class:                             ELF32
  Data:                              2's complement, little endian
  Version:                           1 (current)
  OS/ABI:                            UNIX - System V
  ABI Version:                       0
  Type:                              DYN (Shared object file)
  Machine:                           MIPS R4000 big-endian
  Version:                           0x0
  Entry point address:               0x0
  Start of program headers:          0 (bytes into file)
  Start of section headers:          0 (bytes into file)
  Flags:                             0x0
  Size of this header:               0 (bytes)
  Size of program headers:           0 (bytes)
  Number of program headers:         0
  Size of section headers:           0 (bytes)
  Number of section headers:         0
  Section header string table index: 0

There are no sections in this file.

There are no sections to group in this file.

There are no program headers in this file.

There is no dynamic section in this file.

There are no relocations in this file.

The decoding of unwind sections for machine type MIPS R4000 big-endian is not currently supported.

Dynamic symbol information is not available for displaying symbols.

No version information found in this file.
readelf: readelf.c:658: find_section: Assertion `filedata->section_headers != NULL' failed.
Aborted
```

레시피 설명

가장 인기 있는 대부분의 퍼저는 일부 제한된 상황에서는 효과적이지만 종종 루프에 빠진다. 여기서 설명하는 경사—기반 방법gradient-based method은 좋은 방법이지만 실제 프로그램의 동작이 반드시 매끄러운 함수smooth function가 아니기 때문에(예를 들어 실제 프로그램의 동작은 불연속일 수 있다) 문제에 명확하게 적용되지 않는다. NEUZZ의 핵심 아이디어는 신경망을 사용해 프로그램의 동작을 매끄러운 함수로 근사하는 것이다. 그러면 퍼징의 효율을 향상하고자 근사 과정에 경사법gradient method을 적용할 수 있다. 1단계에서 NEUZZ를 컴파일하면서 레시피를 시작한다. funroll-loops 플래그flag는 컴파일러가 컴파일 시간이나 루프loop에 진입할 때 반복 수행할지의 여부를 나타낸다. 결과적으로 코드는 더 커지며, 반드시 그렇지는 않지만 더 빨리 실행될 수 있다. NEUZZ의 설정을 계속하면서 2단계에서 32비트 파일을 실행할 수 있도록 라이브러리를 추가한다. 3단계에서 CPU 스케일링 알고리듬과 코어 덤프 알림을 설정한다. CPU 주파수 스케일링frequency scaling은 CPU의 주파수를 위나 아래로 스케일링해 운영체제가 전력을 절약할 수 있게 하는 설정이다. 다음 두 단계

256

에서 파일을 편한 위치에 옮겨 놓고 실행할 수 있도록 권한을 부여한다. NEUZZ 설정을
완료했다. 이제 NEUZZ를 사용해 프로그램이 충돌을 일으키는 입력값을 찾는 데 사용할
수 있다. 6~7단계에서 신경망을 이용해 프로그램 충돌에 대한 검색을 시작한다. 6~7단
계에서 readelf 도구가 충돌할 때까지 충분한 많은 입력값을 수집할 수 있도록 충분한 시
간을 기다린 후 8단계에서 결과를 확인하고자 입력값 중 하나를 실행한다. 실제로 해당 입
력값이 충돌을 일으켰다는 것을 알 수 있다.

▌ 딥익스플로잇

딥익스플로잇DeepExploit은 AI를 사용해 메타스플로잇Metasploit을 완전히 새로운 수준으로 끌어
올리는 모의 해킹penetration testing 도구다. 주요 특징은 다음과 같다.

- **심층 침투**Deep penetration: 딥익스플로잇이 표적에 대해 취약점 공격exploit이 성공한
  경우 다른 내부 서버에 대해서도 취약점 공격을 자동으로 수행한다.
- **학습**Learning: 딥익스플로잇은 알파고AlphaGo와 비슷한 강화학습 시스템reinforcement
  learning system이다.

딥익스플로잇을 사용해 보안 시스템을 펜 테스트하면 시스템을 안전하게 유지하는 데 큰
도움이 될 것이다. 이 레시피에서는 딥익스플로잇을 설치하고 실행한다.

준비

DeepExploit 설치에 필요한 단계는 다음과 같다.

1. Kali 리눅스를 내려받고 설치한다. 가상머신 이미지는 https://www.offensive-security.com/kali-linux-vm-vmware-virtualbox-image-download/에

서 찾을 수 있다. 다음 단계는 모두 Kali 리눅스 가상머신에서 이뤄진다.[5]

2. 터미널에서 다음 명령어를 실행해 Git을 설치한다.

```
sudo apt install git
```

3. 다음 명령어를 실행해 파이썬을 설치한다.

```
sudo apt install python3-pip
```

4. git 저장소를 복사한다. 터미널에서 다음 명령어를 실행한다.

```
git clone https://github.com/emmanueltsukerman/machine_learning_security.git
```

5. DeepExploit 디렉터리를 연다. 터미널에서 다음 명령어를 실행한다.

```
cd machine_learning_security/DeepExploit
```

6. DeepExploit에 필요한 패키지를 설치한다. 터미널에서 다음 명령어를 실행한다.

```
pip3 install -r requirements.txt
```

실행 순서

이 레시피에서 DeepExploit를 사용해 가상머신을 대상으로 침해compromise한다.

1. Metasploitable2 가상머신 이미지[6]를 내려받는다.

---

5 Kali 리눅스와 메타스플로잇터블2의 두 가상머신이 서로 통신하려면 각 가상머신의 네트워크 설정에서 NAT나 Bridged로 변경해야 한다. – 옮긴이

6 메타스플로잇터블 가상머신은 보안 도구를 테스트하고 일반적인 취약점을 보여 주고자 우분투 리눅스(Ubunt Linux)를 기반으로 설계된 취약한 버전의 운영체제다. – 옮긴이

2. 가상머신에서 Metasploitable2 인스턴스를 실행한다. 로그인 아이디와 패스워드 는 모두 동일한 msfadmin이다.

```
Contact: msfdev[at]metasploit.com

Login with msfadmin/msfadmin to get started

metasploitable login: msfadmin
Password:



Warning: Never expose this VM to an untrusted network!

Contact: msfdev[at]metasploit.com

Login with msfadmin/msfadmin to get started

metasploitable login: msfadmin
Password: _
```

3. ifconfig를 명령어를 사용해 Metasploitable2의 IP 주소를 확인한다.

```
msfadmin@metasploitable:~$ ifconfig
eth0      Link encap:Ethernet  HWaddr 00:0c:29:e2:ea:64
          inet addr:192.168.219.106  Bcast:192.168.219.255  Mask:255.255.255.0
          inet6 addr: fe80::20c:29ff:fee2:ea64/64 Scope:Link
          UP BROADCAST RUNNING MULTICAST  MTU:1500  Metric:1
          RX packets:40 errors:0 dropped:0 overruns:0 frame:0
          TX packets:71 errors:0 dropped:0 overruns:0 carrier:0
          collisions:0 txqueuelen:1000
          RX bytes:5599 (5.4 KB)  TX bytes:7447 (7.2 KB)
          Interrupt:17 Base address:0x2000

lo        Link encap:Local Loopback
          inet addr:127.0.0.1  Mask:255.0.0.0
          inet6 addr: ::1/128 Scope:Host
          UP LOOPBACK RUNNING  MTU:16436  Metric:1
          RX packets:91 errors:0 dropped:0 overruns:0 frame:0
          TX packets:91 errors:0 dropped:0 overruns:0 carrier:0
          collisions:0 txqueuelen:0
          RX bytes:19301 (18.8 KB)  TX bytes:19301 (18.8 KB)
```

4. 다음으로 딥익스플로잇의 구성configuration을 설정한다.

5. 터미널에서 `ifconfig`를 실행해 칼리^{Kali} 리눅스의 IP 주소를 확인한다.

5. 터미널에서 `ifconfig`를 실행해 칼리Kali 리눅스의 IP 주소를 확인한다.

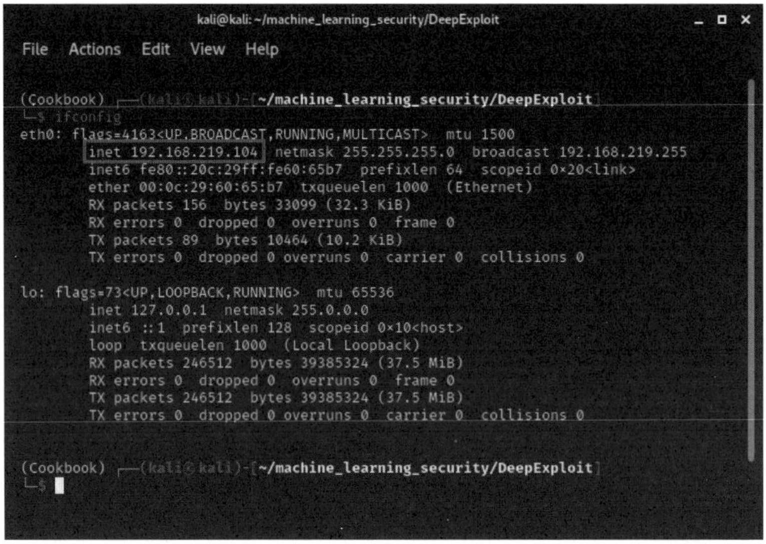

6. vim 등을 이용해 machine_learning_security/DeepExploit/config.ini 파일에서
[common] 아래에 있는 server_host의 값을 칼리 리눅스의 IP 주소로 설정한다.

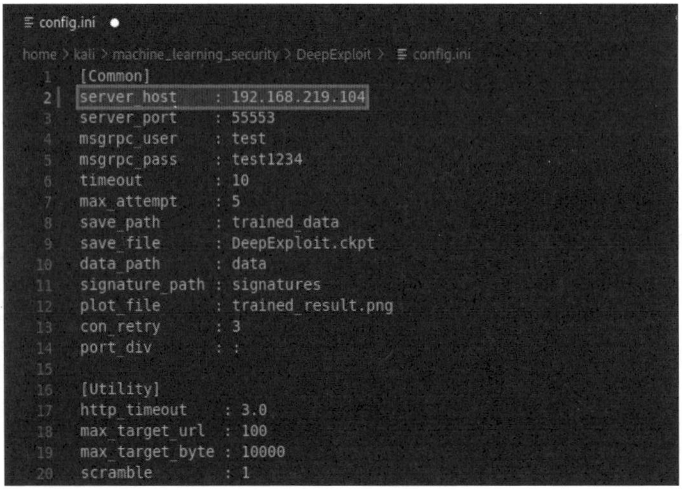

7. proxy_host와 proxy_port의 값을 proxychains.conf에 있는 값으로 설정한다. 터미널에서 cat /etc/proxychains.conf 또는 cat /etc/proxychains4.conf를 실행하고 socks4 옆에 있는 proxy_host와 proxy_port를 찾는다.

```
93    # ProxyList format
94    #       type  ip  port [user pass]
95    #       (values separated by 'tab' or 'blank')
96    #
97    #       only numeric ipv4 addresses are valid
98    #
99    #
100   #       Examples:
101   #
102   #               socks5  192.168.67.78    1080    lamer   secret
103   #       http    192.168.89.3     8080    justu   hidden
104   #       socks4  192.168.1.49     1080
105   #       http    192.168.39.93    8080
106   #
107   #
108   #       proxy types: http, socks4, socks5
109   #       ( auth types supported: "basic"-http  "user/pass"-socks )
110   #
111   [ProxyList]
112   # add proxy here ...
113   # meanwile
114   # defaults set to "tor"
115   socks4  127.0.0.1 9050
116
```

8. 그런 다음 config.ini 파일에서 proxy_host와 proxy_port의 값을 다음과 같이 설정한다.

```
DeepExploit > ≡ config.ini
26    [A3C]
27    train_worker_num   : 20
28    train_max_num      : 5000
29    train_max_steps    : 20
30    train_tmax         : 5
31    test_worker_num    : 1
32    greedy_rate        : 0.8
33
34    [Metasploit]
35    lport              : 4444
36    proxy_host         : 127.0.0.1
37    proxy_port         : 9050
38    prohibited_list    : 192.168.220.1@192.168.220.2@192.168.220.254
39    path_collection    : path@uri@dir@folder@file
40
41    [Nmap]
42    command            : nmap -p0-65535 -T5 -Pn -sV -sT --min-rate 1000 -oX
43    timeout            : 600
44    second_command     : proxychains nmap -Pn -sV -sT -A -r -p 1-10000 -scan-delay 0ms -oX
45    second_timeout     : 3000
```

9. 터미널에서 메타스플로잇 데이터베이스 postgreSQL를 초기화한다.

```
sudo msfdb init
```

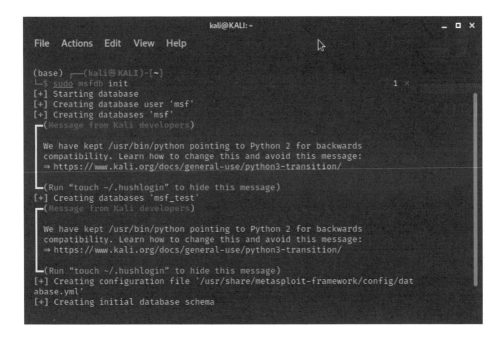

10. 터미널에서 `msfconsole`를 실행해 메타스플로잇을 시작한다.

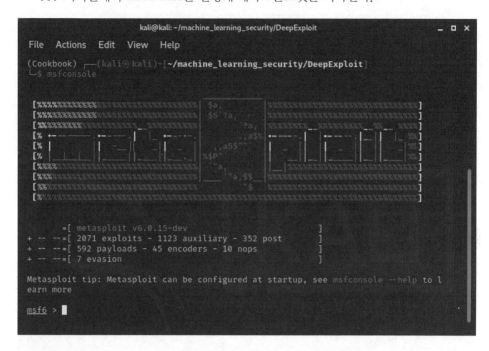

11. 메타스플로잇에서 RPC 서버를 시작한다. 표시된 곳에 칼리 리눅스의 IP 주소를 입력한다.

---

msf> load msgrpc ServerHost="칼리 리눅스 IP 주소" ServerPort=55553 User=test Pass=test1234

---

msgrpc 옵션	설 명
ServerHost	메타스플로잇이 실행되고 있는 서버의 IP 주소
ServerPort	메타스플로잇이 샐힝되고 있는 서버의 포트 번호
User	인증(authentication)에 사용되는 사용자의 이름
Pass	인증에 사용되는 패스워드

다음과 같은 내용이 표시돼야 해 이 값은 config.ini의 값과 일치해야 한다.

```
msf6 > load msgrpc ServerHost="192.168.219.104" ServerPort=55553 User=test
Pass=test1234
[*] MSGRPC Service:   192.168.219.104:55553
[*] MSGRPC Username: test
[*] MSGRPC Password: test1234
[*] Successfully loaded plugin: msgrpc
```

12. 칼리 리눅스의 터미널에서 python3 DeepExploit.py -t "Metasploitable2 ip"
-m train를 실행해 DeepExploit를 훈련한다. 훈련이 시작되면 다음과 같은 화면
이 표시된다.

DeepExplot이 취약점을 발견할 때마다 화면에 BINGO!!! 알림이 표시된다.

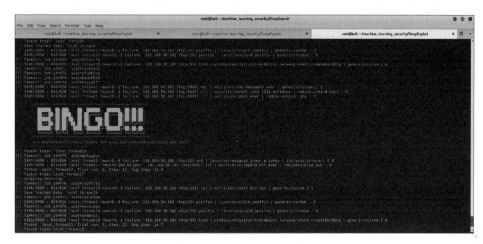

훈련이 끝나면 학습이 저장된다. 학습이 끝나면 다음과 같은 화면이 표시된다.

13. DeepExploit을 이용해 Metasplotable2의 취약점을 테스트한다. 터미널에서
    python DeepExploit.py -t "Metasploitable2 ip" -m test를 실행한다.

14. 다음 명령어로 펜 테스트의 결과 보고서를 확인할 수 있다.

```
firefox report/DeepExploit_test_report.html
```

아래 화면은 펜 테스트의 보고서다.

Deep Exploit scan Report

Index	Item	Value
1	IP address	192.168.56.102
	Port number	21
	Source IP address	192.168.56.101
	Product name	vsftpd
	Vuln name	VSFTPD v2.3.4 Backdoor Command Execution
	Type	shell
	Description	This module exploits a malicious backdoor that was added to the VSFTPD download archive. This backdoor was introduced into the vsftpd-2.3.4.tar.gz archive between June 30th 2011 and July 1st 2011 according to the most recent information available. This backdoor was removed on July 3rd 2011.
	Exploit module	exploit/unix/ftp/vsftpd_234_backdoor
	Target	0
	Payload	payload/cmd/unix/interact
	Reference	[OSVDB] 73573 [URL] http://pastebin.com/AetT9sS5 [URL] http://scarybeastsecurity.blogspot.com/2011/07/alert-vsftpd-download-backdoored.html
2	IP address	192.168.56.102
	Port number	25
	Source IP address	192.168.56.101
	Product name	postfix
	Vuln name	GLD (Greylisting Daemon) Postfix Buffer Overflow
	Type	shell
	Description	This module exploits a stack buffer overflow in the Salim Gasmi GLD <= 1.4 greylisting daemon for Postfix. By sending an overly long string the stack can be overwritten.
	Exploit module	exploit/linux/misc/gld_postfix
	Target	0
	Payload	payload/generic/shell_bind_tcp
	Reference	[CVE] 2005-1099 [OSVDB] 15492 [BID] 13129 [EDB] 934

레시피 설명

이 레시피는 많은 준비와 구성configuration이 필요하다. 처음 1~2단계에서 피해 가상머신
victim virtual machine을 설정한다. 3단계에서 피해 가상머신의 IP 주소를 확인한다. 참고로
Metasploitable2의 자격증명credential은 msfadmin/msfadmin이다. 자격증명을 사용해 로그
인을 한 다음 ifconfig 명령어로 Metasploitable2의 IP 주소를 확인한다. 하나의 호스트
에서 칼리 리눅스 가상머신과 Metasploitable2 가상머신을 함께 사용한다면 두 가상머신
이 통신할 수 있는지 확인해야 한다. 예를 들어 두 가상머신의 네트워크 설정을 Host-
Only Adapter로 설정하고 칼리 리눅스에서 Metasploitable2 가상머신으로 핑ping[7]을 실
행한다. 4~8단계에서 피해 가상머신을 목표로 삼을 수 있도록 DeepExploit을 구성한다.
9~10단계에서 DeepExploit의 서브모듈로 사용되는 메타스플로잇을 연다. 메타스플로잇
은 주요 모의 해킹 도구다. 모든 준비를 마쳤으므로 모델을 훈련할 수 있다. 11단계에서
Metasploitable2 가상머신에서 DeepExploit을 훈련한다. 모델은 구글의 딥마인드DeepMind
그룹이 몇 년 전에 공개한 **비동기 행위자-비평 에이전트**A3C, Asynchronous Actor-Critic Agents 알고리
듬을 사용하는데, 이 알고리듬은 심층 Q-망DQN, Deep Q-network 알고리듬을 능가하는 것으로
유명하다. 12단계에서 모델을 테스트하고 13단계에서 분석 결과를 보고서로 출력한다. 긴
보고서에서 알 수 있듯이 DeepExploit이 많은 취약점을 찾아냈다. 강화학습을 모의 해킹
에서 적용하면 매우 효율적으로 자동화된 모의 해킹을 수행할 수 있다는 것을 알 수 있다.

▌ 머신러닝을 이용한 웹 서버 취약점 스캐너

GyoiThon은 웹 서버 정보 수집 도구intelligence-gathering tool다. 표적 대상 웹 서버에 원격 접근
remote access해 **콘텐츠 관리 시스템**CMS, Content Management System이나 웹 서버 소프트웨어 또는 프
로그래밍 언어와 같이 웹 서버에서 동작하는 제품을 식별한다. 또한 메타스플로잇을 사용

---

7 UNIX 명령의 하나로, 지정한 IP 주소 통신 장비의 접속성을 확인하기 위한 명령. 대상이 되는 장비가 가동하고 있는지, 통신망이
  연결돼 있는지의 여부를 확인할 때 이용한다. 통신 규약으로는 인터넷 제어 메시지 프로토콜(ICMP)을 사용한다. 출처: 정보통신
  용어사전 – 옮긴이

해 식별한 제품에 대해 취약점 공격 모듈exploit module을 실행할 수 있다.

GyoiThon의 주요 특징 중 일부는 다음과 같다.

- **원격 접근/완전 자동**: GyoiThon은 원격 접속remote access을 통해서만 표적 대상 웹 서버 정보를 자동으로 수집할 수 있다. 작업을 위해 GyoiThon을 한 번만 실행하면 된다.

- **비파괴 테스트**: GyoiThon은 일반적인 접속normal access을 통해서만 표적 대상 웹 서버 정보를 수집할 수 있다. GyoiThon은 취약점 공격 모듈을 보내 비정상으로 접속access abnormally할 수 있다.

- **다양한 정보 수집**: GyoiThon은 웹 크롤러web crawler와 구글 사용자 지정 검색Google Custom Search API, 센시스Censys, 기본 콘텐츠 탐색기explorer of default contents, 클라우드 서비스 검사와 같은 여러 정보 수집 엔진을 갖고 있다. GyoiThon은 문자열 패턴 매칭string pattern matchin과 머신러닝으로 수집한 정보를 분석해 표적 대상 서버에서 운영되는 제품/버전/CVE[8] 번호와 HTML 주석/디버그 메시지, 로그인 페이지, 다른 정보를 식별할 수 있다.

- **실제 취약점 검사**: GyoiThon은 메타스플로잇을 사용해 확인한 제품에서 취약점 공격 모듈을 실행할 수 있다. 결과적으로 표적 대상 웹 서버의 진짜 취약점을 확인할 수 있다.

준비

GyoiThon을 설치하고 실행하는 데 필요한 단계는 다음과 같다.

---

8 공통 보안 취약성 및 노출(Common Vulnerabilities & Exposures)은 보안 취약성과 기타 정보 보안 노출 사항을 기록한 규격화된 목록으로 보안 도구 제조업체, 대학 연구소, 정부 기관, 기타 보안 전문가 등 수많은 보안 관련 기관의 대표들이 포함된 CVE 편찬 위원회에서 만드는 데 보안 취약성 데이터베이스와 보안 도구를 통한 데이터 공유를 용이하게 하기 위한 것이다. 이 목록은 CVE 명칭(일련 번호 포함), 취약성 및 노출 개요, 대응 참조 사항 등으로 작성된다. 출처: 정보통신용어사전 – 옮긴이

1. 칼리 리눅스를 내려받고 설치한다. 가상머신 이미지는 https://www.offensive-security.com/kali-linux-vm-vmware-virtualbox-image-download/에서 찾을 수 있다. 다음 단계는 모두 칼리 리눅스 가상머신에서 이뤄진다.

2. 터미널에서 다음 명령어를 실행해 git을 설치한다.

```
sudo apt install git
```

3. 다음 명령어를 실행해 python을 설치한다.

```
sudo apt install python3-pip
```

4. git 저장소를 복사한다. 터미널에서 다음 명령어를 실행한다.

```
git clone https://github.com/gyoisamurai/GyoiThon.git
```

5. GyoiThon 디렉터리를 연다. 터미널에서 다음 명령어를 실행한다.

```
cd GyoiThon
```

6. 딥익스플로잇에 필요한 패키지를 설치한다. 터미널에서 다음 명령어를 실행한다.

```
pip install -r requirements.txt
```

7. (선택 사항) 모듈의 Gyoi_CveExplorerNVD 파일을 저장소에 있는 파일로 대체할 수 있다. 경우에 따라 원래의 코드가 오작동할 수 있는데 저장소에 있는 수정된 코드로 이 문제를 해결할 수 있다.

실행 순서

이 레시피에서는 딥익스플로잇을 사용해 피해 가상머신을 침해^{compromise}한다.

1. Metasploitable2 가상 이미지를 내려받는다.

2. 가상머신에서 Metasploitable2 인스턴스를 실행한다.

3. Metasploitable2의 IP 주소를 확인한다.

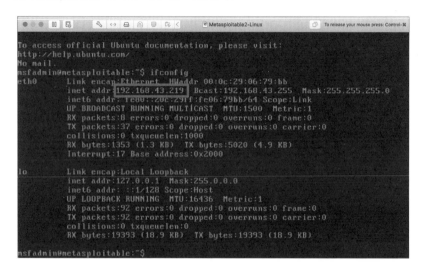

4. 칼리 리눅스 머신에서 Metasploitable2의 'ip 주소:80'를 입력하면 Metasploita ble2의 웹사이트 인스턴스를 볼 수 있어야 한다.

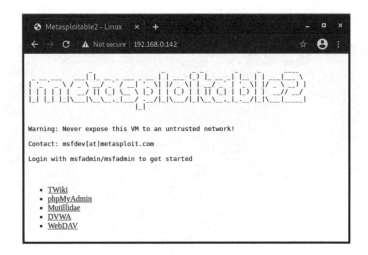

5. 터미널에서 `ifconfig`를 실행해 칼리 리눅스의 IP 주소를 확인한다. `vim` 등을 이
   용해 `config.ini` 파일에서 proxy 값을 빈 값^{empty}으로, server host를 칼리 리눅스
   의 IP 주소로, LHOST를 Metasploitable2의 IP 주소로, LPORT를 80으로 설정한다.

6. host 파일을 열고 `http:Metasplotable2 IP:80/`를 입력해 Metasplotable2 웹 서
   버 주소를 추가한다.

7. 칼리 리눅스 머신의 터미널에서 python gyoithon.py를 실행해 공격을 시작한다.

8. 공격이 끝나면 report 디렉터리에서 펜 테스트 보고서를 확인한다.

ip_addr	port	cloud_type	method	vendor_name	prod_name	prod_version	prod_trigger	prod_type	prod_vuln	server_header
192.168.56.101	80	Unknown	Crawling	-						Server: Apache/2.2.8 (Ubuntu) DAV/2
192.168.56.101	80	Unknown	Crawling	php	php	5.2.4	PHP/5.2.4	Language	CVE-2015-8994 CVE-2016-7478 CVE-2008-0599	Server: Apache/2.2.8 (Ubuntu) DAV/2
192.168.56.101	80	Unknown	Crawling	ubuntu	ubuntu_linux	*	(Ubuntu)	OS	CVE-2005-0109 CVE-2004-0882 CVE-2004-0888	Server: Apache/2.2.8 (Ubuntu) DAV/2
192.168.56.101	80	Unknown	Crawling	apache	http_server	2.2.8	Apache/2.2.8	Web	CVE-2016-4975 CVE-2010-0425 CVE-2011-3192	Server: Apache/2.2.8 (Ubuntu) DAV/2

레시피 설명

1~3단계는 딥익스플로잇 레시피에서 피해자 가상머신을 준비했던 단계와 다르지 않다.
Metasploitable2의 자격증명은 msfadmin/msfadmin이다. 자격증명을 사용해 로그인을 한
다음 ifconfig 명령어로 Metasploitable2의 IP 주소를 확인한다. 하나의 호스트에서 칼리
리눅스 가상머신과 Metasploitable2 가상머신을 함께 사용한다면 두 가상머신이 통신할
수 있는지 확인해야 한다. 예를 들어 두 가상머신의 네트워크 설정을 Host-Only Adapter로
설정하고 칼리 리눅스에서 Metasploitable2 가상머신으로 핑ping을 실행한다. 다음으로 4
단계에서 피해 가상머신 웹 페이지에 접속할 수 있는지 확인해 환경을 제대로 설정했는지

확인한다. 5~6단계에서 펜 테스트를 준비하고자 GyoiThon을 구성configure한다. 환경 설정을 마쳤으므로 펜 테스트를 수행할 준비를 마쳤다. 7단계에서 GyoiThon을 사용해 취약점을 검색한다. 그런 다음 8단계에서 탐지된 취약점의 전체 보고서를 출력한다. 보고서를 보면 GyoiThon이 많은 취약점을 찾을 수 있다는 것을 알 수 있다. 이제 피해 가상머신의 취약점을 확인했으므로 이런 취약점에 대해 메타스플로잇을 사용하는 취약점 공격으로 피해자 가상머신을 해킹할 수 있다.

▌ 머신러닝을 이용한 토르 비익명화

토르Tor는 익명 통신을 할 수 있는 무료 오픈소스 소프트웨어다. 또한 토르 브라우저를 사용할 때만 접속할 수 있는 웹사이트가 있으며, 일반 사용자에게 감춰져 있는 인터넷의 일부분이라는 의미로 명명된 **다크웹 생태계**dark web ecosystem의 한 부분이다. 이 레시피에서는 익명화된 사용자의 활동을 식별할 수 있도록 개별 세션individual session에서 충분한 특성과 정보information를 수집해 토르 트래픽을 비익명화한다. 이 레시피는 conmarap/website-fingerprinting 저장소의 코드를 사용한다.

준비

이 레시피를 위한 준비는 pip로 scikit-learn, dpkt, plotly, chart-studio, pandas 패키지를 설치하는 것이다. 준비를 위한 명령어는 다음과 같다.

```
pip install sklearn dpkt plotly chart-studio pandas
```

Tor와 Lynx 웹 브라우저를 설정하는 데 필요한 단계는 다음과 같다.

1. Ubuntu 가상머신을 설정한다.

2. 터미널에서 다음 명령어를 실행해 git을 설치한다.

```
sudo apt install git
```

3. git 저장소를 복사한다. 터미널에서 다음 명령어를 실행한다.

```
git clone https://github.com/conmarap/website-fingerprinting
```

4. tor와 lynx 터미널에서 다음 명령어를 실행한다.

```
sudo apt install tor lynx
```

실행 순서

이 레시피는 세 부분으로 구성돼 있다. 첫 번째 부분은 토르 트래픽을 수집하는 것으로 구성된다. 두 번째 부분은 이 데이터로 분류기를 훈련하는 것으로 구성된다. 그리고 마지막 부분은 분류기를 사용해 관찰하는 트래픽의 유형을 예측하는 것으로 구성된다.

데이터 수집

다음 단계를 따라 데이터를 수집한다.

1. config.json 파일을 열어 분류하려는 트래픽 클래스를 확인한다.

2. 터미널에서 다음 명령어를 실행해 website-fingerprinting 디렉터리의 클래스 중의 하나인 duckduckgo.com에 대해 추가 데이터를 수집한다.

```
./pcaps/capture.sh duckduckgo.com
```

3. 다른 터미널을 열고 다음 명령어를 실행한다.

```
torsocks lynx https://duckduckgo.com
```

이 시점에서 2개의 터미널은 다음 화면과 같아야 한다.

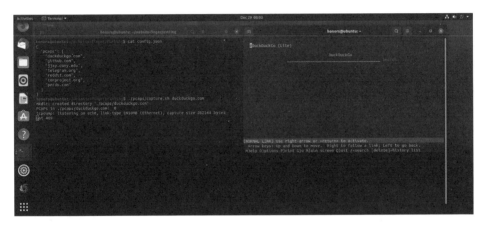

4. 브라우징browsing[9] 세션이 끝나면(3단계의 오른쪽 화면) Q를 두 번 눌러 패킷 캡처 를 끝낸다.
브라우징 중인 화면은 다음과 같다.

---

9 인터넷에 들어가 필요한 정보를 찾아내는 것. 인터넷에 존재하는 수많은 정보 속에서 자신이 필요로 하는 정보를 찾아낼 때 사용
하는 클라이언트 프로그램을 브라우저라고 하는데, 이 브라우저를 이용하는 탐색 방법을 말한다. 출처: 정보통신용어사전 – 옮
긴이

Using https://lite.duckduckgo.com/lite/

브라우징 세션이 끝난 화면은 다음과 같다.

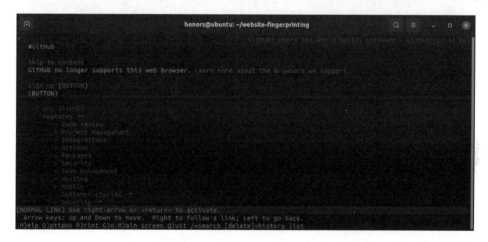

5. config.json 파일에 나열된 각각의 웹사이트에 대해 2~4단계를 여러 번 반복해 충분한 양의 훈련 데이터를 수집한다.

이제 분류기를 훈련할 준비가 끝났다.

훈련

데이터로 분류기를 훈련하려면 python2를 사용해 다음 스크립트를 실행한다.

```
python gather_and_train.py
```

스크립트 실행 결과는 파일 분류기 classifier-nb.dmp다.

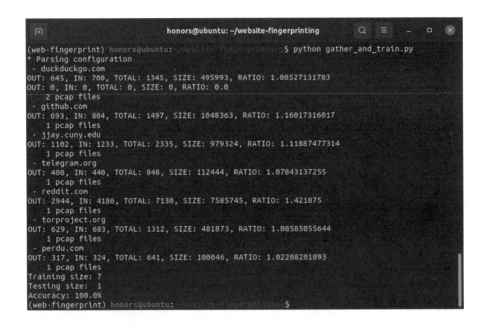

예측

분류기를 사용해 관찰하고 있는 트래픽 유형을 예측한다.

1. 새로운 트래픽 인스턴스를 예측하고자 pcap 파일을 수집한다.
2. 파이썬을 사용해 pcap 파일을 인수로 predict.py 스크립트를 실행한다.

```
python predict.py ./pcaps/duckduckgo.com/duckduckgo.com-12-31-20_19\:19\:18.
pcap
```

훈련을 통해 클러스터링한 결과를 시각화하고자 다음 스크립트를 실행한다.

```
python graph.py
```

스크립트를 실행하면 graphy 디렉터리에 웹사이트를 분류한 결과가 담긴 graph.html 파일이 만들어진다.

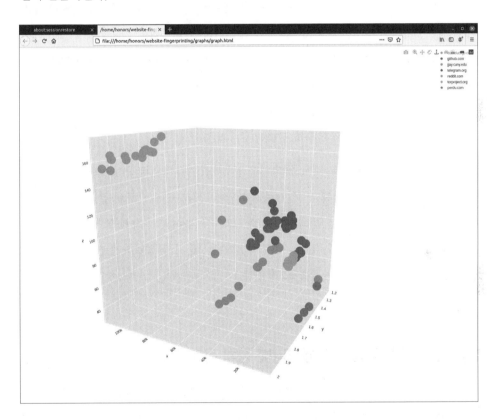

위 그림은 익명임에도 불구하고 특성이 실제로 트래픽 유형을 구별한다는 것을 보여 준다.

레시피 설명

1단계에서 프로파일링하려는 모든 웹사이트의 목록을 만들어 분류기 구성을 시작한다. 웹사이트의 목록이 많을수록 목표 대상이 이 사이트 중의 하나를 방문할 가능성이 높아진다. 반면에 웹사이트 목록이 적을수록 훈련 데이터셋이 더 작아질 것이다. 2~4단계에서 분류기에 대한 데이터를 수집하는 데 필요한 단계를 수행한다. 특히 1단계에서 지정한 웹사이트 중 하나를 방문하고, 이 방문에 대한 패킷을 수집한다. 다른 브라우징 세션에 대해 이 단계를 반복하면 강건한 데이터셋을 구축할 수 있다. 5단계에서 지금까지 수집한 데이터로 분류기를 훈련한다. 이제 분류기를 테스트할 준비를 마쳤다. 6단계에서 훈련 데이터를 수집할 때와 마찬가지로 웹사이트를 방문하고 이 방문에 대한 pcap을 수집한다. 그런다음 7단계에서 분류기를 사용해 이 방문을 분류한다. 사용자가 토르를 사용하더라도 사용자가 방문한 웹사이트를 정확하게 구별했다는 것을 알 수 있다.

요약하자면 이 레시피에서 토르 pcap 파일을 분류하고자 사이킷런의 *k*-최근접 이웃KNN, k-nearestneighbors 분류기를 사용했다. 실제로 트래픽이 깔끔하지 않으므로 같은 크기의 동일한 데이터셋에 대해 정확도가 떨어질 수 있다. 그러나 많은 양의 자원을 가진 개체entity는 매우 정확한 분류기를 만들 수 있다. 이는 익명화된 사용자를 정확하게 침해하고자 이와 같은 방법을 사용할 수 있다는 것을 보여 준다.

▌ 머신러닝을 이용한 사물인터넷 장치 유형 식별

사물인터넷IoT, Internet of Things의 출현으로 주어진 표적 대상target에 대한 공격 접점attack surface[10]이 기하급수적으로 증가하고 있다. 새로운 기술로 인해 새로운 위험이 발생하는데 IoT 기술과 관련해 조직에 대한 위험 중 하나는 조직의 네트워크에 악성 IoT 장치가

---

10 공격자가 정찰을 통해 획득하게 되는 네트워크 호스트의 규모를 말하며, 공격 접점이 크거나 넓다는 것은 공격을 당하면 치명적인 노드가 많다는 의미가 아니라, 공격자가 공격 대상을 특정 짓기 위해 분석해야 할 대상이 많음을 의미한다. 출처: 정보통신용어사전 – 옮긴이

연결되는 것이다. 이런 장치가 네트워크에 연결된 시기와 그 특성을 알아내야만 한다. 이 레시피에서는 네트워크 IoT 장치를 유형별로 분류할 수 있는 머신러닝 모델을 구축한다.

준비

이 레시피를 위한 준비는 pip로 scikit-learn, pandas, xgboost 패키지를 설치하는 것이다. 준비를 위한 명령어는 다음과 같다.

```
pip install sklearn pandas xgboost
```

데이터셋은 iot_train.csv와 iot_test.csv다.

실행 순서

이 레시피에서는 IoT 네트워크 정보로 분류기를 훈련하고 테스트한다.

1. pandas와 os를 들여와 훈련 데이터와 테스트 데이터를 읽는다.

```
import pandas as pd
import os

training_data = pd.read_csv("iot_devices_train.csv")
testing_data = pd.read_csv("iot_devices_test.csv")
```

아래 화면처럼 데이터에는 298개의 특성이 있다.

	ack	ack_A	ack_B	bytes	bytes_A	bytes_A_B_ratio	bytes_B	ds_field_A	ds_field_B	duration	...	suffix_is_co.il	suffix_is_com	suffix_is_com.sg	suffi
0	9	5	5	1213	743	0.713924	668	0	0	1.5756	...	0	0	0	
1	9	5	5	1213	743	1.806874	668	0	0	0.6890	...	0	0	0	
2	9	5	5	1213	743	0.103124	668	0	0	0.9852	...	0	0	0	
3	9	5	5	1213	743	1.806874	668	0	0	1.5756	...	0	0	0	
4	9	5	5	1213	743	1.806874	668	0	0	1.5756	...	0	0	0	

5 rows × 298 columns

2. 훈련 데이터셋과 테스트 데이터셋을 만드는 데, 여기서 목표 대상은 장치의 범주category다.

```
X_train, y_train = (
    training_data.loc[:, training_data.columns != "device_category"].values,
    training_data["device_category"]
)
X_test, y_test = (
    testing_data.loc[:, testing_data.columns !=  "device_category"].values,
    testing_data["device_category"]
)
```

장치의 범주는 보안 카메라security camera, TV, 연기 감지기smoke detector, 온도 조절기themostat, 물 센서water sensor, 시계watch, 유아 모니터baby monitor, 동작 인식 센서motion sensor, 조명, 소켓이다.

3. 클래스 범주를 수치형으로 인코딩한다.

```
from sklearn import preprocessing

le = preprocessing.LabelEncoder()
le.fit(training_data["device_category"].unique())
y_train_encoded = le.transform(y_train)
y_test_encoded = le.transform(y_test)
```

4. XGBoost 분류기를 인스턴스화한다.

```
from xgboost import XGBClassifier

model = XGBClassifier()
```

5. XGBoost 분류기를 훈련하고 테스트한다.

```
model.fit(X_train, y_train_encoded)
score_ = model.score(X_test, y_test_encoded)
print(f"분류기 모델의 성능: {score_*100:6.4f} %")
```

결과는 다음과 같다.

분류기 모델의 성능: 63.8889 %

레시피 설명

IP 주소를 스푸핑spoofing[11]할 수 있기 때문에 IP 주소를 장치 식별자identifier로 사용할 수 없
다는 것이 이 레시피의 중요한 동기다. 따라서 트래픽의 상위 데이터high-level data, 즉 콘텐
츠보다는 메타 데이터와 트래픽 통계량을 분석해 장치가 네트워크에 연결돼 있는지 확인
한다. 훈련 데이터셋과 테스트 데이터셋을 읽어 오는 것으로 시작한다. 2단계에서 데이터
를 특성화하고 분류 레이블을 관찰하는 데이터 탐색을 빠르게 수행한다. 데이터를 분류기
에 공급하고자 3단계에서 이런 범주형 레이블을 수치형 레이블로 변환해 머신러닝 분류
기 훈련에 사용한다. 4~5단계에서 데이터를 특성화한 다음 XGBoost 분류기를 인스턴스
화하고, 훈련한 다음 테스트 데이터셋으로 테스트해 점수 63.89%을 얻을 수 있었다. 데이
터에는 10종류의 IoT 장치가 있다. 1~10 사이의 숫자에서 숫자 하나를 무작위로 추측할
확률은 0.1(=10%)이다. 여기서 훈련한 XGBoost 분류기의 정확도는 63.89%이므로 이는
실제로 상위 트래픽 데이터를 기준으로 IoT 장치를 성공적으로 분류할 수 있는 유망한 접
근 방식이라는 것을 알 수 있다.

▮ 키 입력 패턴 인식

타이핑 생체 모방 기술typing biometrics[12]이라는 키 입력 패턴 인식keystroke dynamics은 타이핑하

---

11 승인받은 사용자인 것처럼 시스템에 접근하거나 네트워크상에서 허가된 주소로 가장해 접근 제어를 우회하는 공격 행위. 출처:
   정보통신용어사전 – 옮긴이
12 생체(bio)와 모방(mimetics)을 합성한 용어로 생물체가 갖고 있는 다양한 기능을 모방해 이용하는 기술. 출처: 정보통신용어사전
   – 옮긴이

는 유형으로 사람을 인식하는 기술이다. 중요한 사용 사례 중 하나는 주어진 자격증명을 사용해 로그인하는 사용자를 인식하는 것이다. 예를 들면 루트로 로그인하는 사람을 인식하는 것이다. 다른 사용 사례는 다른 사용자가 키 입력 시퀀스를 입력하는 것을 인식하는 것이다. 이 레시피에서 머신러닝 기반 키 입력 패턴 인식 알고리듬을 사용한다.

준비

이 레시피는 리눅스 가상머신이나 실제 물리적 머신이 필요하다. 준비를 위한 단계는 다음과 같다.

1. 터미널에서 다음 명령어를 실행해 git을 설치한다.

```
sudo apt install git
```

2. 키보드 입력 동작^{keystroke dynamics} 알고리듬을 위한 코드가 있는 git 저장소를 복사한다. 터미널에서 다음 명령어를 실행한다.

```
git clone https://github.com/emmanueltsukerman/keystroke_dynamics.git
```

실행 순서

이 레시피에서는 두 사용자의 타이핑 유형으로 모델을 훈련한 다음, 이 모델을 사용해 사용자의 타이핑 패턴 중 하나를 인식한다. 이 레시피는 리눅스 가상머신이나 실제 머신에서 python2로 실행해야 한다.

1. 다음과 같이 파이썬에서 example.py를 실행한다.

```
python example.py
```

2. 옵션 1을 선택한 다음 텍스트를 타이핑해 1번 사용자의 키 입력 패턴을 훈련한다.

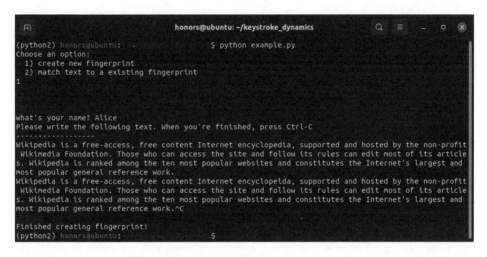

3. example.py 파일을 실행하고 옵션 1을 선택한 다음 텍스트를 타이핑해 2번 사용자의 키 입력 패턴을 훈련한다.

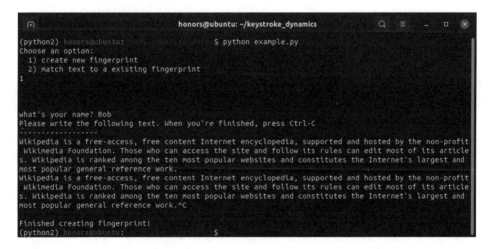

4. example.py 파일을 실행하고 옵션 2를 선택한다.

5. 두 명의 사용자 중 한 명에서 텍스트를 다시 타이핑하게 한다. 알고리듬은 키 입력 패턴을 인식하고 훈련 데이터와 가장 일치하는 사람을 찾아낸다.

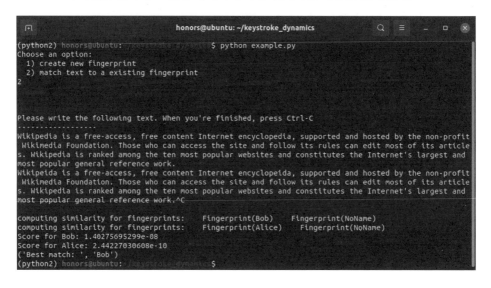

레시피 설명

키 입력 패턴 분석은 사용자가 키보드로 입력하는 리듬과 속도로 개인의 신원을 확인한다. 몇 가지 기준선baseline을 설정하는 것으로 시작한다. 1~2단계에서 키 입력 패턴 분석을 설정하고, 첫 번째 사용자의 타이핑 패턴typing pattern을 학습한다. 그런 다음 3단계에서 두 번째 사용자에 대해서도 같은 작업을 한다. 이렇게 일반 사용자의 타이핑 패턴을 얻을 수 있다. 4~5단계에서는 1~3단계에서 훈련한 모델을 사용해 현재 사용자가 누구인자 알아낸다. 위에서 본 것처럼 분류기는 유사도 점수similarity score와 저장된 사용자 목록 중에서 현재 사용자가 누구인지에 대한 예측을 출력한다. 이를 통해 무단 사용자unauthorized user를 탐지할 수 있을 뿐만 아니라 시스템 사용량system usage도 추적할 수 있다.

▌ 악성 URL 탐지기

악성 URL^{malicious URL}은 스팸, 악성코드, 취약점 공격 코드^{exploit}를 호스팅^{hosting}할 뿐만 아니라 정보를 훔쳐 매년 수십억 달러의 피해를 입힌다. 전통적으로 악성 URL에 대한 방어는 블랙리스트^{blacklist}와 화이트리스트^{whitelist}, 즉 악성으로 간주되는 URL 목록과 안전하다고 간주되는 URL 목록을 이용했다. 그러나 블랙리스트는 일반성이 부족하고 이전에 보지 못했던 새로운 악성 URL에 대해서는 탐지할 수 없다는 문제가 있다. 이런 상황을 해결하고자 머신러닝 기술이 개발됐다. 이 레시피에서는 문자-수준에서 케라스의 순환 신경망^{recurrent neural network}을 사용하는 악성 URL 탐지기를 살펴본다. 이 레시피의 코드는 https://github.com/chen0040/keras-malicious-url-detector의 코드에 기반을 두고 있다.

준비

이 레시피를 위한 준비는 pip로 여러 개의 패키지를 설치하는 것이다. 준비를 위한 명령어는 다음과 같다.

```
pip install keras tensorflow sklearn pandas matplotlib
```

이 외에도 git 저장소를 복사한다.

```
git clone https://github.com/emmanueltsukerman/keras-malicious-url-detector.git
```

실행 순서

1. 양방향 장단기 메모리BLSTM, Bidirectional Long Short-Term Memory 모델을 훈련한다.

```
python bidirectional_lstm_train.py
```

훈련 과정은 다음 화면과 같이 표시된다.

2. 분류기를 테스트한다.

```
python bidirectional_lstm_predict.py
```

테스트 과정은 다음 화면과 같이 표시된다.

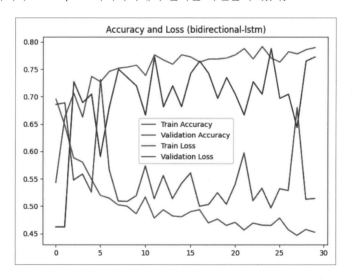

마지막으로 report 디렉터리에서 결과를 확인할 수 있다.

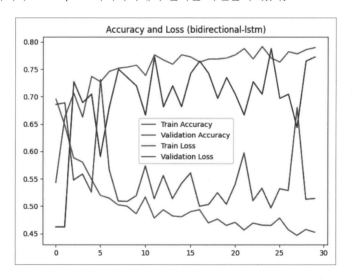

레시피 설명

이 레시피는 비교적 간단하지만 더 강력한 악성 URL 탐지기를 만들기 위한 좋은 출발점 역할을 한다. 데이터셋은 URL이 악성인지 정상인지에 따라 레이블 0과 1을 가진 URL로 구성돼 있다.

```
http://google.com,0
http://facebook.com,0
http://youtube.com,0
http://yahoo.com,0
http://baidu.com,0
http://wikipedia.org,0
http://qq.com,0
http://linkedin.com,0
http://live.com,0
http://twitter.com,0
http://amazon.com,0
http://taobao.com,0
http://blogspot.com,0
...
<생략>
...
http://360.cn,0
http://go.com,0
http://bbc.co.uk,0
http://xhamster.com,0
```

1단계에서 양방향 LSTM 모델을 훈련한다. 코드를 자세히 살펴보면 필요에 따라 네트워크를 조정할 수 있다. 모델을 훈련한 다음, 모델의 성능을 평가하고 몇 가지 정밀 검사를 수행하는 것이 중요하다. 2단계는 무작위로 선택된 20개의 URL에 대한 분류기의 결과를 표시하는 것으로 구성된 테스트 단계다. 일반적으로 양방향 LSTM은 처음부터 끝까지 정보를 기억하고 데이터를 분석할 수 있는 가능성을 보여 주는 순환 신경망 아키텍처다.

▎딥 파우닝

딥 파우닝deep-pwninng은 적대적 공격adversarial attack에 대한 머신러닝 모델의 강건성을 평가하기 위한 목표로 머신러닝 모델을 실험하기 위한 경량 프레임워크lightweight framework다. 이미지 분류만을 목적으로 훈련된 심층 신경망deep neural network과 같은 나이브 머신러닝 모델naive machine learning model을 쉽게 속일 수 있다는 것이 데이터 과학계에서 널리 알려져 있다.

아래 그림은 I. J. 굿펠로우I. J. Goodfellow 연구진의 적대적 사례의 설명과 활용을 보여 준다.

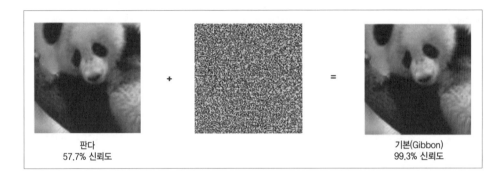

사이버 보안은 공격자와의 사이버 전쟁으로 비유할 수 있다. 공격자로부터 보호하고자 사용하는 머신러닝 모델은 공격자에 대해 강건robust해야 한다. 따라서 정확도, 정밀도, 재현율과 같은 일반적인 성능 측정 지표performance metrics 외에도 모델의 적대적 강건성adversarial robustness을 측정하는 것이 중요하다. 딥 파우닝 프레임워크는 적대적 강건성을 측정하기 위한 간단한 툴킷toolkit이다.

준비

이 레시피를 위한 준비 단계는 다음과 같다.

1. git을 설치한다.
2. Git을 사용해 저장소를 내려받거나 복사하고자 다음 명령어를 실행한다.

```
git clone https://github.com/emmanueltsukerman/deep-pwning.git
```

3. 저장소에서 필요한 패키지를 설치한다. 터미널에서 저장소의 최상위 디렉터리에 서 다음 명령어를 실행한다.

```
pip install -r requirements.txt
```

실행 순서

이 레시피에서는 딥 파우닝을 사용해 MNIST 숫자 데이터셋에 대해 LeNet5 알고리듬을 공격한다.

1. 디렉터리에서 다음 명령어를 사용해 MNIST 드라이버를 실행한다.

```
python mnist_driver.py -restore_checkpoint
```

결과는 다음과 같다.

레시피 설명

1단계에서 적대적 샘플adversarial sample로 대규모 데이터셋을 만든다. 즉 150,000개의 적대적 샘플을 만들고, 이 샘플로 LeNet5 알고리듬을 속여 숫자로 인식하게 만든다. 이 적대적 샘플을 조사하고자 output\mnist\pickle 디렉터리에 있는 피클pickle[13] 파일의 내용을 다음과 같이 확인한다.

```
import pickle

advImageUnpickle = pickle.load(open("generated-adv-images.pkl", "rb"))
print(f"적대적 샘플 데이터셋의 규모: {advImageUnpickle.shape}")
```

결과는 다음과 같다.

```
적대적 샘플 데이터셋의 규모: (150000, 11)
```

첫 번째 MNIST 숫자 7에 대한 적대적 샘플은 다음과 같이 8로 잘못 예측했다는 것을 알 수 있다.

```
print(advImageUnpickle.iloc[0])
```

결과는 다음과 같다.

```
Adversarial Image      [[[[-0.49], [-0.51], [-0.51], [-0.49], [-0.51]...
Gradient               [[[[[ 0.05715664]\n [-0.2122912 ]\n [-0.128913...
Gradient Norm          [[[0.057156645], [0.2122912], [0.12891328], [0...
Gradient Step                                                       0.01
Idx                                                                    0
Image                  [[[-0.5], [-0.5], [-0.5], [-0.5], [-0.5], [-0....
```

---

13 텍스트 상태의 데이터가 아닌 파이썬 객체 자체를 저장하는 파일 형식이다. – 옮긴이

```
Predicted Label                                                         8
Predicted Label Adversarial                                             8
Predicted Prob                      [[0.02396586, 0.20235299, 0.002429745, 0.00263...
Predicted Prob Adversarial          [[0.019035662, 0.17734015, 0.0020470333, 0.002...
True Label                                                              7
Name: 0, dtype: object
```

---

utils 디렉터리에 있는 mnist_read_pickle.py 파일은 pickle 파일을 인수로 사용한다. 이 파일을 실행하면 적대적 샘플 중의 하나가 표시된다. 아래 이미지가 LeNet5 알고리듬을 숫자 1로 인식하게 만든다.

딥 파우닝 프레임워크는 모듈module[14]로 설계돼 사용자는 필요에 맞게 모듈을 연결하고 수정할 수 있다. 예를 들어 MNIST 데이터셋과 LeNet5 아키텍처를 대체한다.

---

14 잘 정의된 한 가지 일을 수행하는 프로그램의 논리적인 일부분. 주 프로그램은 논리적으로 몇 개의 모듈로 나뉠 수 있다. 모듈은 여러 프로그램 작성자에 의해 나뉘어 작성되는 성질을 지닌다. 그러므로 모듈이 서로 모여 하나의 완전한 프로그램으로 만들어 질 수 있다. 출처: 정보통신용어사전 – 옮긴이

소프트웨어 취약점을 자동으로 탐지하는 딥러닝 기반 시스템

정보 보호information security 전문가들은 대개 코드에서 잠재적으로 취약할 수 있는 부분을 식별할 수 있다. 그러나 이 작업은 집중적으로 해야 하며 비용도 많이 들어 프로그램을 안전하게 만드는 데는 충분하지 않을 수 있다. 전통적인 머신러닝에 비해 딥러닝의 가장 큰 장점 중의 하나는 특성을 자동으로 찾을 수 있다는 것이다. 이를 통해 취약점에 대한 전문가의 필요성을 완화해 보다 효과적인 시스템을 만들 수 있다. 이 레시피는 C/C++ 소프트웨어의 버퍼 오류 취약점buffer error vulnerability과 자원 관리 오류resource management error를 자동으로 탐지하는 (딥러닝 기반 취약점 탐지 시스템(A Deep Learning-Based System for Vulnerability Detection (https://arxiv.org/pdf/1801.01681.pdf))) VulDeePecker를 수정한 버전을 사용한다.

준비

이 레시피를 위한 준비는 pip로 pandas, gensim, keras, tensorflow, scikit-learn 패키지를 설치하는 것이다. 준비를 위한 명령어는 다음과 같다.

```
pip install pandas gensim keras tensorflow sklearn
```

이 외에도 VulDeePecker의 저장소를 복사한다.

1. git을 설치하고 터미널에서 다음 명령어를 실행한다.

   ```
   git clone https://github.com/emmanueltsukerman/Deep-Learning-Based-System-for-
   Automatic- Detection-of-Software-Vulnerabilities.git
   ```

   datasets 디렉터리에 2개의 데이터셋 cwe119_cgd.7z와 cwe399_cgd.7z가 있다. 이 레시피에서 이 데이터셋을 사용하려면 압축을 푼다.

실행 순서

1. 가젯^{gadget}의 훈련 데이터셋을 수집해 datasets 디렉터리에 저장한다. datasets 디렉터리에는 2개의 데이터셋이 있으며, cwe119_cdg.txt 파일은 다음과 같은 형식으로 돼 있다.

2. 다음 명령어로 데이터셋으로 훈련하고 테스트한다.

```
python vuldeepecker_train.py "path to dataset"
```

결과는 아래 화면과 같이 표시된다.

296

3. 예측하려는 데이터셋을 수집해 datasets 디렉터리에 저장한다. 데이터셋의 내용은 다음과 같다.

4. 다음 명령어를 실행해 훈련한 모델로 코드에 취약한 부분이 있는지 예측한다.

```
python vuldeepecker_predict.py "path to data" "path to model"
```

레시피 설명

머신러닝으로 취약점을 탐지하려면 학습에 적합한 소프트웨어 프로그램의 표현^{representation}을 찾아야 한다. 이를 위해 코드 가젯^{code gadget}을 사용해 벡터로 변환해야 한다. 코드 가젯은 의미론적으로 서로 관련된 코드 라인^{lines of code}을 선택하는 것이다. 1단계에서 훈련용 코드 가젯을 수집한다. 레이블이 있는 3개의 코드 가젯을 볼 수 있다. 여기서 레이블 1은 취약점이 있다는 것을 의미하며 레이블 0은 취약점이 없다는 것을 의미한다. 원하는 프로그램에서 가젯을 추출하고자 상용 제품인 Checkmarx를 사용해 프로그램 조각을 추출한 다음 코드 가젯으로 어셈블하는 것이 좋다. 다른 데이터셋도 사용할 수 있다. 데이터셋 cwe-119는 버퍼 오류 취약점에 해당한다. 다음으로 2단계에서 취약점 데이터셋에 대해 딥러닝 모델을 훈련한다. 여기서 사용하는 딥러닝 모델은 **양방향 장단기 메모리**로 아키텍처는 다음과 같다.

```
Bidirectional(LSTM(300), input_shape=(50, 50))
Dense(300)
LeakyReLU()
Dropout(0.5)
Dense(300)
LeakyReLU()
Dropout(0.5)
Dense(2, activation='softmax')
Adamax(lr=0.002)
'categorical_crossentropy'
```

참고로 훈련 단계는 모델을 자동으로 [base-name-of-trainingdataset]_model.h5에 저장한다. 이제 새로운 취약점을 찾을 준비를 마쳤다. 3단계에서 테스트 데이터셋을 datasets 디렉터리에 저장한 다음, 4단계에서 신경망을 사용해 이 새로운 데이터셋의 취약점을 예측한다.

06

자동 침입 탐지

침입 탐지 시스템intrusion detection system은 악의적인 활동malicious activity이나 정책 위반policy violation에 대해 네트워크나 시스템을 모니터링한다. 악의적인 활동이나 정책 위반이 발견되면 중단시키거나 보고를 한다. 6장에서는 머신러닝을 사용해 여러 침입 탐지 시스템을 설계하고 구현한다. 스팸 메일을 탐지하는 고전적인 문제로 시작한다. 그런 다음 악성 URL을 분류하는 문제로 넘어간다. 네트워크 트래픽을 캡처하는 방법을 이용하면 봇넷과 분산 서비스 거부DDoS, Distributed Denial of Service 공격 탐지와 같은 더 어려운 네트워크 문제를 해결할 수 있다. 내부자 위협에 대한 분류기를 만든다. 마지막으로 사례에 의존하고 비용에 민감하며 근본적으로 데이터가 불균형한 신용카드 이상거래credit card fraud 문제를 다룬다.

6장에서는 다음과 같은 레시피를 설명한다.

- 머신러닝을 사용한 스팸 필터링
- 피싱 URL 탐지
- 네트워크 트래픽 캡처
- 네트워크 동작 이상 탐지
- 봇넷 트래픽 탐지
- 내부자 위협 탐지를 위한 특성 공학
- 내부자 위협에 이상 탐지 적용하기
- 분산 서비스 거부 공격 탐지
- 신용카드 이상거래 탐지
- 위조지폐 탐지
- 머신러닝을 사용한 광고 차단
- 무선 실내 위치 추적

▌ 기술 요구 사항

6장에서는 다음과 같은 라이브러리를 사용한다.

- Wireshark
- PyShark
- costcla
- scikit-learn
- pandas
- NumPy

설치 명령과 코드는 https://github.com/PacktPublishing/Machine-Learning-for-Cybersecurity-Cookbook/tree/master/Chapter06에서 확인할 수 있다.

▌ 머신러닝을 사용한 스팸 필터링

원하지 않는 메일인 스팸 메일spam mail은 전 세계 이메일 트래픽의 약 60%를 차지한다. 스팸 탐지 소프트웨어가 1978년 첫 번째 스팸 메시지 이후에 나왔다는 사실 외에 이메일 계정을 가진 모든 사람은 스팸이 계속해서 시간과 비용이 많이 드는 문제라는 것을 알고 있다. 이 레시피에서는 머신러닝을 사용해 스팸과 정상 메일 분류한다.

준비

이 레시피를 위한 준비는 pip로 scikit-learn 패키지를 설치하는 것이다. 준비를 위한 명령어는 다음과 같다.

```
pip install sklearn
```

이 외에도 spamassassin-public-corpus.7z 압축 파일을 spamassassin-public-corpus 디렉터리에 푼다.

실행 순서

이 레시피에서는 원하는 메일과 원하지 않는 메일에 대한 분류기를 만든다.

1. spamassassin-public-corpus.7z 데이터셋의 압축을 푼다.
2. spam과 ham 디렉터리의 경로를 지정한다.

```
import os

spam_emails_path = os.path.join("spamassassin-public-corpus", "spam")
ham_emails_path = os.path.join("spamassassin-public-corpus", "ham")
labeled_file_directories = [(spam_emails_path, 0), (ham_emails_path, 1)]
```

3. 두 클래스에 대한 레이블을 만든 다음 메일을 말뭉치로 읽어들인다.

```
email_corpus = []
labels = []

for class_files, label in labeled_file_directories:
    files = os.listdir(class_files)
    for file in files:
        file_path = os.path.join(class_files, file)
        try:
            with open(file_path, "r") as currentFile:
                email_content = currentFile.read().replace("\n", "")
                email_content = str(email_content)
                email_corpus.append(email_content)
                labels.append(label)
        except:
            pass
```

4. 데이터셋을 훈련 데이터와 테스트 데이터로 분할한다.

```
from sklearn.model_selection import train_test_split

X_train, X_test, y_train, y_test = train_test_split(
    email_corpus, labels, test_size=0.2, random_state=11
)
```

5. 훈련 데이터로 NLP 파이프라인을 훈련한다.

```
from sklearn.pipeline import Pipeline
from sklearn.feature_extraction.text import HashingVectorizer, TfidfTransformer
```

```
from sklearn import tree

nlp_followed_by_dt = Pipeline(
    [
        ("vect", HashingVectorizer(input="content", ngram_range=(1, 3))),
        ("tfidf", TfidfTransformer(use_idf=True,)),
        ("dt", tree.DecisionTreeClassifier(class_weight="balanced")),
    ]
)
nlp_followed_by_dt.fit(X_train, y_train)
```

6. 테스트 데이터로 분류기를 평가한다.

```
from sklearn.metrics import accuracy_score, confusion_matrix

y_test_pred = nlp_followed_by_dt.predict(X_test)
score = accuracy_score(y_test, y_test_pred)
print(f"파이프라인 모델의 성능: {score*100:.4f} %")
print()
print(confusion_matrix(y_test, y_test_pred))
```

결과는 다음과 같다.

```
파이프라인 모델의 성능: 98.9770 %

[[250   2]
 [  6 524]]
```

레시피 설명

1단계에서 독자가 내용을 확인할 수 있는 원시 이메일로 구성된 데이터셋을 준비하는 것으로 시작한다. 2단계에서 스팸 메일과 정상 메일의 경로를 지정하고 디렉터리에 레이블을 지정한다. 3단계에서 모든 이메일을 배열로 읽고 레이블 배열을 만든다. 다음으로 4단계에서 데이터셋을 훈련 데이터와 테스트 데이터로 분할하고, 5단계에서 NLP 파이프라인을 이 데이터에 적합한다. 마지막으로 6단계에서 파이프라인을 테스트한다. 정확도가 꽤 높은 것을 알 수 있다. 데이터셋이 상대적으로 균형을 이뤘기 때문에 성공을 평가하는 데 특별한 특정 지표를 사용할 필요가 없다.

▌ 피싱 URL 탐지

피싱phishing 웹사이트는 사람들을 합법적인 웹사이트에 있다고 생각하게 만들어 계정의 패스워드나 다른 개인 정보personal information을 얻어내려는 웹사이트다. 일부 피싱 URL은 입력 시 오타의 확률을 높이고자 특별히 선택된 문자 1개가 정상 URL과 다르며 트래픽을 만들고자 다른 채널을 사용한다. 아래 화면은 사용자에게 이메일이 셧다운shut down될 것이라고 믿게끔 만들어 사용자의 이메일 주소를 얻으려고 시도하는 피싱 웹사이트의 예다.

피싱은 가장 성공적인 공격 모드 중의 하나이므로 URL이 합법적이지 않은 경우 이를 식별할 수 있어야 한다. 이 레시피에서는 피싱 URL을 탐지하기 위한 머신러닝 모델을 만든다.

준비

이 레시피를 위한 준비는 pip로 scikit-learn과 pandas 패키지를 설치하는 것이다. 준비를 위한 명령어는 다음과 같다.

```
pip install sklearn pandas
```

이 외에도 phishing-dataset.7z 압축 파일을 푼다.

실행 순서

이 레시피에서는 특성화된 URL 데이터셋을 읽고 이 데이터로 분류기를 훈련한다.

1. 6장 저장소 디렉터리에서 피싱 데이터셋을 내려받는다.
2. pandas를 사용해 훈련 데이터와 테스트 데이터를 읽는다.

```
import pandas as pd
import os

train_CSV = os.path.join("phishing-dataset", "train.csv")
test_CSV = os.path.join("phishing-dataset", "test.csv")
train_df = pd.read_csv(train_CSV)
test_df = pd.read_csv(test_CSV)
```

3. 피싱 웹사이트 페이지의 레이블을 준비한다.

```
y_train = train_df.pop("target").values
y_test = test_df.pop("target").values
```

4. 특성을 준비한다.

```
X_train = train_df.values
X_test = test_df.values
```

5. 분류기를 훈련하고, 테스트하고, 평가한다.

```python
from sklearn.ensemble import RandomForestClassifier
from sklearn.metrics import accuracy_score, confusion_matrix

clf = RandomForestClassifier()
clf.fit(X_train, y_train)
y_test_pred = clf.predict(X_test)

score = accuracy_score(y_test, y_test_pred)
print(f"랜덤 포레스트 분류기의 성능: {score*100:.4f} %")
print()
print(confusion_matrix(y_test, y_test_pred))
```

결과는 다음과 같다.

```
랜덤 포레스트 분류기의 성능: 98.8599 %

[[342   5]
 [  2 265]]
```

레시피 설명

1~2단계에서 데이터셋을 내려받은 것으로 시작한 다음 데이터 검사와 조작을 편하게 하도록 데이터를 데이터프레임으로 읽어 들인다. 3~4단계에서 머신러닝을 위해 데이터셋을 배열로 변환한다. 데이터셋은 피싱 URL에 대한 수천 개의 특성 벡터로 구성돼 있다. 특성은 30개가 있으며 이름과 값의 범위는 아래 표와 같다.[1]

---

1 특성에 대한 자세한 설명은 Phishing Websites Features (피싱 웹사이트 특징) 문서 번역/정리 블로그(https://bit.ly/3aiitCJ) 참고 – 옮긴이

속성	값(1: 정상, 0: 의심, −1: 피싱)	열 이름
IP 주소를 갖고 있는가?	{1, 0}	has_ip
URL의 길이가 긴가?	{1, 0, -1}	long_url
단축 URL 서비스를 사용하는가?	{0, 1}	short_service
'@' 문자를 포함하고 있는가?	{0, 1}	has_at
이중 슬래시 리디렉팅 여부	{0, 1}	double_slash_redirect
접두사(prefix)와 접미사(suffix)를 갖고 있는가?	{-1, 0, 1}	pref_suf
서브도메인 또는 다중 서브도메인(subdomain)을 갖고 있는가?	{-1, 0, 1}	has_sub_domain
SSL의 최종 상태(state)	{-1, 0, 1}	ssl_state
도메인 등록 길이(registration length)	{0, 1, -1}	long_domain
파비콘(favicon)[2]	{0, 1}	favicon
표준 포트 사용 여부	{0, 1}	port
HTTPS 토큰 사용 여부	{0, 1}	https_token
요청 URL(Request_URL)	{1, -1}	req_url
비정상 URL 앵커(〈a〉 태그) 사용 여부	{-1, 0, 1}	url_of_anchor
〈Meta〉, 〈Script〉, 〈Link〉 태그의 링크(Links_in_tags)	{1, -1, 0}	tag_links
서버 폼 핸들러(SFH, Server Form Handler)	{-1, 1}	SFH
이메일로 정보 제출 여부	{1, 0}	submit_to_email
비정상 URL 여부	{1, 0}	abnormal_url
리다이렉트(redirect) 여부	{0, 1}	redirect
상태 표시줄 사용자 정의	{0, 1}	mouseover
우클릭 사용 안 함 여부	{0, 1}	right_click
팝업창 사용 여부	{0, 1}	popup
iframe 리디렉션 여부	{0, 1}	iframe
도메인 나이[3]	{-1, 0, 1}	domain_age
DNS 레코드	{1, 0}	dns_record

---

2 브라우저의 주소 표시줄에 있는 웹사이트 URL 옆에 표시되는 작은 아이콘 – 옮긴이

3 도메인이 얼마나 오래되었는지를 알려 주는 정보 – 옮긴이

속성	값(1: 정상, 0: 의심, -1: 피싱)	열 이름
웹 트래픽	{-1, 0, 1}	traffic
페이지 랭크	{-1, 0, 1}	page_rank
구글 인덱스	{0, 1}	google_index
링크로 연결되는 페이지	{1, 0, -1}	links_to_page
통계 보고서	{1, 0}	stats_report
결과(Results)	{1, -1}	target

5단계에서 랜덤 포레스트 분류기를 훈련하고 테스트한다. 정확도가 꽤 높지만 데이터셋의 균형에 따라 오탐지 제약 조건을 고려해야 할 수도 있다. 탐지기를 확장하고자 다른 특성을 추가하고 데이터셋을 늘리는 등 방법이 많다. 대부분의 웹사이트가 일부 이미지를 포함하고 있다는 점을 감안하면 이미지 분류기는 결과를 개선할 수 있는 한 가지 방법이 될 수 있다.

네트워크 트래픽 캡처

네트워크 트래픽을 캡처하는 것은 장애 진단troubleshooting과 분석 그리고 소프트웨어 및 통신 프로토콜 개발에 중요하다. 보안을 원하는 개인security-minded individual에게 네트워크 트래픽 모니터링은 악의적인 활동이나 정책 위반을 탐지하는 데 중요한 역할을 한다. 이 레시피에서는 네트워크 트래픽을 캡처하고 조사한다.

준비

이 레시피에 필요한 준비 단계는 다음과 같다.

1. pyshark를 설치한다.

```
pip install pyshark
```

2. wireshark를 설치한다. 가장 최신 버전은 https://www.wireshark.org/down load.html에서 찾을 수 있다.

실행 순서

이 레시피에서는 PyShark라는 파이썬 라이브러리를 사용해 와이어샤크^{Wireshark}와 함께 네트워크 트래픽을 캡처하고 검사한다.

1. PyShark 구성 경로에 tshark를 추가해야 한다. tshark는 와이어샤크의 명령줄^{commandline} 버전이다. 다음과 같이 명령어를 실행한다.

```
pip show pyshark
```

패키지의 위치를 확인한다. 이 위치의 pyshark 디렉터리에서 config.ini 파일을 찾는다. tshark_path를 wireshark 설치 경로의 tshark 위치로 수정한다. 마찬가지로 dumpcap_path를 dumpcap 설치 경로의 tshark 위치로 수정한다.

2단계와 4단계는 파이썬 환경에서 실행해야 한다. 현재 버전의 pyshark는 주피터 노트북^{Jupyter notebook} 환경에서 실행할 때 에러가 발생하니 콘솔창에서 실행한다.

2. pyshark를 들여오고 캡처 시간을 지정한다.

```
import pyshark

capture_time = 20
```

3. 네트워크 트래픽을 캡처한다.

```
cap = pyshark.LiveCapture(output_file="networkTrafficCatpure")
cap.sniff(timeout=capture_time)
```

4. 네트워크 트래픽을 캡처하고자 다음 명령어를 실행한다.

5. 캡처한 데이터를 검사하고자 와이어샤크에서 pcap 파일을 연다.

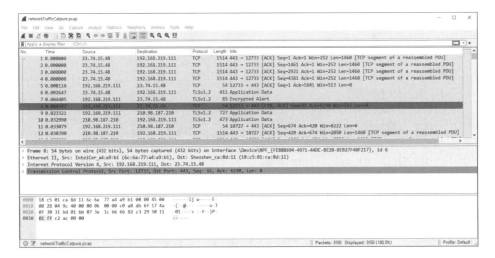

레시피 설명

와이어샤크의 명령줄 버전인 tshark를 구성하면서 이 레시피를 시작한다. tshark의 구성을 마치면 pyshark를 통해 접근할 수 있다. 2단계에서 pyshark를 들여오고 네트워크 캡처 시간을 지정한다. 캡처한 네트워크 트래픽 데이터가 상당히 클 수 있으므로 캡처 시간을 조절하는 것이 중요하다. 다음으로 3단계에서 저장된 캡처 파일의 이름을 고유하고 이해하기 쉽도록 지정한 다음, 4단계에서 트래픽을 캡처한다. 마지막으로 6단계에서 캡처한 네트워크 트래픽을 조사하고자 그래픽 사용자 인터페이스^{GUI, Graphic User Interface} 버전을 사용한다. 이런 네트워크 트래픽을 통해 보안이 취약한 IoT 장치, 잘못된 구성, 비정상적인 이벤트, 해킹 시도, 데이터 유출 등을 쉽게 탐지할 수 있다.

▮ 네트워크 동작 이상 탐지

네트워크 동작 이상 탐지^{NBAD, Network Behavior Anomaly Detection}는 네트워크에서 비정상적인 이벤트나 추세^{trend}를 지속적으로 모니터링하는 것이다. 이상적으로 NBAD 프로그램은 실시간으로 중요한 네트워크 특징^{network characteristics}을 추적하고 위협을 나타내는 이상한 이벤트나 추세를 탐지하면 경보를 한다. 이 레시피에서는 머신러닝을 사용하는 NBAD를 구축하는 방법을 살펴본다.

이 레시피에서 사용하는 데이터셋은 KDD 데이터셋으로 알려진 유명한 데이터셋의 일부를 수정한 것으로 IDS 시스템 테스트와 구성을 위한 표준 데이터셋이다. 이 데이터셋은 군사 네트워트 환경에서 시뮬레이션된 다양한 데이터를 포함하고 있다.

준비

이 레시피를 위한 준비는 pip로 scikit-learn, pandas, matplotlib, plotly 패키지를 설치하는 것이다. 준비를 위한 명령어는 다음과 같다.

```
pip install sklearn pandas matplotlib plotly
```

이 외에도 kddcup_dataset.7z 압축 파일을 푼다.

실행 순서

이 레시피에서는 격리 포레스트^{isolation forest} 모델을 사용해 KDD 데이터셋에서 이상행위 ^{anomaly}를 탐지한다.

1. pandas를 들여오고 데이터셋을 데이터프레임으로 읽어 들인다.

```python
import pandas as pd

kdd_df = pd.read_csv("kddcup_dataset.csv", index_col=None)
```

2. 트래픽 유형의 비율을 조사한다.

```python
y = kdd_df["label"].values

from collections import Counter

Counter(y).most_common()
```

결과는 다음과 같다.

```
[('normal', 39247),
 ('back', 1098),
 ('apache2', 794),
 ('neptune', 93),
 ('phf', 2),
 ('portsweep', 2),
 ('saint', 1)]
```

3. 모든 비정상 관측개체^{non-normal observation}를 단일 클래스로 변환한다.

```python
def label_anomalous(text):
    """ 대상 목표 레이블을 정상(normal) 또는 이상(anomalous)으로 이진화한다. """
    if text == "normal":
        return 0
    else:
```

```
        return 1

kdd_df["label"] = kdd_df["label"].apply(label_anomalous)
```

4. 정상 관측 대비 이상^{anomaly}의 비율을 계산한다. 이 값은 격리 포레스트에 사용되는 오염 매개변수^{contamination parameter}다.

```
y = kdd_df["label"].values

counts = Counter(y).most_common()
contamination_parameter = counts[1][1] / (counts[0][1] + counts[1][1])
```

5. 모든 범주형 특성을 수치형으로 변환한다.

```
from sklearn.preprocessing import LabelEncoder

encodings_dictionary = dict()
for c in kdd_df.columns:
    if kdd_df[c].dtype == "object":
        encodings_dictionary[c] = LabelEncoder()
        kdd_df[c] = encodings_dictionary[c].fit_transform(kdd_df[c])
```

6. 데이터셋을 정상 관측개체와 이상 관측개체로 분할한다.

```
kdd_df_normal = kdd_df[kdd_df["label"] == 0]
kdd_df_abnormal = kdd_df[kdd_df["label"] == 1]
y_normal = kdd_df_normal.pop("label").values
X_normal = kdd_df_normal.values
y_anomaly = kdd_df_abnormal.pop("label").values
X_anomaly = kdd_df_abnormal.values
```

7. 데이터셋을 훈련 데이터와 테스트 데이터로 분할한다.

```
from sklearn.model_selection import train_test_split

X_normal_train, X_normal_test, y_normal_train, y_normal_test = \
```

```
    train_test_split(X_normal, y_normal, test_size=0.3, random_state=11)

X_anomaly_train, X_anomaly_test, y_anomaly_train, y_anomaly_test = \
    train_test_split(X_anomaly, y_anomaly, test_size=0.3, random_state=11)

import numpy as np

X_train = np.concatenate((X_normal_train, X_anomaly_train))
y_train = np.concatenate((y_normal_train, y_anomaly_train))
X_test = np.concatenate((X_normal_test, X_anomaly_test))
y_test = np.concatenate((y_normal_test, y_anomaly_test))
```

8. 격리 포레스트 분류기를 인스턴스화하고 훈련한다.

```
from sklearn.ensemble import IsolationForest

IF = IsolationForest(contamination=contamination_parameter)
IF.fit(X_train, y_train)
```

9. 정상 관측개체와 이상 관측개체로 분류기의 점수를 계산한다.

```
decisionScores_train_normal = IF.decision_function(X_normal_train)
decisionScores_train_anomaly = IF.decision_function(X_anomaly_train)
```

10. 정상 데이터셋에 대한 점수를 그래프로 나타낸다.

```
import plotly.graph_objects as go
fig = go.Figure(data=[go.Histogram(x=decisionScores_train_normal)])
fig.update_layout(
    title_text='정상 네트워크 관측개체에 대한 훈련 점수 히스토그램',
    xaxis_title_text='점수',
    yaxis_title_text='빈도 수',
    bargap=0.2,
    bargroupgap=0.1
)
fig.show()
```

결과 그래프는 다음과 같다.

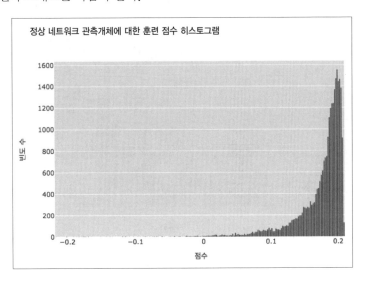

11. 이상 관측개체에 대한 점수를 조사하고자 마찬가지로 그래프를 그린다.

```
fig = go.Figure(data=[go.Histogram(x=decisionScores_train_anomaly)])
fig.update_layout(
    title_text='이상 네트워크 관측개체에 대한 훈련 점수 히스토그램',
    xaxis_title_text='점수',
    yaxis_title_text='빈도 수',
    bargap=0.2,
    bargroupgap=0.1
)
fig.show()
```

결과 그래프는 다음과 같다.

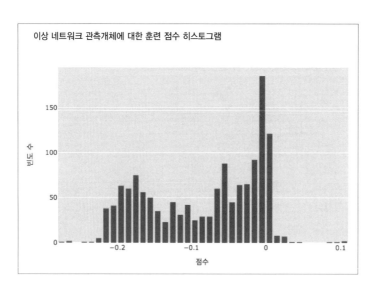

이상 네트워크 관측개체에 대한 훈련 점수 히스토그램

12. 정상 관측개체와 이상 관측개체를 구분하기 위한 차단값^{cut-off}을 선택한다.

```
cutoff = 0
```

13. 테스트 데이터셋에 대해 이 차단값을 조사한다.

```
rmal_in_test = Counter(y_test)[0]
anormaly_in_test = Counter(y_test)[1]
print(f" 차단값을 적용 안 했을 때 테스트 세트에서\t 정상 네트워크 수: {normal_in_
test:6,}, 비정상 네트워크 수: {anormaly_in_test:3,}")
normal_cutoff_in_test = Counter(y_test[cutoff > IF.decision_function(X_test)])
[0]
anormaly_cutoff_in_test = Counter(y_test[cutoff > IF.decision_function(X_
test)])[1]
print(f" 차단값 {cutoff}을 적용했을 때 테스트 세트에서\t 정상 네트워크 수: {normal_
cutoff_in_test:6,}, 비정상 네트워크 수: {anormaly_cutoff_in_test:3,} ")
```

결과는 다음과 같다.

```
차단값을 적용 안 했을 때 테스트 세트에서 정상 네트워크 수: 11,775, 비정상 네트워크 수: 597
차단값 0을 적용했을 때 테스트 세트에서    정상 네트워크 수:     57, 비정상 네트워크 수: 515
```

레시피 설명

KDD cup 데이터셋을 데이터프레임으로 읽어 들이는 것으로 시작한다. 다음 2단계에서 데이터를 조사해 예상한 대로 데이터 대부분은 정상이고, 일부 데이터가 이상abnormal이라는 것을 확인했다. 문제는 데이터가 매우 불균형이라는 것이다. 따라서 이 문제는 이상 탐지anomaly detection 접근 방식에 적합한 문제다. 3단계와 5단계에서 모든 비정상 트래픽을 단일 클래스, 즉 **이상**으로 변환한다.

또한 4단계에서 오염 매개변수, 즉 정상 관측개체 대비 이상 관측개체의 비율을 계산해야 한다. 이 값은 격리 포레스트의 민감도 설정을 쉽게 조정할 수 있는 매개변수 중 하나다. 이 값은 선택 사항이지만 성능을 개선시킬 수 있다. 6단계에서 데이터셋을 정상 관측개체와 이상 관측개체로 분할하고, 7단계에서 데이터셋을 정상과 이상 데이터의 훈련 버전과 테스트 버전으로 분할한다. 8단계에서 격리 포레스트 분류기를 인스턴스화하고 오염 매개변수를 설정한다. 기본 매개변수default parameter n_estimators와 max_samples는 리우Liu 연구진의 격리 포레스트 논문에서 권장하는 값이다. 9~10단계에서 정상 훈련 데이터셋으로 격리 포레스트 모델의 점수를 계산하는 결정 함수decision function를 사용한 다음 결과를 그래프로 확인한다. 비슷하게 11단계에서 이상 훈련 데이터셋에 대해서도 점수를 계산해 그래프로 확인한다.

결정 함수decision function는 어떤 점이 얼마나 단순한지 설명하기 위한 측도measure라는 것을 알고 있으므로 명확하게 분리할 수 있는 차단값cut-off을 선택해 복잡한 점complicated points에서 단순점simple point을 분리하려 한다. 시각적 분석을 통해 12단계의 차단값을 선택할 수 있다.

마지막으로 격리 포레스트 모델을 사용해 예측을 하고 모델의 성능을 평가할 수 있다. 13단계에서 격리 포레스트 모델이 너무 많은 오탐지(정상 트래픽 인스턴스)를 하지 않고 많은 이상을 탐지했다는 것을 알 수 있다.

▌ 봇넷 트래픽 탐지

봇넷은 악성코드에 감염된 장치들compromised devices이 인터넷으로 연결된 네트워크다. 봇넷은 해킹 또는 악성코드에 감염된 컴퓨터를 네트워크로 연결하고, 해커는 봇넷에 연결된 컴퓨터를 원격 조종해 **분산 서비스 거부**DDoS 공격을 하거나 데이터를 훔치거나 스팸 메일을 보내거나 다른 시스템을 공격하는 데 사용할 수 있으며, 다른 많은 악의적인 용도로도 사용할 수 있다. 봇넷은 엄청난 피해를 입힐 수 있다. 예를 들어 구글에서 봇넷이라는 단어를 검색했을 때 이 글을 쓰기 3일 전에 엘렉트럼 봇넷Electrum Botnet이 암호 화폐 460만 달러를 훔쳤다는 것을 알 수 있었다. 이 레시피에서는 봇넷 트래픽을 탐지하는 분류기를 구축한다.

이 레시피에서 사용하는 데이터셋은 CTU-13이라는 데이터셋을 가공한 데이터의 일부로 2011년 체코 공과대학교CTU, Czech Technical University에서 캡처한 봇넷 트래픽으로 구성돼 있다. 데이터셋은 정상normal 및 후위 트래픽background traffic과 혼합된 실제 봇넷 트래픽을 대규모 캡처한 것이다.

준비

이 레시피를 위한 준비는 pip로 scikit-learn 패키지를 설치하는 것이다. 준비를 위한 명령어는 다음과 같다.

```
pip install sklearn
```

이 외에도 CTU13Scenario1flowData.7z 압축 파일을 푼다. CTU13Scenario1flowData.pickle 파일을 열어 보려면 python2를 사용해야 한다.

실행 순서

1. 데이터를 피클 형식으로 읽어 들이는 것으로 시작한다.

```
import pickle

file = open('CTU13Scenario1flowData.pickle', 'rb')
botnet_dataset = pickle.load(file)
```

2. 데이터는 이미 훈련 데이터와 테스트 데이터로 분할돼 있으므로 데이터를 각각
   의 변수에 저장하기만 하면 된다.

```
X_train, y_train, X_test, y_test = (
    botnet_dataset[0],
    botnet_dataset[1],
    botnet_dataset[2],
    botnet_dataset[3]
)
```

3. 의사결정 트리 분류기를 기본 매개변수로 인스턴스화한다.

```
from sklearn.tree import *

clf = DecisionTreeClassifier()
```

4. 분류기를 훈련 데이터에 적합한다.

```
clf.fit(X_train, y_train)
```

5. 테스트 데이터셋으로 분류기를 테스트한다.

```
score = clf.score(X_test, y_test)
print(f"의사결정 트리 분류기 성능: {score*100:.4f} %")
```

결과는 다음과 같다.

```
의사결정 트리 분류기 성능: 99.9000 %
```

레시피 설명

1단계에서 피클 데이터를 가져오는 것으로 시작한다. 데이터셋은 균형이 유지되도록 미리 가공됐으므로 데이터 불균형에 대해 걱정할 필요가 없다. 실제로 봇넷 탐지는 오탐지 제약을 충족시켜야 할 수도 있다. 계속해서 2단계에서 미리 분할된 데이터를 훈련 데이터와 테스트 데이터로 분할한다. 이제 분류기를 인스턴스화할 수 있으므로 3~5단계에서 분류기를 데이터에 적합한 다음 테스트한다. 정확도가 상당히 높은 것을 알 수 있다. 데이터셋의 균형이 이미 잡혀 있으므로 측정 지표가 잘못됐다고 걱정할 필요가 없다. 일반적으로 봇넷 탐지는 어려울 수 있다. 봇넷 탐지가 어렵다는 것은 GameOver Zeus 봇넷 악성코드 패키지로 설명할 수 있다. 이 봇넷은 2007년에 발견된 이래로 3년 이상 운영돼 최종적으로 약 7,000만 달러의 자금을 훔쳤으며, 2010년 FBI가 100명 이상의 개인을 체포했다. 마이크로소프트는 봇넷의 공격 명령C&C, Command and Control 서버 대부분을 셧다운시킬 수 있다고 2012년 3월에서야 발표했다.

▌ 내부자 위협 탐지

내부자 위협insider threat은 고용주에게 복잡하면서도 증가하고 있는 도전 과제다. 일반적으로 내부자 위협은 조직에 잠재적으로 해를 끼칠 수 있는 직원이 취하는 모든 행동을 의미한다. 여기에는 승인받지 않은 데이터 전송이나 자원 파괴와 같은 행동이 포함될 수 있다. 내부자 위협은 불만을 품은 직원이 고용주의 명성을 무너뜨리는 것부터 **지능형 지속 위협**APT, Advanced Persistent Threats에 이르기까지 다양한 목표에 따라 여러 형태로 나타날 수 있다.

카네기 멜론 대학교Carnegie Mellon University 소프트웨어 공학 연구소Software Engineering Institute의 침해 사고 대응팀CERT, Computer Emergency Response Team 프로그램의 내부자 위험 데이터베이스 insider risk database에는 레드 팀red team[4] 시나리오의 가장 큰 공개 기록보관소public archive가 있다. 시뮬레이션은 실제 내부자 위험 사례 연구를 방산업체로부터 비밀리에서 확보한 실제 중립 고객neutral client과 결합해 구축된다. 이 데이터셋은 단일 엔지니어링 회사dtaa.com의 인터넷, 전화, 로그인, 디렉터리, 시스템 액세스에서 발생한 몇 개월간의 트래픽이다. 가상의 회사는 하루 평균 약 1,000건의 로그 활동을 수행하는 수천 명의 직원을 고용하고 있다. 여기에는 유출자leaeker, 도둑, 파괴자saboteur 등 여러 위협 시나리오가 묘사돼 있다. 이 문제에서 주목할 만한 특성은 전체 악의적인 사용자나 빈번한 기록, 또는 전체 사용량으로 표현되는 것과는 상관없이 매우 낮은 신호 대 잡음비signal-to-noise다. CERT 내부자 위협 시나리오(버전 4.2)에 대한 분석은 특히 조밀하고 예리한 데이터셋이므로 공격 발생률이 높다는 것을 의미한다.

공격의 기본 계획은 먼저 이메일이 외부인outsider에게 전송됐는지 또는 업무 시간 외에 외부에서 로그인을 했는지 여부 등 새로운 특성을 직접 만드는 것이다. 다음 아이디어는 사용자별로 다변량 시계열multivariate time series을 추출하는 것이다. 이 시계열은 벡터의 수열로 구성되며, 각 벡터는 하루 동안 발생한 특성의 횟수를 계산한다. 따라서 입력 데이터셋의 구조는 다음과 같다.

(# of users(사용자 수), total # of features examined per day(하루 동안 조사한 특성의 전체 수), # of days in the time series(시계열의 일(日) 수)).

그런 다음 각 사용자의 시계열을 평탄하게 하고 격리 포레스트를 사용해 이상을 탐지한다.

---

4 미군이 적의 입장(레드 팀)에서 아군인 블루 팀(blue team)을 공격하게 하고 여기서 드러난 취약점을 개선하는 데서 비롯된 용어다. 사이버 레드팀은 방어 수준을 강화하고자 실제 공격자의 관점에서 취약점을 평가한다. 다른 평가 방법과 비교했을 때 취약점 평가가 구성 요소별로 세분화된 취약점을 가능한 한 많이 식별하고, 침투 테스트가 지정된 범위에서 구체적인 공격 목표 달성이 가능한지 보안의 유효성을 검사한다면, 사이버 레드팀 평가는 현실적인 사이버 공격에 대한 탐지, 대응, 억제 역량을 검증하고 향상시킬 목적으로 고안했다. 다만 이는 절대적인 기준은 아니며, 1996년부터 정부, 군대, 산업계를 대상으로 평가를 수행해 온 미 산디아국립연구소 정보설계보증 레드팀(IDART)의 경우 설계 및 개발 단계를 포함한 시스템 생애주기 전반에 걸쳐 레드팀을 적용하는 방법론을 사용하고 있다. 출처: 이글루시큐리티 레드팀 기반 사이버 보안평가와 정보분석(https://bit.ly/36TqA82) – 옮긴이

내부자 위협 탐지를 위한 특성 공학

일반적으로 머신러닝 솔루션이 종단 간 딥러닝end-to-end deep learning에 의존하지 않을 때마다 통찰력 있고 유익한 특성을 만들어 성능을 향상시킬 수 있다. 이 레시피에서는 내부자 위협 탐지를 위해 몇 가지 유망한 새로운 특성을 만든다.

준비

이 레시피를 위한 준비는 pip로 pandas 패키지를 설치하는 것이다. 준비를 위한 명령어는 다음과 같다.

```
pip install pandas
```

이 외에도 ftp://ftp.sei.cmu.edu/pub/cert-data/r4.2.tar.bz2에서 CERT의 내부자 위협 데이터셋을 내려받는다. 데이터셋에 관한 더 많은 정보와 정답은 https://resources.sei.cmu.edu/library/asset-view.cfm?assetid=508099에서 확인할 수 있다.

실행 순서

이 레시피에서는 CERT 내부자 위협 데이터셋의 새로운 특성을 만든다.

1. numpy와 pandas를 들여오고 내려받은 데이터가 있는 위치를 지정한다.

```
import numpy as np
import pandas as pd

path_to_dataset = "./r42short/"
```

2. .csv 파일과 파일에서 읽을 열column을 지정한다.

```
log_types = ["device", "email", "file", "logon", "http"]
log_fields_list = [
```

```
            ["date", "user", "activity"],
            ["date", "user", "to", "cc", "bcc"],
            ["date", "user", "filename"],
            ["date", "user", "activity"],
            ["date", "user", "url"] ]
```

3. 여러 특성을 직접 조작하고 인코딩한 다음, 이를 추적할 수 있도록 딕셔너리로
   만든다.

```
features = 0
feature_map = {}
def add_feature(name):
    """ 인코딩할 특성을 딕셔너리에 추가한다. """
    if name not in feature_map:
        global features
        feature_map[name] = features
        features += 1
```

4. 사용할 특성을 딕셔너리에 추가한다.

```
add_feature("Weekday_Logon_Normal")
add_feature("Weekday_Logon_After")
add_feature("Weekend_Logon")
add_feature("Logoff")

add_feature("Connect_Normal")
add_feature("Connect_After")
add_feature("Connect_Weekend")
add_feature("Disconnect")

add_feature("Email_In")
add_feature("Email_Out")

add_feature("File_exe")
add_feature("File_jpg")
add_feature("File_zip")
add_feature("File_txt")
```

```
add_feature("File_doc")
add_feature("File_pdf")
add_feature("File_other")

add_feature("url")
```

5. 이동식 저장매체^{removable media}에 복사된 파일 유형을 기록하는 함수를 만든다.

```
def file_features(row):
    """ 사용된 파일의 확장자를 기록하는 특성을 만든다. """
    if row["filename"].endswith(".exe"):
        return feature_map["File_exe"]
    if row["filename"].endswith(".jpg"):
        return feature_map["File_jpg"]
    if row["filename"].endswith(".zip"):
        return feature_map["File_zip"]
    if row["filename"].endswith(".txt"):
        return feature_map["File_txt"]
    if row["filename"].endswith(".doc"):
        return feature_map["File_doc"]
    if row["filename"].endswith(".pdf"):
        return feature_map["File_pdf"]
    else:
        return feature_map["File_other"]
```

6. 직원이 회사 이메일 주소(@dtaa.com)가 아닌 이메일 주소로 이메일을 보냈는지
식별하는 함수를 만든다.

```
def email_features(row):
    """ 이메일이 외부로 전송됐는지 여부를 기록하는 특성을 만든다. """
    outsider = False
    if not pd.isnull(row["to"]):
        for address in row["to"].split(";"):
            if not address.endswith("dtaa.com"):
                outsider = True

    if not pd.isnull(row["cc"]):
```

```
        for address in row["cc"].split(";"):
            if not address.endswith("dtaa.com"):
                outsider = True

    if not pd.isnull(row["bcc"]):
        for address in row["bcc"].split(";"):
            if not address.endswith("dtaa.com"):
                outsider = True
    if outsider:
        return feature_map["Email_Out"]
    else:
        return feature_map["Email_In"]
```

7. 직원이 업무 이외의 시간에 이동식 저장매체를 사용했는지 여부를 기록하는 함수를 만든다.

```
def device_features(row):
    """ 사용자가 업무 또는 업무 이외의 시간에 연결 여부를 기록하는 특성을 만든다. """
    if row["activity"] == "Connect":
        if row["date"].weekday() < 5:
            if row["date"].hour >= 8 and row["date"].hour < 17:
                return feature_map["Connect_Normal"]
            else:
                return feature_map["Connect_After"]
        else:
            return feature_map["Connect_Weekend"]
    else:
        return feature_map["Disconnect"]
```

8. 직원이 업무 이외의 시간에 시스템에 로그인했는지 여부를 기록하는 함수를 만든다.

```
def logon_features(row):
    """ 사용자가 업무 또는 업무 이외의 시간에 로그인 여부를 기록한 특성을 만든다. """
    if row["activity"] == "Logon":
        if row["date"].weekday() < 5:
            if row["date"].hour >= 8 and row["date"].hour < 17:
```

```
                    return feature_map["Weekday_Logon_Normal"]
            else:
                    return feature_map["Weekday_Logon_After"]
        else:
            return feature_map["Weekend_Logon"]
    else:
        return feature_map["Logoff"]
```

9. 직원이 방문한 URL에 있는 정보는 이용하지 않는다.

```
def http_features(row):
    """ 방문한 URL을 인코딩한다. """
    return feature_map["url"]
```

10. 전체 타임스탬프가 아니라 이벤트가 발행한 날만 보존한다.

```
def date_to_day(row):
    """ 모든 날짜시간(full datetime)을 날짜(date)로만 변환한다. """
    day_only = row["date"].date()
    return day_only
```

11. 로그를 포함하고 있는 .csv 파일에 대해서 반복해 로그를 pandas 데이터프레임
    으로 읽어 들인다.

```
log_feature_functions = [
    device_features,
    email_features,
    file_features,
    logon_features,
    http_features,
]
dfs = []
for i in range(len(log_types)):
    log_type = log_types[i]
    log_fields = log_fields_list[i]
    log_feature_function = log_feature_functions[i]
```

```
         df = pd.read_csv(
              path_to_dataset + log_type + ".csv", usecols=log_fields, index_
     col=None
         )
```

12. 날짜^{date} 데이터를 pandas 타임스탬프^{timestamp}로 변환한다.

```
date_format = "%m/%d/%Y %H:%M:%S"
df["date"] = pd.to_datetime(df["date"], format=date_format)
```

13. 위에서 정의한 새로운 특성을 만든 다음, 날짜^{date}, 사용자^{user}, 새로운 특성을 제
    외한 모든 특성을 삭제한다.

```
new_feature = df.apply(log_feature_function, axis=1)
df["feature"] = new_feature
cols_to_keep = ["date", "user", "feature"]
df = df[cols_to_keep]
```

14. 날짜^{date}를 일^{day}로 변환한다.

```
df["date"] = df.apply(date_to_day, axis=1)
dfs.append(df)
```

15. 모든 데이터프레임을 하나로 만들고 날짜로 정렬한다.

```
joint = pd.concat(dfs)
joint = joint.sort_values(by="date")
```

레시피 설명

1단계에서 pandas와 numpy를 들여오고 데이터셋의 위치를 지정하는 변수를 만드는 것으
로 시작한다. CERT에서 사용할 수 있는 몇 가지 데이터셋이 있다. 버전 4.2는 조밀하고
예리한 데이터셋이므로 다른 데이터셋보다 내부자 위협이 발생할 확률이 높다는 것을 의

미한다. 데이터셋이 너무 커서 적어도 실험 단계에서는 데이터를 필터링하고 다운샘플링하는 것이 좋기 때문에 2단계에서 그렇게 한다. 이 레시피에서는 분류기가 내부자 위협을 탐지하는 데 도움이 될 것이라고 생각하는 특성을 만든다. 3단계에서 편의 함수를 만들어 특성을 인코딩해 딕셔너리로 추적할 수 있도록 한다. 4단계에서 추가할 특성의 이름을 지정한다. 5단계에서 이동식 저장매체에 복사된 파일의 유형을 추적하는 특성을 만든다. 아마도 이는 데이터 유출 범죄를 나타낼 것이다. 6단계에서 직원이 외부로 이메일을 보냈는지 여부를 추적하는 특성을 만든다. 7단계에서 직원이 업무 시간 이외에 이동식 저장매체 사용 여부를 추적하는 다른 특성을 만든다.

8단계에서 직원이 업무 시간 이외에 장치 로그인 여부를 추적하는 다른 특성을 만든다. 설명을 간단히 하고자 9단계에서 직원들이 방문한 URL은 사용하지 않지만 이 데이터는 악의적인 행동을 나타낼 수 있다.

다음으로 10단계에서 특성화된 데이터에서 전체 타임스탬프를 사용하지 않고 날짜만 사용하도록 데이터를 단순화한다. 11단계에서 데이터를 pandas 데이터프레임으로 읽는다. 그런 다음 12단계에서 pandas에 맞게 현재 날짜 형식을 수정한 뒤, 13단계에서 새로운 특성을 모두 모으고 이전 특성은 삭제한다. 14단계에서 데이터를 간격이 1일인 시계열로 변환한다. 마지막으로 15단계에서 모든 데이터를 정렬된 하나의 큰 데이터프레임으로 집계한다. 이제 특성 공학의 첫 번째 단계를 완료했다. 성능을 높이고 특성을 추가하기 위해 할 수 있는 일이 많다. 이를 위해 부정적인 감정negative sentiment이 있는 이메일 텍스트를 관찰하고 심리측정psychometrics을 사용해 성격을 분석할 수 있다.

내부자 위협에 이상 탐지 적용하기

유망한 새로운 특성을 만들었으므로 다음 단계는 훈련 데이터와 테스트 데이터로 분할하고, 데이터를 편리한 형태의 시계열로 처리한 후, 분류하는 것이다. 훈련 데이터와 테스트 데이터는 데이터셋을 일시적으로 절반으로 나눈 2개가 될 것이다. 이렇게 하면 훈련을 위한 입력의 구조는 평가 단계의 테스트를 위한 입력의 구조와 같다는 것을 쉽게 보장할 수 있다.

준비

이 레시피를 위한 준비는 pip로 scikit-learn, pandas, matplotlib, tabulate 패키지를 설치하는 것이다. 준비를 위한 명령어는 다음과 같다.

```
pip install sklearn pandas matplotlib tabulate
```

이 외에도 바로 이전 레시피의 데이터프레임을 가져오거나 이전 레시피가 끝난 곳에서 계속 진행해도 된다.

실행 순서

이 레시피에서는 특성화한 데이터를 시계열로 변환하고 격리 포레스트를 사용해 범죄를 탐지한다.

1. 레이블을 만들기 위한 준비로 모든 위협 행위자threat actor를 나열한다.

```
from tabulate import tabulate
print(tabulate(tabular_data=joint.head(20), headers=joint.columns,
tablefmt='psql'))
```

위협 행위자 상위 20명에 대한 목록은 다음과 같다.

```
+------+------------+---------+-----------+
|      | date       | user    | feature   |
|------+------------+---------+-----------|
|    0 | 2010-01-02 | MOH0273 |         6 |
| 1265 | 2010-01-02 | JDC0030 |        17 |
| 1264 | 2010-01-02 | AHC0142 |        17 |
| 1263 | 2010-01-02 | IAR0694 |        17 |
```

```
| 1262 | 2010-01-02 | AHC0142 |      17 |
| 1261 | 2010-01-02 | FKK0055 |      17 |
| 1260 | 2010-01-02 | AHC0142 |      17 |
| 1259 | 2010-01-02 | BRS0734 |      17 |
| 1258 | 2010-01-02 | IIW0249 |      17 |
| 1257 | 2010-01-02 | HPH0075 |      17 |
| 1256 | 2010-01-02 | AHC0142 |      17 |
| 1255 | 2010-01-02 | MOH0273 |      17 |
| 1254 | 2010-01-02 | MOH0273 |      17 |
| 1253 | 2010-01-02 | JDC0030 |      17 |
| 1252 | 2010-01-02 | BRS0734 |      17 |
| 1251 | 2010-01-02 | FOB0756 |      17 |
| 1250 | 2010-01-02 | BDI0533 |      17 |
| 1249 | 2010-01-02 | MOH0273 |      17 |
| 1235 | 2010-01-02 | AJR0319 |      17 |
| 1236 | 2010-01-02 | AJR0319 |      17 |
+------+------------+---------+-----------+
```

2. 그런 다음 날짜를 인덱싱한다.

```
start_date = joint["date"].iloc[0]
end_date = joint["date"].iloc[-1]
time_horizon = (end_date - start_date).days + 1


def date_to_index(date):
    """ 데이터셋의 시작 날짜부터 일 수를 계산해 날짜를 인덱싱한다. """
    return (date - start_date).days
```

3. 주어진 사용자의 시계열 정보를 추출하는 함수를 만든다.

```
def extract_time_series_by_user(user_name, df):
    """ 특정 사용자의 데이터프레임을 필터링한다. """
    return df[df["user"] == user_name]
```

4. 사용자의 시계열 정보를 벡터화하는 함수를 만든다.

```
def vectorize_user_time_series(user_name, df):
```

```
    """ 사용자의 특성 시퀀스를 벡터값 시계열로 변환한다. """
    user_time_series = extract_time_series_by_user(user_name, df)
    x = np.zeros((len(feature_map), time_horizon))
    event_date_indices = user_time_series["date"].apply(date_to_index).to_
numpy()
    event_features = user_time_series["feature"].to_numpy()
    for i in range(len(event_date_indices)):
        x[event_features[i], event_date_indices[i]] += 1
    return x
```

5. 모든 사용자의 특성 시계열을 벡터화하는 함수를 만든다.

```
def vectorize_dataset(df):
    """ 데이터셋을 특성화한다. """
    users = set(df["user"].values)
    X = np.zeros((len(users), len(feature_map), time_horizon))
    y = np.zeros((len(users)))
    for index, user in enumerate(users):
        x = vectorize_user_time_series(user, df)
        X[index, :, :] = x
        y[index] = int(user in threat_actors)
    return X, y
```

6. 데이터셋을 벡터화한다.

```
X, y = vectorize_dataset(joint)
```

7. 벡터화한 데이터를 훈련 데이터와 테스트 데이터로 분할한다.

```
from sklearn.model_selection import train_test_split

X_train, X_test, y_train, y_test = train_test_split(X, y, stratify=y)
```

8. 벡터화된 데이터의 구조를 바꾼다reshape.

```
X_train_reshaped = X_train.reshape(
```

```
        [X_train.shape[0], X_train.shape[1] * X_train.shape[2]]
    )
    X_test_reshaped = X_test.reshape([X_test.shape[0], X_test.shape[1] * X_test.
    shape[2]])
```

9. 훈련 데이터셋과 테스트 데이터셋을 위협threat과 정상non-threat으로 분할한다.

```
    X_train_normal = X_train_reshaped[y_train == 0, :]
    X_train_threat = X_train_reshaped[y_train == 1, :]
    X_test_normal = X_test_reshaped[y_test == 0, :]
    X_test_threat = X_test_reshaped[y_test == 1, :]
```

10. 격리 포레스트 분류기를 정의하고 인스턴스화한다.

```
    from sklearn.ensemble import IsolationForest

    contamination_parameter = 0.035

    IF = IsolationForest(
        n_estimators=100,
        max_samples=256,
        contamination=contamination_parameter
    )
```

11. 격리 포레스트 분류기를 훈련 데이터에 적합한다.

```
    IF.fit(X_train_reshaped)
```

12. 훈련 데이터의 정상 행위자에 대한 의사결정 점수decision score 그래프를 그린다.

```
    normal_scores = IF.decision_function(X_train_normal)

    import matplotlib as mpl
    import matplotlib.font_manager as fm
    path = "C:/Windows/Fonts/malgun.ttf"
    # Mac에서 Apple SD 고딕 Neo 폰트의 경로
    # path ='/System/Library/Fonts/AppleSDGothicNeo.ttc'
```

```
fontprop1 = fm.FontProperties(fname=path, size=10)
fontprop2 = fm.FontProperties(fname=path, size=20)
# 그래프에서 마이너스 폰트 깨지는 문제에 대한 대처
mpl.rcParams['axes.unicode_minus'] = False

import matplotlib.mlab as mlab
import matplotlib.pyplot as plt

fig = plt.figure(figsize=(8, 4), dpi=600, facecolor="w", edgecolor="k")

normal = plt.hist(normal_scores, 50, density=True)

plt.xlim((-0.2, 0.2))
plt.xlabel("이상값 점수", fontproperties=fontprop1)
plt.ylabel("백분율", fontproperties=fontprop1)
plt.title("정상 행위자에 대한 이상값 점수 분포", fontproperties=fontprop2)
```

결과는 아래 화면과 같다.

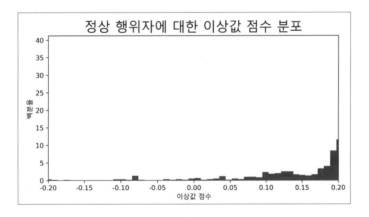

13. 훈련 데이터의 위협 행위자에 대해서도 같은 작업을 수행한다.

```
anomaly_scores = IF.decision_function(X_train_threat)

fig = plt.figure(figsize=(8, 4), dpi=600, facecolor="w", edgecolor="k")
anomaly = plt.hist(anomaly_scores, 50, density=True)
```

```
plt.xlim((-0.2, 0.2))
plt.xlabel("이상값 점수", fontproperties=fontprop1)
plt.ylabel("백분율", fontproperties=fontprop1)
plt.title("위협 행위자에 대한 이상값 점수 분포", fontproperties=fontprop2)
```

결과는 아래 화면과 같다.

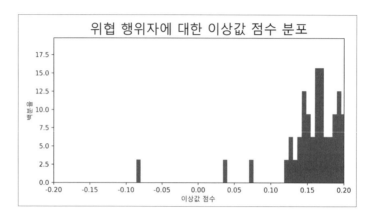

14. 차단값cut-off 점수를 선택한다.

```
cutoff = 0.12
```

15. 훈련 데이터에 대한 차단값 결과를 확인한다.

```
from collections import Counter

s = IF.decision_function(X_train_reshaped)

y_trinaed_counter = Counter(y_train[cutoff > s])
y_trinaed_counter['정상 행위자'] = y_trinaed_counter.pop(0.0)
y_trinaed_counter['위협 행위자'] = y_trinaed_counter.pop(1.0)

print(f"컷오프 {cutoff}일 때 훈련 데이터셋에 대한 예측 결과\n")
for u, v in y_trinaed_counter.items():
    print(f"{u}는 {v:3}명")
```

결과는 다음과 같다.

컷오프 0.12일 때 훈련 데이터셋에 대한 예측 결과

정상 행위자는 **104**명
위협 행위자는   **3**명

---

16. 테스트 데이터에 대해 차단값에 대한 결과를 측정한다.

```
s = IF.decision_function(X_test_reshaped)

y_tested_counter = Counter(y_test[cutoff > s])
y_tested_counter['정상 행위자'] = y_tested_counter.pop(0.0)
y_tested_counter['위협 행위자'] = y_tested_counter.pop(1.0)

print(f"컷오프 {cutoff}일 때 테스트 데이터셋에 대한 예측 결과\n")
for u, v in y_tested_counter.items():
    print(f"{u}는 {v:3}명")
```

결과는 다음과 같다.

컷오프 0.12일 때 테스트 데이터셋에 대한 예측 결과

정상 행위자는   **34**명
위협 행위자는   **3**명

레시피 설명

이전 레시피에서 특성 공학 단계를 완료했으므로 계속해서 모델을 만든다. 1단계에서 다음 단계를 위한 준비로 모든 위협 행위자를 나열한다. 2단계에서 날짜에 대해 인덱스를 만드는데 0은 시작 날짜, 그 다음날은 1에 해당한다. 다음 3~5단계에서 전체 데이터셋에서 시계열 데이터를 읽는 함수를 만들고, 각 사용자별로 필터링한 다음, 각 사용자에 대한 시계열을 벡터화한다. 6단계에서 데이터셋을 벡터화한 다음, 7단계에서 훈련 데이터와 테스트 데이터로 분할한다. 격리 포레스트 분류기에 데이터를 공급할 수 있도록 8단계에서

데이터의 구조를 바꾼다. 9단계에서 매개변수를 조정할 수 있도록 데이터를 정상과 위협으로 분할한다. 10단계에서 격리 포레스트 분류기를 인스턴스화한 다음, 11단계에서 데이터에 적합한다. 오염 매개변수contamination parameter의 경우 위협 행위자 대 정상 행위자의 비율에 해당하는 값을 사용한다.

다음 12~14단계에서 정상 행위자와 위협 행위자에 대한 격리 포레스트의 의사결정 점수를 조사하고, 검사를 통해 0.12의 차단값이 정상 행위자에 대해 너무 많은 플래그flag를 만들지 않으면서도 많은 비율의 위협 행위자를 탐지한다고 결론 내린다. 마지막으로 15~16단계에서 성능을 평가한 결과, 약간의 오탐지가 있지만 다수의 내부자 위협을 탐지한다는 것을 알 수 있다. 비율이 너무 높지 않으므로 분류기는 그럴 듯한 위협을 분석가에게 알리는 데 큰 도움이 될 수 있다.

▍ 분산 서비스 거부 공격 탐지

DDoS 또는 분산 서비스 거부Distributed Denial of Service는 다른 출처의 트래픽이 피해자가 감당할수 없는 트래픽을 초과하게 만들어 서비스를 중단하게 만드는 공격이다. DDoS 공격에는 많은 유형이 있지만 주로 응용 프로그램 수준, 프로토콜, 용량volumetric 공격의 세 가지가 일반적인 범주에 속한다. 오늘날 DDoS 방어 대부분은 수동manual이다. 특정 IP 주소나 도메인domain을 식별한 다음 차단block한다. DDoS 봇이 더욱 정교해짐에 따라 이런 접근 방식은 시대에 뒤떨어지고 있다. 머신러닝은 유망한 자동화 솔루션을 제공한다.

이 레시피에서 사용하는 데이터는 CSE-CIC-IDS2018, CICIDS2017, CIC DoS 데이터셋(2017)을 부표집subsampling한 것이다. 이 데이터는 정상 대 DDoS 트래픽의 현실적인 비율을 유지하도록 정상 트래픽 80%와 DDoS 트래픽 20%로 구성돼 있다.

준비

이 레시피를 위한 준비는 pip로 scikit-learn, pandas 패키지를 설치하는 것이다. 준비를 위한 명령어는 다음과 같다.

```
pip install sklearn pandas
```

이 외에도 ddos_dataset.7z 압축 파일을 푼다.

실행 순서

이 레시피에서는 DDoS 트래픽을 탐지하고자 랜덤 포레스트 분류기를 훈련한다.

1. pandas를 들여오고 코드에서 읽을 열의 데이터 유형을 지정한다.

```python
import pandas as pd

features = [
    "Fwd Seg Size Min",
    "Init Bwd Win Byts",
    "Init Fwd Win Byts",
    "Fwd Seg Size Min",
    "Fwd Pkt Len Mean",
    "Fwd Seg Size Avg",
    "Label", "Timestamp",
]

dtypes = {
    "Fwd Pkt Len Mean": "float",
    "Fwd Seg Size Avg": "float",
    "Init Fwd Win Byts": "int",
    "Init Bwd Win Byts": "int",
    "Fwd Seg Size Min": "int",
    "Label": "str",
}
```

```
date_columns = ["Timestamp"]
```

2. 데이터셋이 들어 있는 .csv 파일을 읽는다.

```
df = pd.read_csv(
    "ddos_dataset.csv",
    usecols=features,
    dtype=dtypes,
    parse_dates=date_columns,
    index_col=None
)
```

3. 날짜별로 데이터를 정렬한다.

```
df2 = df.sort_values("Timestamp")
```

4. 더 이상 필요하지 않은 날짜 열을 삭제한다.

```
df3 = df2.drop(columns=["Timestamp"])
```

5. 날짜 열을 삭제한 데이터한 훈련 데이터 80%와 테스트 데이터 20%로 분할한다.

```
l = len(df3.index)
train_df = df3.head(int(l * 0.8))
test_df = df3.tail(int(l * 0.2))
```

6. 레이블을 준비한다.

```
y_train = train_df.pop("Label").values
y_test = test_df.pop("Label").values
```

7. 특성 벡터feature vector를 준비한다.

```
X_train = train_df.values
X_test = test_df.values
```

8. 랜덤 포레스트 분류기를 들여와 인스턴스화한다.

```
from sklearn.ensemble import RandomForestClassifier

clf = RandomForestClassifier(n_estimators=50)
```

9. 훈련 데이터에 랜덤 포레스트 분류기를 적합하고, 테스트 데이터로 점수를 계산한다.

```
clf.fit(X_train, y_train)
score = clf.score(X_test, y_test)
print(f"랜덤 포레스트 분류기 성능: {score*100:.4f} %")
```

결과는 다음과 같다.

```
랜덤 포레스트 분류기 성능: 83.2620 %
```

레시피 설명

데이터셋이 크기 때문에 모든 데이터를 들여오는 것도 많은 계산이 필요하다. 이런 이유로 1단계에서 가장 유망하다고 생각하는 특성의 부분집합을 지정하고, 나중에 변환할 필요가 없도록 데이터 유형을 기록하는 것으로 시작한다. 다음으로 2단계에서 데이터를 데이터프레임으로 읽어 들인다. 문제는 미래의 이벤트를 예측하는 것이므로 3~4단계에서 날짜별로 데이터를 정렬한 다음, 더 이상 사용하지 않을 것이므로 날짜 열을 삭제한다. 다음 두 단계에서 시간적 진행temporal progression을 염두에 두고 훈련 데이터와 테스트 데이터를 분할한다. 그런 다음 8~9단계에서 랜덤 포레스트 분류기를 인스턴스화하고 적합한 뒤테스트한다. 응용에 따라 달성한 정확도는 좋은 출발점이 된다. 성능 향상을 위한 유망한 방법은 출처source IP 주소와 대상destination IP 주소를 사용하는 것이다. 그 이유는 직관적으로 연결의 시작점이 DDoS의 일부와 상당한 관련이 있어야 하기 때문이다.

▋ 신용카드 이상거래 탐지

신용카드 회사는 고객이 구매하지 않은 물품에 대해 비용을 청구하지 않도록 사기 거래 fraudulent transaction를 모니터링해야 한다. 이런 데이터는 매우 불균형한 것으로 독특한데 이 레시피에서 사용할 데이터에는 전체 거래의 0.172%가 사기 거래다. 이 데이터에는 주성 분 분석 변환의 결과인 숫자 입력 변수numeric input variable와 시간Time 및 금액Amount 특성만 있 다. 시간 특성은 각 거래와 데이터셋의 첫 번째 거래 사이에 경과된 초 단위 시간이다. 금 액 특성은 거래 금액으로 비용에 민감한 학습cost-sensitive learning에 사용할 특성이다. 클래스 Class 특성은 응답 매개변수response parameter로 사기인 경우 1이며 다른 경우는 0이다.

그렇다면 사례에 의존하고example-dependent 비용에 민감한 학습이란 무엇인가? 각각의 분류 유형과 관련된 비용을 생각해 보자. 프로그램이 사기 거래를 식별하지 못한다면 돈을 낭 비할 뿐만 아니라 신용카드 소유자는 거래 금액을 전부 변상해야 한다. 프로그램이 어떤 지불을 사기라고 판단하면 거래가 중단된다. 이런 상황에서 신용카드 소유자에게 연락해 야 하므로 관리 비용이 발생하며 (거래를 정확하게 사기로 레이블링했다면) 신용카드를 재발급 해야 하거나 (거래가 실제로 정상인 경우라면) 정지를 해제해야 한다. 설명을 간단하게 하고자 관리 비용은 항상 일정하다고 가정한다. 시스템이 거래가 유효하다고 판단하면 거래는 자 동적으로 승인되고 요금이 부과되지 않는다. 이로 인해 각 예측 시나리오와 관련해 다음 과 같은 비용이 발생한다.

	사기 y = 1	정상 y = 0
사기로 예측 y_pred = 1	정탐(TP, True Positive) 비용 = 관리 비용	오탐(False Positive) 비용 = 관리 비용
정상으로 예측 y_pred = 0	미탐(FN, False Negative) 비용 = 거래 금액	정탐(TN, True Negative) 비용 = 0원

대부분의 시나리오와는 달리 우리의 관심은 정확도나 정밀도 또는 재현율보다도 위의 고 려 사항에서 전체 비용을 최소화하는 것이다.

준비

이 레시피를 위한 준비는 pip로 scikit-learn, pandas, matplotlib, costcla 패키지를 설치하는 것이다. 준비를 위한 명령어는 다음과 같다.

```
pip install sklearn pandas matplotlib costcla
```

이 외에도 https://www.kaggle.com/mlg-ulb/creditcardfraud/version/3에서 신용카드 거래 데이터셋을 내려받는다.

실행 순서

이 레시피에서는 신용카드 거래 데이터에 costcla 라이브러리를 사용하는 사례에 의존하고 비용에 민감한 분류기를 만든다.

1. pandas를 들여와 거래와 관련된 데이터를 데이터프레임으로 읽어 들인다.

```
import pandas as pd

fraud_df = pd.read_csv("FinancialFraudDB.csv", index_col=None)
```

2. 비용을 오탐과 미탐으로 설정한다.

```
card_replacement_cost = 5
customer_freeze_cost = 3
```

3. 수치에 해당하는 비용 행렬cost matrix을 정의한다.

```
import numpy as np

cost_matrix = np.zeros((len(fraud_df.index), 4))
cost_matrix[:, 0] = customer_freeze_cost * np.ones(len(fraud_df.index))
```

```
cost_matrix[:, 1] = fraud_df["Amount"].values
cost_matrix[:, 2] = card_replacement_cost * np.ones(len(fraud_df.index))
```

4. 레이블과 특성 행렬^{feature matrix}를 만든다.

```
y = fraud_df.pop("Class").values
X = fraud_df.values
```

5. 훈련 데이터와 테스트 데이터로 분할한 데이터셋을 만든다.

```
from sklearn.model_selection import train_test_split

sets = train_test_split(X, y, cost_matrix, test_size=0.25, random_state=11)
X_train, X_test, y_train, y_test, cost_matrix_train, cost_matrix_test = sets
```

6. 의사결정 트리를 들여와 훈련 데이터에 적합한 다음 테스트 데이터로 예측한다.

```
from sklearn import tree

y_pred_test_dt = tree.DecisionTreeClassifier().fit(X_train, y_train).
predict(X_test)
```

7. 비용-민감 의사결정 트리^{cost-sensitive decision tree}를 들여와 훈련 데이터에 적합한 다음 테스트 데이터로 예측한다.

```
from costcla.models import CostSensitiveDecisionTreeClassifier

y_pred_test_csdt = \
    CostSensitiveDecisionTreeClassifier().fit(X_train, y_train,
    cost_matrix_train).predict(X_test)
```

8. 두 모델의 비용 절감 점수^{saving score}를 계산한다.

```
from costcla.metrics import savings_score
```

```
core_dt = savings_score(y_test, y_pred_test_dt, cost_matrix_test)
score_csdt = savings_score(y_test, y_pred_test_csdt, cost_matrix_test)
print(f"사례-의존 의사결정 트리 모델 성능: {score_dt*100:.4} %")
print(f"비용-민감 의사결정 트리 모델 성능: {score_csdt*100:.4} %")
```

결과는 다음과 같다.

```
사례-의존 의사결정 트리 모델 성능: 53.96 %
비용-민감 의사결정 트리 모델 성능: 62.52 %
```

레시피 설명

1단계는 단순히 데이터를 가져오는 것이다. 2단계에서 예상 신용카드 교체 비용을 기준으로 관리 비용을 설정한다. 또한 모든 거래가 검증될 때까지 고객의 금융 거래를 동결하는 사업비도 추정한다. 실제로 신용카드 회사나 사업 사용 사례business use case에 적합한 정확한 수치를 얻어야 한다. 우리가 정의한 매개변수를 사용해 3단계에서 신용카드 교체와 고객 금융 거래 동결에 대한 사업 중단 등을 고려한 관리 비용 행렬을 정의한다. 4~5단계에서 데이터를 훈련 데이터와 테스트 데이터로 분할한다. 다음으로 일반 분류기와 비교했을 때 사례에 의존하고 비용에 민감한 분류기가 어떻게 작동하는지 살펴본다. 이를 위해 6단계에서 간단한 분류기를 인스턴스화하고 훈련한 다음 테스트 데이터로 예측한다. 그러고 나서 7단계에서 costcla 라이브러리의 비용에 민감한 랜덤 포레스트 모델 사용해 같은 작업을 반복한다. 마지막으로 8단계에서 costcla 라이브러리의 savings_score 함수를 사용해 비용 행렬과 함께 y_pred와 y_true를 사용하는 비용 절감 점수를 계산한다. 숫자가 높을수록 절감 비용이 커진다. 따라서 비용에 민감한 랜덤 포레스트 모델이 일반 모델보다 성능이 좋은 것을 알 수 있다.

▌ 위조지폐 탐지

위조지폐counterfeit money는 주나 정부의 법적 제재 없이 만들어진 화폐로 일반적으로 화폐를 모방해 사용자를 속이려는 의도로 만든 것이다. 이 레시피에서 진짜 지폐와 가짜 지폐를 구별하고자 머신러닝 분류기를 훈련한다.

준비

이 레시피를 위한 준비는 pip로 scikit-learn, pandas, tabulate 패키지를 설치하는 것이다. 준비를 위한 명령어는 다음과 같다.

```
pip install sklearn pandas tabulate
```

이 외에도 UCI 머신러닝 저장소 https://archive.ics.uci.edu/ml/datasets/banknote+authentication에서 지폐 인증banknote authentication 데이터셋을 내려받는다.

실행 순서

이 레시피에서는 레이블링된 위조지폐와 합법적인 지폐 데이터셋을 내려받아 위조지폐를 탐지하기 위한 분류기를 만든다.

1. 레이블링된 진짜 지폐와 위조지폐 데이터셋을 얻는다.
2. pandas를 사용해 지폐 데이터셋을 읽는다.

```
import pandas as pd

df = pd.read_csv("data_banknote_authentication.txt", header=None)
df.columns = ["0", "1", "2", "3", "label"]

print(tabulate(tabular_data=df.head(), headers=df.columns, tablefmt='psql'))
```

결과는 다음과 같다.

```
+----+---------+---------+---------+----------+---------+
|    |       0 |       1 |       2 |        3 | label |
|----+---------+---------+---------+----------+---------|
|  0 | 3.6216  |  8.6661 | -2.8073 | -0.44699 |     0 |
|  1 | 4.5459  |  8.1674 | -2.4586 | -1.4621  |     0 |
|  2 | 3.866   | -2.6383 |  1.9242 |  0.10645 |     0 |
|  3 | 3.4566  |  9.5228 | -4.0112 | -3.5944  |     0 |
|  4 | 0.32924 | -4.4552 |  4.5718 | -0.9888  |     0 |
+----+---------+---------+---------+----------+---------+
```

3. 훈련 데이터와 테스트 데이터를 분할한다.

```
from sklearn.model_selection import train_test_split

df_train, df_test = train_test_split(df)
```

4. 특성과 레이블을 배열로 수집한다.

```
y_train = df_train.pop("label").values
X_train = df_train.values
y_test = df_test.pop("label").values
X_test = df_test.values
```

5. 랜덤 포레스트 분류기를 인스턴스화한다.

```
from sklearn.ensemble import RandomForestClassifier

clf = RandomForestClassifier()
```

6. 분류기를 훈련하고 테스트한다.

```
clf.fit(X_train, y_train)
score = clf.score(X_test, y_test)

print(f"랜덤 포레스트 분류기 모델의 성능: {score*100:.4f} %")
```

결과는 다음과 같다.

랜덤 포레스트 분류기 모델의 성능: 99.7085 %

레시피 설명

위조 솔루션counterfeiting solution의 가장 큰 잠재력은 대규모 데이터셋 이미지를 확보해 딥러닝 기술을 사용하는 것이다. 그러나 이 레시피처럼 데이터셋이 상대적으로 작은 경우에는 특성 공학이 반드시 필요하다. 1~2단계에서 데이터셋을 pandas로 읽어 들이는 것으로 문제 해결을 시작한다. 이 데이터셋의 경우 이미지에서 특성을 추출하고자 웨이브릿 변환wavelet transform 도구를 사용한다. 다음으로 3~4단계에서 데이터를 훈련 데이터와 테스트 데이터로 분할하고 배열로 모은다. 마지막으로 5~6단계에서 기본 분류기를 데이터셋에 적합하고 테스트한다. 99.7%의 높은 점수는 이 데이터셋에서 추출한 특성이 진짜 지폐와 위조지폐를 구별할 수 있다는 것을 보여 준다.

▌ 머신러닝을 사용한 광고 차단

광고 차단ad blocking은 웹 브라우저나 응용 프로그램에서 온라인 광고를 제거하거나 변경하는 작업이다. 이 레시피에서는 머신러닝으로 광고를 탐지해 광고를 차단하고 번거롭지 않게 인터넷을 검색할 수 있다.

준비

이 레시피를 위한 준비는 pip로 scikit-learn, pandas 패키지를 설치하는 것이다. 준비를 위한 명령어는 다음과 같다.

```
pip install sklearn pandas
```

이 외에도 UCI 머신러닝 저장소 https://archive.ics.uci.edu/ml/datasets/internet+
advertisements에서 인터넷 광고[internet advertisements] 데이터셋을 내려받는다.

실행 순서

이 레시피에서는 머신러닝을 사용해 광고를 차단한다.

1. 인터넷 광고 데이터셋을 수집한다.

2. pandas를 사용해 데이터를 데이터프레임으로 읽어 들인다.

```
import pandas as pd

df = pd.read_csv("ad.data", header=None)
df.rename(columns={1558: "label"}, inplace=True)
```

3. 결측값[missing value]이 있다는 의미에서 데이터가 더럽고[dirty] 결측값을 갖고 있는 모든 행을 찾는다.

```
improper_rows = []
for index, row in df.iterrows():
    for col in df.columns:
        val = str(row[col]).strip()
        if val == "?":
            improper_rows.append(index)
```

4. 결측값이 있는 경우 다음 코드를 사용해 결측값이 있는 행을 삭제하는 것이 좋다.

```
df = df.drop(df.index[list(set(improper_rows))])
```

5. 레이블을 수치형으로 변환한다.

```
def label_to_numeric(row):
    """ 레이블을 이진화한다. """
    if row["label"] == "ad.":
        return 1
    else:
        return 0

df["label"] = df.apply(label_to_numeric, axis=1)
```

6. 데이터프레임을 훈련 데이터와 테스트 데이터로 분할한다.

```
from sklearn.model_selection import train_test_split

df_train, df_test = train_test_split(df)
```

7. 데이터를 특성 배열feature array과 레이블 배열label array로 변환한다.

```
y_train = df_train.pop("label").values
y_test = df_test.pop("label").values
X_train = df_train.values
X_test = df_test.values
```

8. 랜덤 포레스트 분류기를 인스턴스화하고 훈련한다.

```
from sklearn.ensemble import RandomForestClassifier

clf = RandomForestClassifier()
clf.fit(X_train, y_train)
```

9. 테스트 데이터로 분류기의 점수를 계산한다.

```
score = clf.score(X_test, y_test)

print(f"랜덤 포레스트 모델의 성능: {score*100:.4f} %")
```

결과는 다음과 같다.

랜덤 포레스트 모델의 성능: 97.4576 %

레시피 설명

원치 않는 광고를 차단하고자 데이터셋을 들여오는 것으로 레시피를 시작한다. 이 레시피에서 사용하는 데이터는 특성 공학으로 처리됐다. 2단계에서 데이터를 데이터프레임으로 읽어 들인다. 이 데이터를 보면 1,588개의 수치형 특성과 광고 또는 비광고 레이블로 구성돼 있다는 것을 알 수 있다.

```
[1]: import pandas as pd

     df = pd.read_csv("ad.data", header=None)
     df.rename(columns={1558: "label"}, inplace=True)
     df.head(10)

c:\users\honors\miniconda3\envs\python3\lib\site-packages\IPython\core\interactiveshell.py:3147: Dty
peWarning: Columns (3) have mixed types.Specify dtype option on import or set low_memory=False.
  interactivity=interactivity, compiler=compiler, result=result)
```

[1]:	0	1	2	3	4	5	6	7	8	9	...	1549	1550	1551	1552	1553	1554	1555	1556	1557	label
0	125	125	1.0	1	0	0	0	0	0	0	...	0	0	0	0	0	0	0	0	0	ad.
1	57	468	8.2105	1	0	0	0	0	0	0	...	0	0	0	0	0	0	0	0	0	ad.
2	33	230	6.9696	1	0	0	0	0	0	0	...	0	0	0	0	0	0	0	0	0	ad.
3	60	468	7.8	1	0	0	0	0	0	0	...	0	0	0	0	0	0	0	0	0	ad.
4	60	468	7.8	1	0	0	0	0	0	0	...	0	0	0	0	0	0	0	0	0	ad.
5	60	468	7.8	1	0	0	0	0	0	0	...	0	0	0	0	0	0	0	0	0	ad.
6	59	460	7.7966	1	0	0	0	0	0	0	...	0	0	0	0	0	0	0	0	0	ad.
7	60	234	3.9	1	0	0	0	0	0	0	...	0	0	0	0	0	0	0	0	0	ad.
8	60	468	7.8	1	0	0	0	0	0	0	...	0	0	0	0	0	0	0	0	0	ad.
9	60	468	7.8	1	0	0	0	0	0	0	...	0	0	0	0	0	0	0	0	0	ad.

10 rows × 1559 columns

특성은 이미지의 기하학적 구조와 URL의 문장, 이미지의 URL, 대체 텍스트, 앵커anchor[5] 텍스트, 앵커 텍스트 주변의 단어를 인코딩한다. 우리의 목표는 이미지가 광고ad인지 아닌지를 예측하는 것이다. 3~4단계에서 결측값을 가진 행을 삭제해 데이터를 정제한다. 일반적으로 평균이나 가장 흔한 값 등을 사용하는 것과 같이 다른 기술을 사용해 결측값을 대체하는 것이 타당할 수도 있다. 5단계에서 대상target을 수치형으로 변환한다. 그러고 나서 6~7단계에서 학습 준비를 위해 데이터를 훈련 데이터와 테스트 데이터로 분할한다. 마지막으로 8~9단계에서 기본 분류기를 데이터에 적합하고 테스트한다. 그 결과는 이 특성들이 높은 판별력을 제공한다는 것을 보여 준다.

최신 접근 방식은 광고를 다루고자 화면 이미지에 딥러닝을 사용하는 것이다. 이 접근 방식은 매우 유망하지만 지금까지 딥러닝의 적대적 민감도adversarial sensitivity 때문에 성공하지 못했다. 현장에서 적대적 공격adversarial attack에 대한 강건성robustness이 향상됨에 따라 딥러닝 기반 광고 차단기가 일반화될 수 있다.

▋ 무선 실내 위치추적

해커가 어떤 집 앞에서 차를 주차시켜 놓고 악의적인 목적으로 그 집의 네트워크를 해킹하는 이야기는 아주 유명하다. 이런 이야기가 이 시나리오가 친숙하며 동기가 될 수 있겠지만 집 안의 사용자만 허용하거나 기업 환경의 경우에는 지정된 영역에서만 네트워크 권한을 지정하는 것이 가장 좋은 상황이 많다. 이 레시피에서 와이파이 신호를 기반으로 개체의 위치를 알아내고자 머신러닝을 사용한다. 이 레시피에서 사용하는 데이터셋은 스마트폰에서 볼 수 있는 7개의 와이파이 신호의 강도signal strength를 관찰하면서 실내에서 수집됐다. 4개의 방 중 하나가 의사결정 요인decision factor이다.

---

5 하이퍼텍스트 마크업 언어(HTML)로 작성된 하이퍼텍스트 문서에서 텍스트의 일부분이나 아이콘, 기타 요소를 그 문서 내의 다른 요소 또는 다른 하이퍼텍스트 문서 내의 다른 요소와 연결하는 하이퍼텍스트 링크(또는 하이퍼링크(hyperlink))로 식별하는 데 사용되는 꼬리표(tag). 하이퍼텍스트 앵커는 텍스트 문서 내에 간직되는데, 〈a〉로 시작되고 〈/a〉로 끝난다. 〈a〉와 〈/a〉 사이에 들어 있는 단어나 텍스트, 아이콘 등의 요소가 하이퍼텍스트 링크의 핫스폿(hotspot)이 된다. 출처: 정보통신용어사전 – 옮긴이

준비

이 레시피를 위한 준비는 pip로 scikit-learn, pandas 패키지를 설치하는 것이다. 준비를 위한 명령어는 다음과 같다.

```
pip install sklearn pandas
```

이 외에도 UCI 머신러닝 저장소 https://archive.ics.uci.edu/ml/datasets/Wireless+Indoor+Localization에서 무선 실내 위치wireless indoor localization dataset 데이터셋을 내려받는다.

실행 순서

이 레시피에서는 머신러닝을 사용해 와이파이 신호를 기반으로 개체의 위치를 추적한다.

1. 관심 지역의 다른 위치에서 와이파이 신호 강도 데이터셋을 수집한다.
2. pandas를 사용해 데이터를 데이터프레임으로 읽어 들인다.

```
import pandas as pd

df = pd.read_csv("wifi_localization.txt", sep="\t", header=None)
df = df.rename(columns={7: "room"})
```

3. 데이터프레임을 훈련 데이터와 테스트 데이터로 분할한다.

```
from sklearn.model_selection import train_test_split

df_train, df_test = train_test_split(df)
```

4. 특성과 레이블을 배열로 변환한다.

```
y_train = df_train.pop("room").values
y_test = df_test.pop("room").values
X_train = df_train.values
X_test = df_test.values
```

5. 랜덤 포레스트 분류기를 인스턴스화한다.

```
from sklearn.ensemble import RandomForestClassifier

clf = RandomForestClassifier()
```

6. 분류기를 훈련 데이터에 적합한다.

```
clf.fit(X_train, y_train)
```

7. 테스트 데이터로 예측하고 혼동 행렬을 출력한다.

```
y_pred = clf.predict(X_test)

from sklearn.metrics import confusion_matrix

print(confusion_matrix(y_test, y_pred))
```

결과는 다음과 같다.

```
[[121   0   0   0]
 [  0 119   2   0]
 [  0   3 132   1]
 [  0   0   0 122]]
```

레시피 설명

1단계는 관심 지역의 다른 위치에서 수집한 와이파이 신호 강도 데이터셋을 수집하는 것으로 구성된다. GPS가 있는 전화기를 들고 방을 걸어 다니면서 와이파이 강도를 기록하는 스크립트를 실행하는 것만으로도 쉽게 수집할 수 있다. 2단계에서 데이터를 데이터프레임으로 읽어 들인 다음, 대상 열$^{target\ column}$의 이름을 room으로 바꿔 무엇을 의미하는지 알 수 있게 한다. 3단계에서 학습을 위한 준비로 데이터를 훈련 데이터와 테스트 데이터로 분할한다. 4단계에서 특성과 레이블을 배열로 변환한다. 마지막으로 5~6단계에서 기본 분류기를 훈련하고 테스트한다. 모델의 성능이 매우 높다는 것을 확인한다. 이는 이전에 해당 지역을 학습한 경우, 수신할 수 있는 와이파이 신호의 강도를 기반으로 장치의 위치를 추적하는 것이 어려운 일이 아니라는 것을 보여 준다.

머신러닝으로
데이터 보호 및 공격하기

7장에서는 데이터를 보호하고 공격하고자 **머신러닝**ML, Machine Learning을 적용하는 방법을 알아본다. 머신러닝을 사용해 패스워드의 강도를 평가하는 방법과 반대로 딥러닝을 사용해 패스워드를 크랙하는 방법을 다룬다. 마찬가지로 스테가노그라피steganography를 사용해 잘 보이는 곳plain sight에 메시지를 숨기는 방법뿐만 아니라 머신러닝을 사용해 스테가노그라피를 탐지하는 방법을 살펴본다. 또한 AI를 사용하는 **물리적 복제 방지**PUF, Physically Unclonable Function를 공격하고자 하드웨어 보안hardware security과 함께 머신러닝을 적용한다.

7장에서는 다음과 같은 레시피를 설명한다.

- 머신러닝을 사용하는 패스워드 보안 평가
- 패스워크 크랙을 위한 딥러닝
- 딥 스테가노그라피
- 머신러닝 기반 스테가노그라피 분석
- 물리적 복제 방지에 대한 머신러닝 공격
- 딥러닝을 사용하는 암호화
- HIPAA 데이터 침해 – 데이터 탐색 및 시각화

▌ 기술 요구 사항

7장에서는 다음과 같은 라이브러리를 사용한다.

- PyTorch
- TensorBoardX
- XGBoost
- scikit-learn
- pandas
- TensorFlow
- Keras
- Octave

설치 명령과 코드는 https://github.com/PacktPublishing/Machine-Learning-for-Cybersecurity-Cookbook/tree/master/Chapter07에서 확인할 수 있다.

머신러닝을 사용하는 패스워드 보안 평가

패스워드 크래킹password cracking은 보안 시스템의 패스워드를 찾기 위한 체계적인 노력이다. 크래킹에는 일반적인 패스워드 또는 (문자 O를 숫자 0으로 대체하거나 단어를 거꾸로 쓰는 것과 같이) 영리하게 만든 후보 패스워드를 사용하거나 단순한 무작위 대입 검색을 사용할 수 있다. 패스워드 크랙을 어렵게 하려면 강한 패스워드를 선택해야 한다.

준비

이 레시피를 위한 준비는 pip로 pandas와 scikit-learn, xgboost 패키지를 설치하는 것이다. 준비를 위한 명령어는 다음과 같다.

```
pip install pandas sklearn xgboost
```

이 외에도 PasswordDataset.7z 압축 파일을 푼다.

실행 순서

이 레시피에서는 패스워드의 데이터셋과 패스워드 강도의 레이블을 읽고 패스워드의 강도를 평가하는 분류기를 만든다.

1. pandas를 들여오고 패스워드를 데이터프레임으로 읽어 들인다.

```
import pandas as pd
df = pd.read_csv(
    "passwordDataset.csv", dtype={"password": "str", "strength": "int"},
index_col=None
)
```

2. 데이터를 무작위로 섞는다.

```python
df = df.sample(frac=1)
```

3. 데이터프레임을 훈련 데이터프레임과 테스트 데이터프레임 2개로 분할한다.

```python
l = len(df.index)
train_df = df.head(int(l * 0.8))
test_df = df.tail(int(l * 0.2))
```

4. 필요한 레이블과 특성 데이터를 만든다.

```python
y_train = train_df.pop("strength").values
y_test = test_df.pop("strength").values
X_train = train_df.values.flatten()
X_test = test_df.values.flatten()
```

5. 문자열string을 문자로 분할하는 함수를 만든다.

```python
def character_tokens(input_string):
    """ 문자열을 문자로 나눈다. """
    return [x for x in input_string]
```

6. 패스워드의 문자에 대해 TF-IDF를 수행할 파이프라인을 만들고 경사 부스팅 gradient boosting 분류기를 적용한다.

```python
from sklearn.pipeline import Pipeline
from sklearn.feature_extraction.text import TfidfVectorizer
from xgboost import XGBClassifier

password_clf = Pipeline(
    [("vect", TfidfVectorizer(tokenizer=character_tokens)), ("clf",
XGBClassifier()),]
)
```

7. 파이프라인을 훈련하고 테스트한다.

```
password_clf.fit(X_train, y_train)
score = password_clf.score(X_test, y_test)

print(f"XGBoost 분류기 모델의 성능: {score*100:.4f}%")
```

결과는 다음과 같다.

```
XGBoost 분류기 모델의 성능: 98.0318%
```

8. 한 변수에는 널리 사용되는 패스워드를 저장하고, 다른 변수에는 컴퓨터로 생성
해 엔트로피가 높은 패스워드를 저장한다.

```
common_password = "qwerty"
strong_computer_generated_password = "c9lCwLBFmdLbG6iWla4H"
```

9. 분류기가 예측한 두 패스워드의 강도를 확인한다.

```
strengths = password_clf.predict([common_password, strong_computer_generated_
password])
print(f"{common_password}의 강도: {strengths[0]}")
print(f"{strong_computer_generated_password}의 강도: {strengths[1]}")
```

결과는 다음과 같다.

```
qwerty의 강도: 0
c9lCwLBFmdLbG6iWla4H의 강도: 2
```

레시피 설명

1단계에서 pandas를 들여온 다음, 데이터를 데이터프레임으로 읽어 들이는 것으로 시작한다. 이 데이터에는 패스워드password와 패스워드 강도password strength 두 가지 항목field이 있다. 패스워드 강도는 세 가지 난이도로 구성돼 있다. 2단계에서 더 강건한 훈련을 위해 데이터를 섞는다. 3단계에서 데이터프레임을 80:20으로 분할한 다음, 4단계에서 특성과 레이블을 배열로 변환한다. 5단계에서 패스워드를 단어가 아닌 문자로 토큰화tokenize하고자 패스워드 문자열을 문자로 분할한다. 이렇게 하면 분류기는 패스워드 데이터셋에 대해 세분화된 정보를 배울 수 있다. 6단계에서 패스워드의 문자에 대해 자연어 처리를 수행하고자 파이프라인을 만들고 XGBoost 분류기를 사용한다. 다음으로 7단계에서 분류기를 훈련하고 테스트한다. 이와 같이 다소 주관적인 작업인 경우 분류기의 성능이 반드시 높은 점수나 낮은 점수로 반영되지 않는다.

훈련을 마친 후 분류기의 성능에 관해 온전성 검사sanity check/실증 테스트demonstration를 수행한다. 8단계에서 가장 흔한 패스워드 중 하나와 패스워드 관리 시스템을 사용해 만든 패스워드 하나를 선택한다. 9단계에서 분류기가 실제로 흔하게 사용되는 패스워드를 약한 것(강도 0)으로, 강한 패스워드를 강한 것(강도 2)으로 분류한 것을 알 수 있다. 성공이다.

▌ 패스워드 크랙을 위한 딥러닝

존 더 리퍼John the Ripper와 같은 현대식 패스워드 검사 도구를 사용하면 해커는 불과 몇 초 안에 수십억 개의 패스워드를 테스트할 수 있다. 이런 도구를 사용하면 해커는 일반 패스워드 사전에 있는 모든 패스워드를 시도할 수 있을 뿐만 아니라 연접concatenation(예: password1234), 릿스피크leetspeak[1](예: p4s5w0rd), 다른 유망한 기술을 사용해 이런 패스워드를 자동으로 변환할 수도 있다. 이런 기술들은 유망하지만 추가로 유망한 변환을 찾는

---

[1] 숫자나 부호를 조합해서 만든 인터넷 속어. - 옮긴이

것은 어려운 일이다. PassGAN이라고 하는 머신러닝 시스템은 **생성적 적대 신경망**을 사용하고 (실제로 유출된 패스워드 말뭉치에서 수집한) 실제 패스워드의 대규모 데이터셋을 관찰해이런 규칙을 자동으로 배우고 높은 확률로 후보 패스워드를 만든다. 이 레시피에서는 유출된 패스워드 말뭉치로 PasGAN을 훈련하고 PassGAN을 사용해 후보 패스워드를 만든다.

이 레시피는 GPU가 장착된 컴퓨터가 필요하다.

준비

이 레시피를 위한 준비 단계는 다음과 같다.

1. PassGAN 저장소를 복사하고자 다음 명령어를 실행한다.

```
git clone https://github.com/emmanueltsukerman/PassGAN.git
```

2. 데이터셋을 data 디렉터리로 옮겨 놓는다. 예를 들어 유명한 rockyou 패스워드 데이터셋을 내려받고자 다음 명령어를 실행한다.

```
curl -L -o data/train.txt https://github.com/brannondorsey/PassGAN/releases/
download/data/rockyou-train.txt
```

위 명령어를 실행하면 다음과 같은 내용이 표시돼야 한다.

이 외에도 CUDA 8이 설치돼 있어야 한다. **pip**로 필요한 패키지를 설치하고자 다음 명령어를 실행한다.

```
pip install -r requirements.txt
```

실행 순서

이 레시피에서는 유출된 패스워드 말뭉치로 PassGAN을 훈련한 다음, 이를 사용해 새로운 패스워드 후보를 만든다.

1. 다음 명령어를 실행해 데이터셋으로 신경망을 훈련한다.

```
python train.py --output-dir output --training-data data/train.txt
```

2. 다음 명령어를 실행해 패스워드 후보 10만 개를 만든다.

```
python sample.py --input-dir pretrained --checkpoint pretrained/
checkpoints/195000.ckpt --output gen_passwords.txt --batch-size 1024 --num-
samples 100000
```

화면에는 다음과 같은 내용이 표시돼야 한다.

레시피 설명

1단계에서 바로 신경망을 훈련함으로써 이 레시피를 시작한다. 필요에 따라 몇 가지 플래그를 훈련에 사용할 수 있다. 이제 모델을 훈련했으므로 2단계에서 모델이 만든 10만 개의 패스워드 목록을 출력한다. 이 패스워드가 가능성 있는 패스워드를 지능적으로 추측하는 역할을 한다. 2단계의 출력을 살펴보면 아래 화면과 같은 패스워드를 확인할 수 있다.

```
emmanueltsukerman@instance-2:~/PassGAN$ head -10 gen_passwords.txt
149032
9101ja
namalo
harrien
teugaj
0122060
notch
yudla1
0105263
mariosa
```

이제 이 패스워드를 패스워드 크랙을 위한 후보로 사용할 수 있다.

추가 정보

PassGAN에 관한 원 논문은 https://arxiv.org/abs/1709.00440에서 찾을 수 있다.

▌ 딥 스테가노그라피

스테가노그라피steganography는 메시지, 즉 비밀secret을 파일이나 텍스트, 이미지 또는 비디오와 같은 다른 매체(이를 덮개cover라고 함)에 숨기는 기술이다. 비밀을 덮개 밑에 숨긴 결과를 **컨테이너**container라고 한다. 이 레시피에서 심층 신경망을 사용해 비밀을 숨기고 드러내는 방법을 만든다. 덮개의 최하위 비트LSB, Least Significant Bit에 비밀을 인코딩하는 일반적인 스테가노그라피 방법과는 달리 딥러닝은 비밀을 모든 비트에 분산시킨다.

준비

이 레시피에서는 GPU가 필요하다.

실행 순서

1. 다음 명령어를 사용해 저장소를 복사한다.

   ```
   git clone https://github.com/emmanueltsukerman/PyTorch-Deep-Image-
   Steganography.git
   ```

2. 미리 훈련한 모델을 준비한다.

   ```
   cat ./checkPoint/netH.tar.gz* | tar -xzv -C ./checkPoint/
   ```

3. example_pics 디렉터리에 비밀 이미지secret image와 덮개 이미지를 준비한다.
   아래 이미지를 덮개 이미지cover image로 사용한다.

아래 이미지를 비밀 이미지로 사용한다.

4. 미리 훈련한 모델을 실행해 컨테이너 이미지와 재구성된 비밀reconstructed secret을
   만든다.

```
CUDA_VISIBLE_DEVICES=0 python main.py ?test=./example_pics
```

출력의 첫 번째 부분은 아래 화면처럼 표시된다.

```
maxxxxxxxxxxxxxxxxxxxxxxx-21:~/pytorch-Deep-Image-Steganography$ CUDA_VISIBLE_DEVICES=0 python3 main.py --test=./example_pics
namespace (Hnet='', Rnet='', batchSize=32, beta=0.75, beta1=0.5, cuda=True, dataset='train', debug=False, decay_round=10, hostname='instance-2', imageSize=256, logFrequency=10, lr=0.001, ngpu=1, nl
ayer=100, outckpts='./training/instance-2_2019-05-11-14_25_31/checkPoints', outcodes='./training/instance-2_2019-05-11-14_25_31/codes', outlogs='./training/instance-2_2019-05-11-14_25_31/trainingLo
gs', remark='', resultPicFrequency=100, test='./example_pics', testPics='./training/instance-2_2019-05-11-14_25_31/testPics', trainpics='./training/instance-2_2019-05-11-14_25_31/trainPics', valid
ationpics='./training/instance-2_2019-05-11-14_25_31/validationPics', workers=8)
UnetGenerator(
  (model): UnetSkipConnectionBlock(
    (model): Sequential(
      (0): Conv2d(6, 64, kernel_size=(4, 4), stride=(2, 2), padding=(1, 1), bias=False)
      (1): UnetSkipConnectionBlock(
        (model): Sequential(
          (0): LeakyReLU(negative_slope=0.2, inplace)
          (1): Conv2d(64, 128, kernel_size=(4, 4), stride=(2, 2), padding=(1, 1), bias=False)
          (2): BatchNorm2d(128, eps=1e-05, momentum=0.1, affine=True, track_running_stats=True)
          (3): UnetSkipConnectionBlock(
            (model): Sequential(
              (0): LeakyReLU(negative_slope=0.2, inplace)
              (1): Conv2d(128, 256, kernel_size=(4, 4), stride=(2, 2), padding=(1, 1), bias=False)
              (2): BatchNorm2d(256, eps=1e-05, momentum=0.1, affine=True, track_running_stats=True)
              (3): UnetSkipConnectionBlock(
                (model): Sequential(
                  (0): LeakyReLU(negative_slope=0.2, inplace)
                  (1): Conv2d(256, 512, kernel_size=(4, 4), stride=(2, 2), padding=(1, 1), bias=False)
                  (2): BatchNorm2d(512, eps=1e-05, momentum=0.1, affine=True, track_running_stats=True)
                  (3): UnetSkipConnectionBlock(
                    (model): Sequential(
                      (0): LeakyReLU(negative_slope=0.2, inplace)
                      (1): Conv2d(512, 512, kernel_size=(4, 4), stride=(2, 2), padding=(1, 1), bias=False)
                      (2): BatchNorm2d(512, eps=1e-05, momentum=0.1, affine=True, track_running_stats=True)
                      (3): UnetSkipConnectionBlock(
                        (model): Sequential(
                          (0): LeakyReLU(negative_slope=0.2, inplace)
                          (1): Conv2d(512, 512, kernel_size=(4, 4), stride=(2, 2), padding=(1, 1), bias=False)
                          (2): BatchNorm2d(512, eps=1e-05, momentum=0.1, affine=True, track_running_stats=True)
                          (3): UnetSkipConnectionBlock(
                            (model): Sequential(
                              (0): LeakyReLU(negative_slope=0.2, inplace)
                              (1): Conv2d(512, 512, kernel_size=(4, 4), stride=(2, 2), padding=(1, 1), bias=False)
                              (2): ReLU(inplace)
                              (3): ConvTranspose2d(512, 512, kernel_size=(4, 4), stride=(2, 2), padding=(1, 1), bias=False)
                              (4): BatchNorm2d(512, eps=1e-05, momentum=0.1, affine=True, track_running_stats=True)
                            )
                          )
                          (4): ReLU(inplace)
                          (5): ConvTranspose2d(1024, 512, kernel_size=(4, 4), stride=(2, 2), padding=(1, 1), bias=False)
                          (6): BatchNorm2d(512, eps=1e-05, momentum=0.1, affine=True, track_running_stats=True)
```

출력의 두 번째 부분은 아래 화면처럼 표시된다.

```
              )
              (4): ReLU(inplace)
              (5): ConvTranspose2d(1024, 512, kernel_size=(4, 4), stride=(2, 2), padding=(1, 1), bias=False)
              (6): BatchNorm2d(512, eps=1e-05, momentum=0.1, affine=True, track_running_stats=True)

              (4): ReLU(inplace)
              (5): ConvTranspose2d(1024, 256, kernel_size=(4, 4), stride=(2, 2), padding=(1, 1), bias=False)
              (6): BatchNorm2d(256, eps=1e-05, momentum=0.1, affine=True, track_running_stats=True)
            )
            (4): ReLU(inplace)
            (5): ConvTranspose2d(512, 128, kernel_size=(4, 4), stride=(2, 2), padding=(1, 1), bias=False)
            (6): BatchNorm2d(128, eps=1e-05, momentum=0.1, affine=True, track_running_stats=True)
          )
          (4): ReLU(inplace)
          (5): ConvTranspose2d(256, 64, kernel_size=(4, 4), stride=(2, 2), padding=(1, 1), bias=False)
          (6): BatchNorm2d(64, eps=1e-05, momentum=0.1, affine=True, track_running_stats=True)
        )
      )
      (2): ReLU(inplace)
      (3): ConvTranspose2d(128, 3, kernel_size=(4, 4), stride=(2, 2), padding=(1, 1))
      (4): Sigmoid()
    )
  )
)
Total number of parameters: 41832067
RevealNet(
  (main): Sequential(
    (0): Conv2d(3, 64, kernel_size=(3, 3), stride=(1, 1), padding=(1, 1))
    (1): BatchNorm2d(64, eps=1e-05, momentum=0.1, affine=True, track_running_stats=True)
    (2): ReLU(inplace)
    (3): Conv2d(64, 128, kernel_size=(3, 3), stride=(1, 1), padding=(1, 1))
    (4): BatchNorm2d(128, eps=1e-05, momentum=0.1, affine=True, track_running_stats=True)
    (5): ReLU(inplace)
    (6): Conv2d(128, 256, kernel_size=(3, 3), stride=(1, 1), padding=(1, 1))
    (7): BatchNorm2d(256, eps=1e-05, momentum=0.1, affine=True, track_running_stats=True)
    (8): ReLU(inplace)
    (9): Conv2d(256, 128, kernel_size=(3, 3), stride=(1, 1), padding=(1, 1))
    (10): BatchNorm2d(128, eps=1e-05, momentum=0.1, affine=True, track_running_stats=True)
    (11): ReLU(inplace)
    (12): Conv2d(128, 64, kernel_size=(3, 3), stride=(1, 1), padding=(1, 1))
    (13): BatchNorm2d(64, eps=1e-05, momentum=0.1, affine=True, track_running_stats=True)
    (14): ReLU(inplace)
    (15): Conv2d(64, 3, kernel_size=(3, 3), stride=(1, 1), padding=(1, 1))
    (16): Sigmoid()
  )
)
```

출력의 마지막 부분은 아래 화면처럼 표시된다.

```
Total number of parameters: 742659
######################################################## test begin ########################################################
main.py:450: UserWarning: volatile was removed and now has no effect. Use `with torch.no_grad():` instead.
  concat_imgv = Variable(concat_img, volatile=True)  # concat_img as input of Hiding net
main.py:451: UserWarning: volatile was removed and now has no effect. Use `with torch.no_grad():` instead.
  cover_imgv = Variable(cover_img, volatile=True)  # cover_imgv as label of Hiding net
tensor(0.0003, device='cuda:0', grad_fn=<MseLossBackward>)
main.py:461: UserWarning: volatile was removed and now has no effect. Use `with torch.no_grad():` instead.
  secret_imgv = Variable(secret_img, volatile=True)  # secret_imgv as label of R-net
validation[0] val_Hloss = 0.000278     val_Rloss = 0.000178     val_Sumloss = 0.000412  validation time=6.41
######################## test end ########################
################## test is completed, the result pic is saved in the ./training/yourcompuer+time/testPics/  #######################
```

5. training 디렉터리의 결과를 확인한다. 다음과 같은 이미지를 볼 수 있다.

첫 번째: 덮개 이미지, 두 번째: 컨테이너 이미지, 세 번째: 비밀 이미지, 네 번째: 재구성된 비밀 이미지

레시피 설명

1단계에서 딥 스테가노그라피 프로젝트 저장소를 복사한다. 이 프로젝트의 이론과 구현에 대한 배경은 논문 Hiding Images in Plain Sight: Deep Steganography(https://papers.nips.cc/paper/6802-hiding-images-in-plain-sight-deep-steganography)에서 찾을 수 있다.

기본 아이디어는 **숨김망**H-net, Hiding network과 **공개망**R-net, Reveal network이 있는데, 두 신경망이 대립해서 훈련하는 것이다. 2단계에서 미리 훈련된 모델을 준비한다. 여기서 사용하는 모델은 ImageNet의 이미지 45,000개로 훈련한 것으로 이미지 5,000개로 평가했다. 모든 이미지는 정규화를 하지 않고 256×256 크기로 조정됐으며, 훈련과 평가에는 NVIDIA GTX 1080Ti GPU 한 장으로 24시간 걸렸다. 다음으로 3단계에서 덮개 이미지와 비밀 이미지를 선택한다. 여러분이 갖고 있는 이미지를 사용해도 된다. 4~5단계에서 모델을 실행해 컨테이너 이미지(숨겨진 비밀 이미지를 갖고 있는 이미지)를 만들고 결과 이미지를 만든다. 컨테이너 이미지와 덮개 이미지는 사람 눈으로 구별할 수 없으며, 이는 덮개 이미지에 비밀 이미지를 숨겼다는 것을 누구도 알 수 없다는 것을 보여 준다.

▮ 머신러닝 기반 스테가노그라피 분석

스테가노그라피의 주요 기술 중 하나는 이미지 픽셀의 **최하위 비트**LSB, Least Significant Bits를 메시지 비트로 수정하는 방법으로 이미지에 메시지를 숨기는 것이다. 그 결과 사람의 눈으로 원래의 이미지와 구별할 수 없는 메시지가 들어 있는 이미지가 만들어진다. 이미지 픽셀의 LSB를 변경하는 것은 픽셀 값의 매우 작은 값, 즉 메시지 비트에 맞춰 0을 1로 또는 1을 0으로 바꾸므로 시각적으로 원래의 이미지와 거의 비슷한 이미지가 만들어진다.

LSB를 사용하는 방법에는 두 가지가 있다.

- 첫 번째 방법은 LSB를 대체replacement하는 단순한 방법naïve method이다. 이 방법에서 LSB가 메시지 비트와 같으면 LSB는 바뀌지 않고, 같지 않으면 메시지 비트로 바꾼다. 따라서 홀수 값 픽셀은 1만큼 강도intensity가 줄어드는 반면에 짝수 값 픽셀은 1만큼 강도가 증가한다. 그러나 이는 이미지 픽셀 값에 대한 히스토그램의 불균형을 만들기 때문에 통계적 방법을 사용하는 스테가노그라피 분석steganalysis으로 쉽게 탐지할 수 있다.
- 두 번째 방법은 LSB를 정합matching하는 방법이다. LSB가 메시지 비트와 같지 않은 경우 픽셀 값을 무작위로 1을 증가시키거나 감소시켜 첫 번째 방법의 문제점을 해결한다. 이 방법은 히스토그램의 불균형 문제를 피하고 간단한 통계 방법만 사용하는 스테가노그라피 분석을 어렵게 만든다.

다음은 LSB 스테가노그라피의 예다.

아래 이미지는 덮개 이미지다.

아래 이미지는 비밀 이미지다.

아래 이미지는 컨테이너 이미지다.

아래 이미지는 복구된 비밀 이미지다.

준비

이 레시피는 리눅스에서 실행하는 것이 좋다. 준비 단계는 다음과 같다.

1. octave와 octave 패키지 image와 signal을 설치한다.

   ```
   sudo apt install octave octave-image octave-signal
   ```

2. 다음 명령어를 실행해 aletheia 저장소를 복사한다.

   ```
   git clone https://github.com/emmanueltsukerman/aletheia.git
   ```

3. 다음 명령어를 실행해 BOSS 데이터셋을 내려받는다.

   ```
   wget http://dde.binghamton.edu/download/ImageDB/BOSSbase_1.01.zip
   ```

   그레이스케일 이미지grayscale image의 데이터베이스를 검색할 수 있다.

4. 데이터셋 파일의 압축을 풀고 디렉터리의 이름을 BOSSbase로 바꾼다.

```
unzip BOSSbase_1.01.zip
```

편의를 위해 가공한 데이터셋 bossbase.7z와 bossbase_lsb.7z 파일을 저장소에서 찾을 수 있다.

실행 순서

이 레시피에서는 LSB 데이터셋을 준비한 다음, 이미지에 LSB 스테가노그라피 이미지가 있는지 탐지하고자 머신러닝 모델을 훈련하고 테스트한다.

1. 다음 명령어를 실행해 LSB 데이터베이스를 만든다.

```
python aletheia.py lsbm-sim bossbase 0.40 bossbase_lsb
```

실행 결과로 BOSS 이미지가 들어 있는 bossbase_lsb 디렉터리가 만들어진다. LSB 정합 시뮬레이터를 사용해 LSB 데이터베이스를 만든다.

2. 다음 명령어를 실행해 BOSS 데이터셋을 특성화한다.

```
./aletheia.py srm bossbase bossbase.fea
```

3. 다음 명령어를 실행해 LSB 데이터셋을 특성화한다.

```
./aletheia.py srm bossbase_lsb bossbase_lsb.fea
```

이후의 단계는 편의상 파이썬 환경에서 실행할 수 있다.

4. 추출한 특성의 경로를 가리키는 변수를 만든다.

```
bossbase_features_path = "bossbase.fea"
bossbase_lsb_features_path = "bossbase_lsb.fea"
```

```
features_with_labels = [(bossbase_features_path, 0), (bossbase_lsb_features_
path, 1)]
```

5. 특성과 레이블을 수집하고 배열에 저장한다.

```
X = []
y = []
for feature_path, label in features_with_labels:
    with open(feature_path, "r") as f:
        for line in f:
            fv = line.split()
            X.append(fv)
            y.append(label)
```

6. 배열에 저장한 특성과 레이블을 훈련 데이터와 테스트 데이터로 분할한다.

```
from sklearn.model_selection import train_test_split

X_train, X_test, y_train, y_test = train_test_split(
    X, y, test_size=0.2, random_state=11
)
```

7. 랜덤 포레스트 분류기를 인스턴스화하고 훈련한다.

```
from sklearn.ensemble import RandomForestClassifier

clf = RandomForestClassifier()
clf = clf.fit(X_train, y_train)
```

8. 테스트 데이터로 분류기의 점수를 계산한다.

```
print(f'확률 포레스트 분류기의 정확도: {clf.score(X_test, y_test)*100:.2f} %')
```

결과는 다음과 같다.

```
확률 포레스트 분류기의 정확도: 85.00 %
```

레시피 설명

1단계에서 알레테이아Aletheia 소프트웨어를 사용해 대규모 LSB 스테가노그라피 컨테이너 이미지 데이터셋을 구축하는 것으로 레시피를 시작한다. 알레테이아는 다양한 기능을 제공한다. 인수 없이 다음 명령어를 실행한다.

```
$ ./aletheia.py
```

위의 명령어는 아래와 같이 aletheia에 대한 정보를 출력한다.

```
./aletheia.py <command>
COMMANDS:
Attacks to LSB replacement:
- spa: Sample Pairs Analysis.
- rs: RS attack.
ML-based detectors:
- esvm-predict: Predict using eSVM.
- e4s-predict: Predict using EC.
Feature extractors:
- srm: Full Spatial Rich Models.
- hill-maxsrm: Selection-Channel-Aware Spatial Rich Models for HILL.
- srmq1: Spatial Rich Models with fixed quantization q=1c.
- scrmq1: Spatial Color Rich Models with fixed quantization q=1c.
- gfr: JPEG steganalysis with 2D Gabor Filters.
Embedding simulators:
- lsbr-sim: Embedding using LSB replacement simulator.
- lsbm-sim: Embedding using LSB matching simulator.
- hugo-sim: Embedding using HUGO simulator.
- wow-sim: Embedding using WOW simulator.
- s-uniward-sim: Embedding using S-UNIWARD simulator.
- j-uniward-sim: Embedding using J-UNIWARD simulator.
- j-uniward-color-sim: Embedding using J-UNIWARD color simulator.
- hill-sim: Embedding using HILL simulator.
- ebs-sim: Embedding using EBS simulator.
- ebs-color-sim: Embedding using EBS color simulator.
- ued-sim: Embedding using UED simulator.
```

- ued-color-sim: Embedding using UED color simulator.
- nsf5-sim: Embedding using nsF5 simulator.
- nsf5-color-sim: Embedding using nsF5 color simulator.
Model training:
- esvm: Ensemble of Support Vector Machines.
- e4s: Ensemble Classifiers for Steganalysis.
- xu-net: Convolutional Neural Network for Steganalysis.
Unsupervised attacks:
- ats: Artificial Training Sets.
Naive attacks:
- brute-force: Brute force attack using a list of passwords.
- hpf: High-pass filter.
- imgdiff: Differences between two images.
- imgdiff-pixels: Differences between two images (show pixel values).
- rm-alpha: Opacity of the alpha channel to 255.

2~3단계에서 알레테이아의 srm 명령어를 사용해 일반 이미지와 컨테이너 이미지의 특성을 추출한다. srm 명령어는 전체적이고 공간적으로 풍부한 특성셋을 추출한다. 다른 대체 특성도 사용할 수 있다. 다음으로 4단계에서 데이터셋의 경로를 가리키는 변수를 만든 다음, 5단계에서 특성과 레이블을 배열로 수집한다. 6~8단계에서 데이터를 훈련 데이터와 테스트 데이터로 분할하고 분류기를 훈련한 다음, 모델을 테스트한다. 균형을 맞춘 데이터셋에서 성능이 85% 정도라는 것은 특성이 일반 이미지와 컨테이너 이미지를 구별하는 데 도움이 된다는 것을 보여 준다. 즉 머신러닝으로 스테가노그라피를 탐지할 수 있다고 결론 내릴 수 있다.

▌ 물리적 복제 방지에 대한 머신러닝 공격

고전 암호 시스템은 전자 장치를 보호하고자 몇 가지 방법을 제공한다. 이런 방법들은 공격자에게 알려지지 않은 디지털 정보를 영구적으로 저장하는 장치로 인해 비밀 키secret key와 고비용 자원에 의존한다. 실제로 이 정보를 비밀로 유지하기 어렵다. 이 문제를 해결하고자 평가는 빠르지만 예측하기 어려운 출력을 만드는 물리적 장치인 물리적 복제 방지PUF, Physically Clonable Function가 발명됐다.

PUF를 사용해 인증하려면 **시도-응답 쌍**CRPs, Challenge-Response Pairs 데이터베이스를 구축해야 한다. 시도challenge는 1100101...01과 같이 길이 n인 이진 문자열binary string이고 응답response 은 길이가 m인 다른 이진 문자열이다. 미지의 장치가 위에서 언급한 PUF인지 확인하려 면 실제로 이 장치에 여러 시도를 하면서 올바른 응답을 하는지 확인하는 과정을 해당 장 치가 똑같은 PUF라는 목표 확률에 도달할 때까지 반복해야 한다. PUF 자체를 100% 신뢰 할 수 없으며, 똑같은 시도라도 다양한 환경 조건과 잡음으로 인해 다른 응답을 할 수 있다.

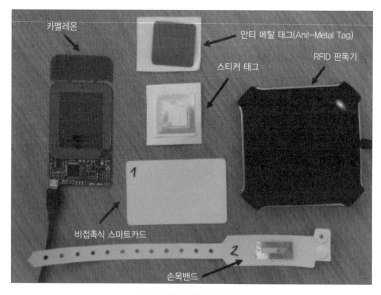

PUF-기반 상용 RFID 태그

이 레시피에서는 머신러닝을 사용해 특정 PUF를 공격한다. 이 분야는 계속 발전하고 있 으며, 더 안전한 다른 PUF뿐만 아니라 머신러닝을 사용해 PUF의 신뢰성과 보안을 향상 시키는 방법이 제안되고 있다.

준비

이 레시피를 위한 준비는 pip로 pandas와 scikit-learn, xgboost 패키지를 설치하는 것이다. 준비를 위한 명령어는 다음과 같다.

```
pip install pandas sklearn xgboost
```

이 외에도 CRPDataset.csv 데이터셋 파일이 필요하다.

실행 순서

이 레시피에서는 머신러닝으로 PUF를 크랙한다.

1. CRP 데이터셋 CRPDataset.csv를 들여온다.

```
import pandas as pd

df = pd.read_csv("CRPdataset.csv")
```

데이터는 (X, y)쌍으로 이뤄져 있으며, 여기서 X는 64비트 길이 이진 문자열로 된 시도challenge이고, y는 1비트 이진수인 응답response이다.

2. pandas 데이터프레임에서 특성과 레이블을 Numpy 배열로 변환한다.

```
y = df.pop("Label").values
X = df.values
```

3. 특성과 레이블을 훈련 데이터와 테스트 데이터로 분할한다.

```
from sklearn.model_selection import train_test_split

X_train, X_test, y_train, y_test = train_test_split(
    X, y, test_size=0.25, random_state=11
```

)

4. XGBoost 분류기를 인스턴스화하고 훈련한다.

```
from xgboost import XGBClassifier

clf = XGBClassifier()
clf.fit(X_train, y_train)

score = clf.score(X_train, y_train)

print(f"훈련 데이터셋에 대한 XGBoost 분류기 모델의 성능: {score*100:.4f} %")
```

결과는 다음과 같다.

훈련 데이터셋에 대한 **XGBoost** 분류기 모델의 성능: 99.7667 %

5. 분류기를 테스트한다.

```
score_test = clf.score(X_test, y_test)

print(f"훈련 데이터셋에 대한 XGBoost 분류기 모델의 성능: {score_test*100:.4f} %")
```

결과는 다음과 같다.

훈련 데이터셋에 대한 **XGBoost** 분류기 모델의 성능: 57.0333 %

레시피 설명

1단계에서 CRP 데이터셋을 데이터프레임으로 읽어 들이는 것으로 시작한다. 2단계에서 특성과 레이블을 X와 y의 Numpy 배열로 만든다. 다음으로 3단계에서 X와 y를 훈련 데이터와 테스트 데이터로 분할한 다음 4~5단계에서 CRP로 분류기를 훈련하고 테스트한다.

성능을 근거로 머신러닝으로 PUF 시도를 정확하게 예측할 수 있다는 것을 알 수 있다. 이는 훈련한 모델을 사용하는 PUF 소프트웨어를 만들어 (가짜) 인증에 사용할 수 있다는 것을 의미한다.

추가 정보

이 레시피에서 가공되지 않은 원래의 데이터셋은 https://archive.ics.uci.edu/ml/datasets/Physical+Unclonable+Functions에서 구할 수 있다. 추가적인 정보는 논문 A Machine Learning−Based Security Vulnerability Study on XOR PUFs for Resource−Constraint Internet of Things, by Aseeri, A. O., Zhuang, Y., and Alkatheiri, M. S. (July 2018) in 2018 IEEE International Congress on Internet of Things (ICIOT) (pp. 49−56). IEEE에서 확인할 수 있다.

▐ 딥러닝을 사용하는 암호화

암호화encryption는 무단 액세스를 방지하고자 정보를 코드로 변환하는 과정이다. 이 레시피에서는 콘볼루션 신경망을 사용해 데이터를 암호화하고 복호화decryption한다.

준비

이 레시피를 위한 준비는 pip로 click, keras, tensorflow, tqdm 패키지를 설치하는 것이다. 준비를 위한 명령어는 다음과 같다.

```
pip install click keras tensorflow tqdm
```

이 외에도 저장소를 복사하고자 다음 명령어를 실행한다.

```
git clone https://github.com/emmanueltsukerman/convcrypt.git
```

실행 순서

이 레시피에서는 ConvCrypt를 사용해 이미지를 암호화한다.

1. 암호화하려는 이미지나 파일에 대해 encrypt.py를 실행한다.

```
python encrypt.py --input_file "input file path" --output_file "encrypted file
path" --key_file "key file name"
```

위 코드의 결과는 아래 화면과 같이 표시된다.

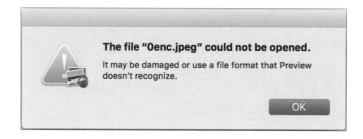

파일이 암호화됐는지 확인하려면 파일을 열어 보면 된다. 파일이 암호화돼 열어
볼 수 없다는 것을 알 수 있다.

2. 파일을 복호화하려면 암호화된 파일과 키 파일에 대해 decrypt.py 파일을 실행
한다.

```
python decrypt.py --input_file "encrypted file path" --output_file
"reconstructed file path" --key_file "key file name"
```

출력은 원래의 파일이다.

레시피 설명

1단계에서 ConvCrypt를 사용해 이미지를 암호화하는 것으로 시작한다. ConvCrypt는 n-차원 콘볼루션 신경망을 사용하는 개념 증명PoC, Proof of Concept을 위한 실험용 암호화 알고리듬이다. 현재 ConvCrypt는 3차원 콘볼루션만 지원한다. 그런 다음 2단계에서 암호화를 되돌려 결과가 원래의 파일인지 확인한다. 성공이다!

ConvCrypt 알고리듬에 관심이 있는 독자를 위해 조금 더 설명하면 ConvCrypt 알고리듬이 가장 먼저 하는 일은 데이터를 블록으로 분리하는 것이다. 그런 다음 3D 컨볼루션에 대한 키가 만들어진다. 즉 키는 무작위로 만들어진 비트의 입방체로 데이터 블록과 크기가 같다. 마지막으로 콘볼루션 신경망은 키와 각 데이터 블록이 서로 얽히도록 훈련해 각 데이터 블록은 자체적으로 훈련한 네트워크를 갖는다. 결과로 나온 암호화된 데이터는 각 네트워크의 가중값(커널 텐서kernel tensor의 값)이다.

▌ HIPAA 데이터 침해 – 데이터 탐색 및 시각화

데이터 탐색data exploration은 데이터 분석의 초기 단계로 데이터셋과 데이터의 특성을 이해하고자 시각적 탐색visual exploration 방법을 사용한다. 데이터 시각화data visualization는 데이터를 시각적 상황 정보context로 배치해 강력한 시각 처리 센터가 데이터의 패턴과 상관관계를 신속하게 찾을 수 있어 데이터를 이해하는 데 도움이 된다.

이 레시피에서는 건강 보험 양도 및 책임에 관한 법안HIPAA, Health Insurance Portability and Accountability Act[2]에서 정의한 기밀 정보 위반과 관련된 공개 도메인 데이터셋을 탐색한다.

준비

이 레시피를 위한 준비는 pip로 pandas와 scikit-learn 패키지를 설치하는 것이다. 준비를 위한 명령어는 다음과 같다.

```
pip install pandas sklearn
```

이 외에도 HIPAA-breach-report-2009-to-2017.csv 데이터셋 파일이 필요하다.

실행 순서

이 레시피에서는 HIPAA 위반 데이터셋을 판다스로 시각화하고 TF-IDF를 사용해 위반 설명에서 중요한 키워드를 추출한다.

1. pandas를 사용해 HIPAA 위반 데이터셋을 들여와 정제한다.

```
import pandas as pd

df = pd.read_csv("HIPAA-breach-report-2009-to-2017.csv")
df = df.dropna()
df.head(10)
```

---

2 환자들이 자신의 의료 기록에 액세스할 수 있는 권한과 자신들의 개별 건강 정보가 사용되는 방식을 통제할 수 있는 권한을 강화하는 미국의 법안이다. 이 법안은 건강 관련 정보를 보호하고자 의료 서비스 업체의 의무와 각종 계획들에 관해 규정하고 있다. 일반적으로 건강 관리 계획이나 건강 관리 센터, 또는 관련 재정 및 관리 업무들을 담당하는 의료 서비스 업체의 규정에 관한 것이다. 출처: 정보통신용어사전 표준용어집 - 옮긴이

위 코드의 결과는 아래 화면과 같다.

```
df.head(10)
```

	Name of Covered Entity	State	Covered Entity Type	Individuals Affected	Breach Submission Date	Type of Breach	Location of Breached Information	Business Associate Present	Web Description
0	Brooke Army Medical Center	TX	Healthcare Provider	1000.0	10/21/2009	Theft	Paper/Films	No	A binder containing the protected health infor...
1	Mid America Kidney Stone Association, LLC	MO	Healthcare Provider	1000.0	10/28/2009	Theft	Network Server	No	Five desktop computers containing unencrypted ...
2	Alaska Department of Health and Social Services	AK	Healthcare Provider	501.0	10/30/2009	Theft	Other, Other Portable Electronic Device	No	\N
3	Health Services for Children with Special Need...	DC	Health Plan	3800.0	11/17/2009	Loss	Laptop	No	A laptop was lost by an employee while in tran...
4	Mark D. Lurie, MD	CA	Healthcare Provider	5166.0	11/20/2009	Theft	Desktop Computer	No	A shared Computer that was used for backup was...
5	L. Douglas Carlson, M.D.	CA	Healthcare Provider	5257.0	11/20/2009	Theft	Desktop Computer	No	A shared Computer that was used for backup was...
6	David I. Cohen, MD	CA	Healthcare Provider	857.0	11/20/2009	Theft	Desktop Computer	No	A shared Computer that was used for backup was...
7	Michele Del Vicario, MD	CA	Healthcare Provider	6145.0	11/20/2009	Theft	Desktop Computer	No	A shared Computer that was used for backup was...
8	Joseph F. Lopez, MD	CA	Healthcare Provider	952.0	11/20/2009	Theft	Desktop Computer	No	A shared Computer that was used for backup was...
9	City of Hope National Medical Center	CA	Healthcare Provider	5900.0	11/23/2009	Theft	Laptop	No	A laptop computer was stolen from a workforce ...

2. 다음 코드를 사용해 위반 빈도수에 대해 위반으로 인해 영향을 받은 개인 수에 대한 히스토그램을 그린다.

```python
from matplotlib import font_manager, rc

font_name = font_manager.FontProperties(fname="c:/Windows/Fonts/malgun.ttf").
get_name()
rc('font', family=font_name)


def_fig_size = (15, 6)
ax1 = df["Individuals Affected"].plot(
    kind="hist",
    figsize=def_fig_size,
    title="위반 사례 건수 분포",
    log=True,
)
ax1.set_xlabel('침해된 개인정보')
ax1.set_ylabel('위반 사례 건수')
```

아래 그래프는 **위반 사례 건수 분포** 히스토그램이다.

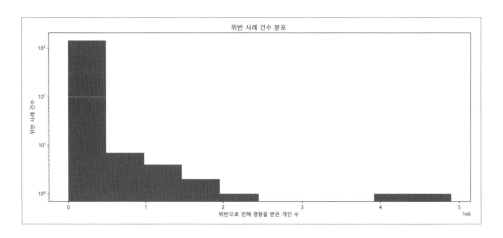

3. 사업 제휴 유형을 기반으로 **위반 사례 평균 건수**에 대한 그래프를 그린다.

```python
ax2 = df.groupby("Covered Entity Type").mean().plot(
    kind="bar",
    figsize=def_fig_size,
    title="사업 제휴 유형에 따른 위반 사례 평균 건수"
)
ax2.set_xlabel('개체 유형')
ax2.set_ylabel('빈도수')
ax2.legend(['침해된 개인정보'])
```

아래 그래프는 개체 유형별 위반 사례 평균 건수 히스토그램이다.

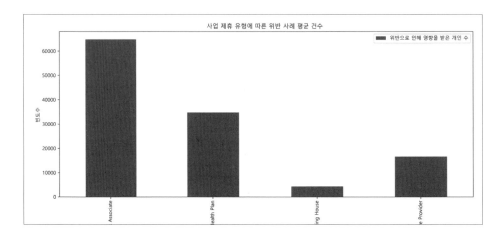

4. 위반으로 영향을 받은 주별 개인 수에 대해 상위 20개 주를 파이 차트를 그린다.

```
ax3 = df.groupby("State").sum().nlargest(20, "Individuals Affected").plot.pie(
    y="Individuals Affected",
    figsize=def_fig_size,
    legend=False ,
    title="주별 위반 사례 건수"
)
ax3.set_ylabel('침해된 개인정보')
```

아래 그래프는 주별 위반 사례 건수 파이 차트다.

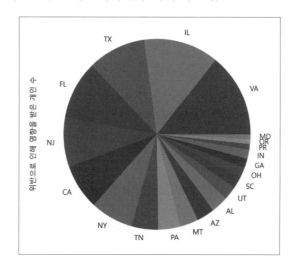

5. 위반 유형(도난, 분실, 해킹 등)에 따른 위반 사례 평균 건수를 그래프로 그린다.

```
ax4 = df.groupby("Type of Breach").mean().plot(
    kind="bar",
    figsize=def_fig_size,
    title="위반 유형에 따른 위반 사례 평균 건수"
)
ax4.set_xlabel('침해 유형')
ax4.set_ylabel('빈도수')
ax4.legend(['침해된 개인정보'])
```

아래 그래프는 **위반 유형** 히스토그램이다.

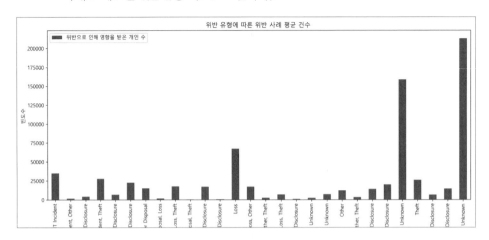

6. TF-IDF 벡터화기를 인스턴스화한다.

```
from sklearn.feature_extraction.text import TfidfVectorizer

vectorizer = TfidfVectorizer()
```

7. 위반 설명에 벡터화기를 적합하고 위반 설명^{description of breach}을 벡터화한다.

```
df["Web Description"] = df["Web Description"].str.replace("\r", "")
X = df["Web Description"].values
X_transformed = vectorizer.fit_transform(X)
```

8. TF-IDF에 기반해 위반 설명 중 가장 중요한 특성 15개를 선택한다.

```
import numpy as np

feature_array = np.array(vectorizer.get_feature_names())
tfidf_sorting = np.argsort(X_transformed.toarray()).flatten()[::-1]

n = 15
for i, vector in enumerate(top_n):
    print(f"TOP {i+1:>2} of {n}: {vector}")
```

결과는 다음과 같다.

```
TOP  1 of 15: this
TOP  2 of 15: review
TOP  3 of 15: 842
TOP  4 of 15: south
TOP  5 of 15: ransomware
TOP  6 of 15: memorial
TOP  7 of 15: specific
TOP  8 of 15: birthdates
TOP  9 of 15: consolidated
TOP 10 of 15: malware
TOP 11 of 15: license
TOP 12 of 15: driver
TOP 13 of 15: found
TOP 14 of 15: clinic
TOP 15 of 15: information
```

9. review 키워드가 포함된 위반 설명을 출력한다.

```
k = 2
i = 0
for x in df["Web Description"].values:
    if "review" in x:
        i += 1
    print(x)
    print()
    if i == k:
        break
```

다음은 출력 결과 중 일부다.

A binder containing the protected health information (PHI) of up to 1,272
individuals was stolen from a staff member's vehicle. The PHI included names,
telephone numbers, detailed treatment notes, and possibly social security
numbers. In response to the breach, the covered entity (CE) sanctioned the
workforce member and developed a new policy requiring on-call staff members to
submit any information created during their shifts to the main office instead

of adding it to the binder. Following OCR's investigation, the CE notified the
local media about the breach.

레시피 설명

1단계에서 HIPAA 데이터셋을 데이터프레임으로 읽고 결측값이 있는 행을 삭제하는 것
으로 시작한다. 다음으로 2단계에서 대부분의 위반 사례가 비교적 작은 규모라는 것을 알
수 있지만 소수의 위반 사례가 많다는 것을 알 수 있다. 이는 파레토 법칙Pareto's principle[3]
과 일치한다. 3단계에서는 사업 제휴BA, Business Associate에서 가장 큰 위반이 발생한 것을
확인하기 위해 부문별 위반 사례 히스토그램을 그린다. 그런 다음 4단계에서 가장 많은
HIPAA 위반 사례가 발생한 주를 조사한다. 5단계에서 가장 큰 위반 사례의 원인은 알려
지지 않았다unknown는 것을 확인할 수 있다. 6~7단계에서 위반 설명에 대해 기본 NLP를
수행한다. 이를 통해 관심을 가질 만한 추가 정보를 추출할 수 있다. 8단계에서 TF-IDF
가 ransomware와 driver처럼 매우 유용한 키워드를 찾을 수 있다는 것을 확인할 수 있다.
마지막으로 9단계에서 review 키워드가 들어 있는 위반 설명을 출력한다. review 단어는
품질 관리quality control의 일부이자 사고 대응 도구incident response tool로 볼 수 있기 때문에 매
우 중요한 단어로 밝혀졌다.

---

3 80 대 20 법칙(80-20 rule)이라고도 하는 파레토 법칙은 '전체 결과의 80%가 전체 원인의 20%에서 일어나는 현상'을 가리킨다.
   예를 들어 20%의 고객이 백화점 전체 매출의 80%에 해당하는 만큼 쇼핑하는 현상을 설명할 때 이 용어를 사용한다. 2대8 법칙
   이라고도 한다. 출처: 위키백과 – 옮긴이

08

보안 및 개인 AI

머신러닝은 암을 진단하고 퇴치하고, 어느 학교가 우리 아이들에게 가장 좋은지 결정하고, 가장 현명한 부동산 투자를 하는 데 도움이 될 수 있다. 그러나 머신러닝에 대한 새로운 접근 방식이 필요한 개인 데이터private and personal data에 접근할 수 있을 때만 이런 질문에 답을 할 수 있다. 이런 접근 방식을 **보안 및 개인 인공지능**Secure and Private AI이라고 하며 아래 레시피에서 볼 수 있는 것처럼 최근 몇 년 동안 큰 발전을 이뤘다.

8장에서는 다음과 같은 레시피를 설명한다.

- 연합학습
- 암호화된 데이터 계산
- 암호 딥러닝 예측
- 신경망의 적대적 강건성 테스트

- 텐서플로 프라이버시를 사용하는 차등 프라이버시

기술 요구 사항

8장에서는 다음과 같은 라이브러리를 사용한다.

- TensorFlow Federated
- Foolbox
- PyTorch
- Torchvision
- TensorFlow Privacy

설치 명령과 코드는 https://github.com/PacktPublishing/Machine−Learning−for−Cybersecurity−Cookbook/tree/master/ Chapter08에서 확인할 수 있다.

연합학습

이 레시피에서는 텐서플로 연합 프레임워크TensorFlow federated framework를 사용해 연합학습 모델federated learning model을 훈련한다.

연합학습의 중요성을 이해하고자 문자 메시지 서비스SMS, Short Message Service의 메시지를 쓸 때 휴대폰에서 다음 단어를 예측하는 모델을 생각해 보자. 개인 정보, 즉 프라이버시privacy 문제로 인해 다음 단어 예측기next word predictor 훈련을 위해 사용될 문자 메시지를 중앙 서버에 보내는 것을 원하지 않을 것이다. 그러나 다음 단어를 정확하게 예측하는 알고리듬을 갖는 것은 여전히 좋은 일이다. 이런 경우 어떻게 해야 할까? 이런 프라이버시 문제를 해결하고자 개발된 머신러닝 기술이 연합학습이다.

연합학습의 핵심 아이디어는 훈련 데이터셋이 해당 데이터가 만들어진 곳에 남아 프라이버시와 소유권ownership이 유지되면서도 중앙 집중식 모델centralized model을 훈련하는 데 계속 사용되는 것이다. 이런 특성은 특히 사이버 보안cybersecurity에 매력적인데, 예를 들어 다양하게 많은 출처에서 정상과 악성 샘플을 수집하는 것이 강한 모델strong model을 만드는 데 중요하지만 프라이버시 문제로 인해 많은 어려움이 있다(예를 들어 정상 샘플은 개인문서나 기밀문서일 수 있다).

데이터 프라이버시data privacy의 중요성이 커지면서(예를 들어 개인 정보 보호 규정GDPR, General Data Protection Regulation[1]의 제정 등) 연합학습이 점점 더 많은 관심을 받고 있다. 애플 및 구글과 같은 대기업들이 이 기술에 막대한 투자를 하기 시작했다.

준비

이 레시피를 위한 준비는 pip로 tensorflow_federated, tensorflow_datasets, tensorflow 패키지를 설치하는 것이다. 준비를 위한 명령어는 다음과 같다.

```
pip install tensorflow tensorflow_datasets tensorflow_federated nest_asyncio
```

코드가 중단되는 것을 막고자 이 패키지들의 특정 버전을 설치한다.

---

1 유럽 의회에서 유럽 시민들의 개인정보 보호를 강화하고자 만든 통합 규정이다. 2016년 유럽 의회에서 공표됐으며 (Regulation(EU) 2016/679), 약 2년간의 유예 기간을 가진 후 2018년 5월 25일부터 EU 각 회원국에서 시행된다. 유럽 연합(EU)의 시민의 데이터를 활용하는 경우 GDPR을 준수해야 한다. GDPR의 주요 항목은, 사용자가 본인의 데이터 처리 관련 사항을 제공 받을 권리(right to be informed), 열람 요청 권리(right of access), 정정 요청 권리(right to rectification), 삭제 요청 권리(right to erasure), 처리 제한 요청 권리(right to restrict processing), 데이터 이동 권리(right to data portability), 처리 거부 요청 권리 (right to object), 개인 정보의 자동 프로파일링 및 활용에 대한 결정 권리(rights in relation to automated decision making and profiling) 등이다. 이 중 삭제 요청 권리(right to erasure)는 기존 GDPR 초안의 잊힐 권리(right to forgotten)에서 명칭이 바뀌었다. 개인 정보의 자동 프로파일링 및 활용에 대한 결정 권리(rights in relation to automated decision making and profiling)는 마케팅의 일환으로 개인의 직업, 취미, 위치 등이 자동 수집·처리돼 활용되는 경우에 대해 데이터 주체인 사용자에게 고지, 활용 여부 결정 및 거부할 수 있는 권리 등에 대한 것이다. 출처: 정보통신용어사전 – 옮긴이

실행 순서

이 레시피에서는 2개의 가상 데이터셋 환경, 즉 하나는 앨리스Alice의 데이터셋이며, 다른 하나는 밥Bob의 데이터셋을 만들고 연합 평균federated average을 사용해 데이터의 기밀성confidentiality을 유지한다.

1. tensorflow를 들여오고 즉시 실행eager execution을 활성화한다.

```
import tensorflow as tf
import nest_asyncio

nest_asyncio.apply()
tf.compat.v1.enable_v2_behavior()
```

2. Fashion MNIST 데이터셋을 들여와 앨리스와 밥으로 된 2개의 분리된 환경으로 분할해 데이터셋을 준비한다.

```
import tensorflow_datasets as tfds

alice_dataset, bob_dataset = tfds.load(
    name='fashion_mnist',
    split=('train[:50%]', 'train[50%:]'),
    as_supervised=True
)
```

3. 이제 데이터 유형을 정수에서 실수형으로 변환하는 cast 함수를 만든다.

```
def cast(image, label):

    """이미지 픽셀값을 float32로 변환한다."""
    out = {}
    out["image"] = tf.image.convert_image_dtype(image, dtype=tf.float32)
    out["label"] = label
    return out
```

4. 그런 다음 데이터를 평평하게 만들어 신경망에 공급하는 `flatten` 함수를 만든다.

```
def flatten(element):
    """ 신경망에 사용할 수 있도록 이미지를 평평하게 만든다. """
    return collections.OrderedDict(
        [
            ("x", tf.reshape(element["image"], [-1])),
            ("y", tf.reshape(element["label"], [1])),
        ]
    )
```

5. 이제 데이터를 전처리pre-process하는 `preprocess` 함수를 만든다.

```
import collections

BATCH_SIZE = 32
PREFETCH_BUFFER = 10

def preprocess(dataset):
    """ 신경망에 사용할 수 있도록 데이터를 전처리한다. """
    return dataset.map(cast).map(flatten).batch(BATCH_SIZE).prefetch(PREFETCH_
BUFFER)
```

6. 데이터를 전처리한다.

```
preprocessed_alice_dataset = preprocess(alice_dataset)
preprocessed_bob_dataset = preprocess(bob_dataset)

federated_data = [preprocessed_alice_dataset, preprocessed_bob_dataset]
```

7. 간단한 케라스Keras 신경망을 인스턴스화하는 함수를 만든다.

```
from tensorflow.python.keras.optimizer_v2 import gradient_descent

LEARNING_RATE = 0.02

def create_compiled_keras_model():
```

```python
    model = tf.keras.models.Sequential(
        [
            tf.keras.layers.Dense(
                10,
                activation=tf.nn.softmax,
                kernel_initializer="zeros",
                input_shape=(784,),
            )
        ]
    )

    return model
```

8. 그런 다음 샘플의 더미 배치^{dummy batch}를 만들고 케라스 모델에서 연합학습 모델을 반환하는 함수를 만든다.

```python
def tensor_spec_from_ndarray(a):
    return tf.TensorSpec(dtype=tf.dtypes.as_dtype(a.dtype), shape=a.shape)

batch_of_samples = tf.nest.map_structure(
    lambda x: tensor_spec_from_ndarray(x.numpy()), next(iter(preprocessed_
alice_dataset))
)


def model_instance():
    """ 케라스 모델을 인스턴스화한다. """
    keras_model = create_compiled_keras_model()

    return tff.learning.from_keras_model(
        keras_model,
        input_spec=preprocessed_alice_dataset.element_spec,
        loss=tf.python.keras.losses.SparseCategoricalCrossentropy(),
        metrics=[tf.keras.metrics.SparseCategoricalAccuracy()]
    )
```

9. 연합 평균을 계산하는 반복 과정을 선언하고 계산의 한 단계를 실행한다.

```
from tensorflow_federated import python as tff

federated_learning_iterative_process = tff.learning.build_federated_averaging_
process(
    model_instance,
    lambda: gradient_descent.SGD(learning_rate=LEARNING_RATE)
)
state = federated_learning_iterative_process.initialize()
state, performance = federated_learning_iterative_process.next(state,
federated_data)
```

10. 다음 명령어를 실행해 계산 측정 지표를 화면에 표시한다.

```
performance
```

결과는 다음과 같다.

```
OrderedDict([('broadcast', ()),
             ('aggregation',
              OrderedDict([('value_sum_process', ()),
                           ('weight_sum_process', ())])),
             ('train',
              OrderedDict([('sparse_categorical_accuracy', 0.7434667),
                           ('loss', 0.82184595)]))])
```

레시피 설명

1단계에서 tenssorflow를 들여오고 즉시 실행을 활성화하는 것으로 레시피를 시작한다. 일반적으로 tenssorflow에서 연산은 바로 수행되지 않는다. 오히려 계산 그래프computation graph를 만든 다음에 마지막으로 모든 연산이 한 번에 이뤄진다. 즉시 실행이 활성화되면 계산은 가능할 때 바로 이뤄진다. 다음으로 2단계에서 Fashion MNIST 데이터셋을 들여온다. 이 데이터셋은 MNIST 데이터셋을 몇 가지 부분에서 개선한 것으로 MINST를 사실상 대체해 사용되고 있다. 그런 다음 데이터셋을 앨리스와 밥에 대해 50:50으로 나눈다. 그러고 나서 3단계에서 Fashion MNIST의 픽셀 값을 신경망 훈련에 사용할 수 있도록 정수에서 실수로 변환하는 함수를 만들고, 4단계에서는 이미지를 단일 벡터single vector[2]로 변환하는 함수를 만든다. 이렇게 하면 데이터를 완전하게 연결된 신경망fully connected neural network에 공급할 수 있다. 5~6단계에서 앨리스와 밥의 데이터셋을 전처리하고자 이전에 만든 편의 함수를 적용한다.

다음으로 7단계에서 10계급 분류10-class classification 작업에 적합한 손실 함수loss function를 만든 다음, 8단계에서 케라스 신경망을 만들어 훈련을 준비한다. 9단계에서 샘플의 더비 배치를 만들고 케라스 모델에서 연합학습 모델을 반환하는 함수를 만든다. 샘플의 더미 배치는 모델이 예상하는 입력의 구조를 지정한다. 10단계에서 연합 평균 계산 과정의 첫 단계를 실행한다. 알고리듬의 자세한 내용은 논문 Communication-Efficient Learning of Deep Networks from Decentralized Data에서 확인할 수 있다.

기본 수준에서 알고리듬은 각 클라이언트의 데이터에 **국소 확률적 경사 하강법**local SGD, local Stochastic Gradient Descent을 적용한 다음 모델의 평균값을 계산하는 서버를 사용한다. 이 결과로 고객(이 레시피에서는 앨리스와 밥)의 비밀이 유지된다. 마지막으로 11단계에서 의도한 대로 알고리듬이 훈련돼 정확도가 개선됐는지 살펴보면서 성능을 확인한다.

▌ 암호화된 데이터 계산

이 레시피에서는 암호화된 데이터 계산encrypted computation의 기본 사항을 살펴본다. 특히 안전한 다자간 계산Secure MPC, Secure Multi-Party Computation이라는 인기 있는 접근 방식에 초점을

---

2 둘 이상의 벡터에 대해 덧셈이나 뺄셈과 같은 벡터 연산의 결과는 벡터다. 이런 연산 결과로 나온 벡터를 단일 벡터라고 한다. – 옮긴이

맞춘다. 암호화된 숫자에 덧셈 연산을 할 수 있는 간단한 암호 계산기를 만든다. 이 레시피의 아이디어는 사설 딥러닝 예측 레시피에서 유용하게 사용된다.

준비

이 레시피에서는 필요한 패키지가 없다.

실행 순서

1. random 라이브러리를 들여오고 큰 소수 P를 선택한다.

```python
import random
P = 67280421310721
```

2. 세 사람을 위한 암호화 함수를 만든다.

```python
def encrypt(x):
    """ 세 사람 간의 정수를 암호화한다. """
    share_a = random.randint(0, P)
    share_b = random.randint(0, P)
    share_c = (x - share_a - share_b) % P
    return (share_a, share_b, share_c)
```

3. 숫자 변수를 암호화한다.

```python
secret = 17

share_a, share_b, share_c = encrypt(secret)

print(f"A의 암호화된 공유값: {share_a:>20,}")
print(f"B의 암호화된 공유값: {share_b:>20,}")
print(f"C의 암호화된 공유값: {share_c:>20,}")
```

결과는 다음과 같다.

A의 암호화된 공유값: 1,967,878,493,110
B의 암호화된 공유값: 28,065,854,232,960
C의 암호화된 공유값: 37,246,688,584,668

---

4. 주어진 3개의 공유값share을 복호화하는 함수를 만든다.

```
def decrypt(share_a, share_b, share_c):
    """ 3개의 공유값(share)을 복호화한다. """
    return (share_a + share_b + share_c) % P
```

---

5. secret 변수를 암호화한 3개의 공유값을 복호화한다.

```
secret = decrypt(share_a, share_b, share_c)
print(f"비밀값: {secret:,}")
```

결과는 다음과 같다.

비밀값: 17

---

6. 암호화된 숫자를 더하는 함수를 만든다.

```
def add(x, y):
    """ 암호화된 정수를 더한다. """
    z = list()
    z.append((x[0] + y[0]) % P)
    z.append((x[1] + y[1]) % P)
    z.append((x[2] + y[2]) % P)

    return z
```

---

7. 암호화된 변수들을 더하고, 그 합을 복호화한다.

```
m = 523
```

```
n = 924

A_x, B_x, C_x = encrypt(m)
A_y, B_y, C_y = encrypt(n)

print(f"A의 암호화된 공유값   x = {A_x:>20,},    y = {A_y:>20,}")
print(f"B의 암호화된 공유값   x = {B_x:>20,},    y = {B_y:>20,}")
print(f"C의 암호화된 공유값   x = {C_x:>20,},    y = {C_y:>20,}")

print(f"    {m:>5,}을 암호화한 값: ({A_x:>19,}, {B_x:>19,}, {C_x:>19,})")
print(f"+) {n:>5,}을 암호화한 값: ({A_y:>19,}, {B_y:>19,}, {C_y:>19,})")
print(f"-------------------------------------------------------------")
print(f"   {m+n:>5,}을 암호화한 값: ({A_x+A_y:>19,}, {B_x+B_y:>19,}, {C_x+C_
y:>19,})")
print
(f"-------------------------------------------------------------")

secret_sum = decrypt(*add((A_x, B_x, C_x), (A_y, B_y, C_y)))
print(f"({A_x+A_y:,}, {B_x+B_y:,}, {C_x+C_y:,})를 복호화한 값: {secret_sum:,}")
```

결과는 다음과 같다.

```
A의 암호화된 공유값 x = 47,736,389,526,428, y = 60,548,000,546,618
B의 암호화된 공유값 x = 55,001,840,247,332, y = 46,142,911,995,173
C의 암호화된 공유값 x = 31,822,612,848,205, y = 27,869,930,080,575

    523을 암호화한 값: ( 47,736,389,526,428,  55,001,840,247,332,
31,822,612,848,205)
+)  924을 암호화한 값: ( 60,548,000,546,618,  46,142,911,995,173,
27,869,930,080,575)
-------------------------------------------------------------------------
  1,447을 암호화한 값: (108,284,390,073,046, 101,144,752,242,505,
59,692,542,928,780)


(108,284,390,073,046, 101,144,752,242,505, 59,692,542,928,780)를 복호화한 값:
1,447
```

레시피 설명

2단계의 난수random number를 얻고자 1단계에서 random 라이브러리를 들여오는 것으로 시작한다. 또한 확률 분포 법random distribution modulo P로 사용할 큰 소수 P를 선택한다. 여기서 비밀값 secret은 세 사람 간의 공유값을 더한 다음 소수 P로 나눈 나머지 값이다. 모든 연산은 P를 법으로 하는 정수 체field of integer modulo P[3]에서 이뤄진다. 다음으로 3단계에서 우리의 접근 방식을 사용해 정수를 암호화한 결과를 보인다. 4~5단계에서 암호화를 반대로 하는 함수, 즉 복호화 함수를 만든 다음 연산을 역행할 수 있다는 것을 보인다. 6단계에서 암호화된 숫자(!) 2개를 더하는 함수를 만든다. 암호 덧셈encrypted addition은 단순히 P를 법으로 각 개별 구성 요소를 더하는 것이다. 암호 딥러닝 예측Encrypted deep learning prediction 레시피에서는 PySyft의 .share(client, server,...) 명령어를 사용한다. 이 명령어는 기본적으로 이 레시피에서 사용한 것과 같은 암호화 과정이므로 이런 암호화 기법은 여기서 설명한 기술을 사용한다는 것을 명심하길 바란다. 마지막으로 7단계에서 암호화된 개체에 대해 연산을 수행할 수 있다는 것을 보인다.

▌ 개인 데이터 딥러닝 예측

여러 상황에서 A사는 서비스로 제공하려는 훈련된 모델을 갖고 있을 수 있다. 동시에 A는 지적재산권이 도난당하는 것을 막고자 이 모델의 공유를 꺼릴 수도 있다. 이 문제에 대한 간단한 해결책은 고객이 자신의 데이터를 A사로 보낸 다음 예측 결과를 받는 것이다. 그러나 고객이 데이터의 프라이버시를 보존하고자 할 때에는 문제가 된다. 이 까다로운 상황을 해결하고자 회사와 고객은 암호 연산encrypted computation을 사용할 수 있다.

이 레시피에서는 미리 훈련한 암호 딥러닝 모델encrypted pre-trained deep learning model을 클라이언트와 공유하는 방법과 클라이언트가 자신의 개인 데이터에 암호 모델을 사용해 예측하

---

3 정수 체란 정수를 소수 P로 나눈 나머지의 집합이 덧셈이나 뺄셈, 곱셈, 나눗셈(0으로 나누는 것은 제외)의 사칙연산에 대해 항등원과 역원이 존재하는데 이를 수학에서는 체(field)라고 한다. – 옮긴이

는 방법을 알아본다.

준비

이 레시피를 위한 준비는 pip로 torch, torchvision, syft, torch torchvision scipy foolbox==1.8 matplotlib 패키지를 설치하는 것이다. 준비를 위한 명령어는 다음과 같다.

```
pip install torch torchvision syft
```

이 외에도 미리 훈련된 모델 server_trained_model.pt가 필요하다.

실행 순서

이 레시피에서는 PySyft를 사용해 서버가 블랙박스 형태로 미리 훈련한 딥러닝 모델을 갖고 있고 클라이언트는 모델을 사용해 자신의 개인 데이터를 예측하는 클라이언트-서버 상호 작용^{client-server interaction}을 시뮬레이션한다.

1. torch를 들여오고 데이터셋에 접근한다.

```
import torch
import torch.nn as nn
import torch.nn.functional as F
from torchvision import datasets, transforms
```

2. PySyft를 들여오고 torch에 연결한다.

```
import syft as sy

hook = sy.TorchHook(torch)
client = sy.VirtualWorker(hook, id="client")
server = sy.VirtualWorker(hook, id="server")
crypto_provider = sy.VirtualWorker(hook, id="crypto_provider")
```

3. 간단한 신경망을 만든다.

```
class Net(nn.Module):
    def __init__(self):
        super(Net, self).__init__()
        self.fc1 = nn.Linear(784, 500)
        self.fc2 = nn.Linear(500, 10)

    def forward(self, x):
        x = x.view(-1, 784)
        x = self.fc1(x)
        x = F.relu(x)
        x = self.fc2(x)
        return x
```

4. 모델을 인스턴스화하고 MNIST에 대해 미리 훈련한 가중값을 가져온다.

```
model = Net()
model.load_state_dict(torch.load("server_trained_model.pt"))
model.eval()
```

5. 클라이언트와 서버 간의 네트워크를 암호화한다.

```
model.fix_precision().share(client, server, crypto_provider=crypto_provider)
```

6. MNIST 데이터 로더loader를 만든다.

```
test_loader = torch.utils.data.DataLoader(
    datasets.MNIST(
        "data",
        train=False,
        download=True,
        transform=transforms.Compose(
            [transforms.ToTensor(), transforms.Normalize((0.1307,),
(0.3081,))]
        ),
    ),
```

```
        batch_size=64, shuffle=True
)
```

7. MNIST 데이터 로더를 사용하는 전용 로더private loader를 만든다.

```
private_test_loader = []

for data, target in test_loader:
    private_test_loader.append(
        (
            data.fix_precision().share(client, server, crypto_provider=crypto_
provider),
            target.fix_precision().share(client, server, crypto_
provider=crypto_provider                ),
        )
    )
```

8. 개인 테스트 데이터셋private test dataset을 평가하는 함수를 만든다.

```
def test(model, test_loader):
    """ 모델을 테스트한다. """
    model.eval()
    n_correct_priv = 0
    n_total = 0
```

9. 개인 데이터에 대해 반복하고, 모델을 사용해 예측하고 결과를 복호화한 다음 출력한다.

```
    with torch.no_grad():
        for data, target in test_loader:
            output = model(data)
            pred = output.argmax(dim=1)
            n_correct_priv += pred.eq(target.view_as(pred)).sum()
            n_total += 64
            n_correct = n_correct_priv.copy().get().float_precision().long().
item()
```

```
print(f"Test set: Accuracy: {n_correct}/{n_total}"
      f"({100.0 * n_correct / n_total:.0f}%)"))
```

10. 테스트 절차를 실행한다.

```
test(model, private_test_loader)
```

결과는 다음과 같다.

```
Test set: Accuracy: 63/64 (98%)
Test set: Accuracy: 123/128 (96%)
Test set: Accuracy: 185/192 (96%)
Test set: Accuracy: 248/256 (97%)
Test set: Accuracy: 310/320 (97%)
Test set: Accuracy: 373/384 (97%)
Test set: Accuracy: 433/448 (97%)

<생략>

Test set: Accuracy: 9668/9920 (97%)
Test set: Accuracy: 9727/9984 (97%)
Test set: Accuracy: 9742/10048 (97%)
```

레시피 설명

1단계에서 torch, datasets, 관련된 몇몇 라이브러리를 들여오는 것으로 시작한다. 그런 다음 2단계에서 syft를 들여와 torch와 연결한다. 또한 클라이언트와 서버가 실제 데이터 분리를 시뮬레이션할 수 있도록 가상 환경을 만든다. 이 단계에서 crypto_provider는 신뢰할 수 있는 제삼자의 역할을 한다. 3단계에서 간단한 신경망을 만들고, 4단계에서 미리 훈련한 가중값을 가져온다. 5단계에서 더 일반적으로 .share(...) 명령어를 사용할 때마다 공유 객체^{shared object}가 암호화돼 있다는 것으로 생각해야 하며, 관련된 모든 당사자의 도움을 받아야만 공유 객체를 복호화할 수 있는 것에 유의한다. 특히 9단계에서 테스트 함수가 암호 평가를 수행한다. 점수 계산을 위한 모델의 가중값, 데이터 입력, 예측, 대상target이 모두 암호화된다. 그러나 모델이 제대로 작동하는지 확인하고자 복호화하고 그 정확도를 표시한다. 5단계에서 서버와 클라이언트가 협력할 때에만 네트워크를 복호화할 수 있도록 네트워크를 암호화한다.

다음 두 단계에서 MNIST 데이터에 대한 일반 로더regular loader와 전용 로더private loader를 만든다. 일반 로더는 단순히 MNIST 데이터를 가져오는 반면에 전용 로더는 일반 로더의 출력을 암호화한다. 8~9단계에서 개인 테스트 데이터셋을 평가하는 함수를 만든다. 이 함수는 개인 데이터에 대해 반복하며, 모델을 사용해 예측하고, 결과를 복호화한 다음 그 최종 결과를 출력한다. 마지막으로 8~9단계에서 만든 함수를 적용해 모델이 프라이버시를 보존하면서 잘 수행되는 것을 확인한다.

▌ 신경망의 적대적 강건성 테스트

신경망에 대한 적대적 공격adversarial attack에 관한 연구는 적대적 섭동adversarial perturbation4에 대한 놀라운 민감도sensitivity를 보여 줬다. 가장 정확한 신경망조차도 방치해 두면 단일 픽셀 공격과 눈에 보이지 않는 잡음에 취약한 것으로 드러났다. 다행히도 최근 이 분야의 발전은 모든 종류의 적대적 공격에 대해 신경망을 강화할 수 있는 방법에 관한 해결책을 제공하고 있다. 이런 해결책 중 하나는 **합성 분석**ABS, Analysis by Synthesis이라는 신경망 설계다. 모델의 주된 아이디어는 베이즈 모델Bayesian model이다. 모델이 입력된 레이블을 직접 예측하는 대신 **가변 오토인코더**VAE, Variational AutoEncoder를 사용해 계급-조건부 표본 분포class-conditional sample distribution를 학습한다. 더 자세한 내용은 https://arxiv.org/abs/1805.09190에서 확인할 수 있다.

---

4 일반적인 상태에 비교적 작은 다른 힘이 작용해 원본 상태를 약간 변화시키는 현상을 섭동이라고 한다. - 옮긴이

이 레시피에서는 MNIST에 대해 미리 훈련한 ABS 네트워크를 가져와 적대적 강건성adversarial robustness을 테스트하는 방법을 알아본다.

준비

이 레시피는 파이썬 3.6에서 테스트됐다. 이 레시피를 위한 준비는 pip로 torch. torchvision. scipy. foolbox, matplotlib, torch torchvision scipy foolbox==1.8 matplotlib 패키지를 설치하는 것이다. 준비를 위한 명령어는 다음과 같다.

```
pip install torch torchvision scipy foolbox==1.8 matplotlib
```

실행 순서

이 레시피에서는 MNIST에 대해 미리 훈련한 ABS 모델과 전통적인 CNN 모델을 가져온다. Foolbox를 사용해 두 모델을 모두 공격해 두 모델이 적대적 공격에 얼마나 잘 견딜수 있는지 살펴본다.

1. 미리 훈련한 ABS 모델을 들여오는 것으로 시작한다.

```
from abs_models import models
from abs_models import utils

ABS_model = models.get_VAE(n_iter=50)
```

2. 모델을 사용해 MNIST 이미지 배치를 예측하는 함수를 만든다.

```
import numpy as np

def predict_on_batch(model, batch, batch_size):
    """ MNIST 배치의 숫자를 예측한다. """
```

```
        preds = []
        labels = []
        for i in range(batch_size):
            point, label = utils.get_batch()
            labels.append(label[0])
            tensor_point = utils.n2t(point)
            logits = model(tensor_point)[0]
            logits = [x for x in logits]
            pred = np.argmax(logits)
            preds.append(int(pred))
    return preds, labels
```

3. 배치batch를 예측한다.

```
batch = utils.get_batch()
preds, labels = predict_on_batch(ABS_model, batch, 5)

print(f"예측값\t실제값")
print(f"-------------")
for i, pred in enumerate(preds):
    print(f"{pred:>4}\t{labels[i]:>4}")
```

결과는 다음과 같다.

```
예측값   실제값
-------------
    0       0
    7       7
    4       4
    5       5
    8       8
```

4. 적대적 테스트가 가능하도록 foolbox를 사용해 모델을 포장wrap한다.

```
import foolbox

if ABS_model.code_base == "tensorflow":
```

```
        fmodel = foolbox.models.TensorFlowModel(
            ABS_model.x_input, ABS_model.pre_softmax, (0.0, 1.0), channel_axis=3
    )
    elif ABS_model.code_base == "pytorch":
        ABS_model.eval()
        fmodel = foolbox.models.PyTorchModel(
            ABS_model, bounds=(0.0, 1.0), num_classes=10, device=utils.dev()
```

5. foolbox에서 attacks 라이브러리를 들여오고 MNIST 이미지 하나를 선택한다.

```
from foolbox import attacks

images, labels = utils.get_batch(bs=1)
```

6. 공격 유형, 여기서는 경계 공격boundary attack을 선택한다.

```
attack = attacks.DeepFoolL2Attack(fmodel)
metric = foolbox.distances.MSE
criterion = foolbox.criteria.Misclassification()
```

7. matplotlib를 사용해 원래 이미지와 레이블을 표시한다.

```
from matplotlib import pyplot as plt

plt.imshow(images[0, 0], cmap="gray")
plt.title("original image")
plt.axis("off")
plt.show()
```

이미지는 다음과 같다.

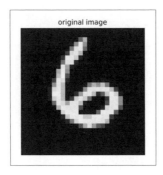

8. foolbox를 사용해 적대적 인스턴스adversarial instance를 검색한다.

```
gradient_estimator = foolbox.gradient_estimators.CoordinateWiseGradientEstimat
or(0.1)
fmodel = foolbox.models.ModelWithEstimatedGradients(fmodel, gradient_
estimator)

adversary = foolbox.adversarial.Adversarial(
    fmodel, criterion, images[0], labels[0], distance=metric
)
attack(adversary)
```

9. 발견한 적대적 예제를 살펴본다.

```
plt.imshow(a.image[0], cmap="gray")
plt.title("adversarial image")
plt.axis("off")
plt.show()
```

적대적 이미지는 다음과 같다.

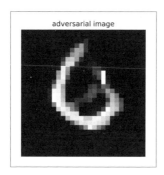

예측 결과를 다음과 같이 확인한다.

```
print(f"모델 예측값: {np.argmax(fmodel.predictions(adversary.image))}")
```

결과는 다음과 같다.

```
모델 예측값: 0
```

10. MNIST에 대해 훈련한 전통적인 CNN 모델을 인스턴스화한다.

```
from abs_models import models

traditional_model = models.get_CNN()
```

모델의 아키텍처는 다음과 같다.

```
CNN(
  (net): NN(
    (conv_0): Conv2d(1, 20, kernel_size=(5, 5), stride=(1, 1))
    (bn_0): BatchNorm2d(20, eps=1e-05, momentum=0.1, affine=True, track_
running_stats=True)
    (nl_0): ELU(alpha=1.0)
    (conv_1): Conv2d(20, 70, kernel_size=(4, 4), stride=(2, 2))
    (bn_1): BatchNorm2d(70, eps=1e-05, momentum=0.1, affine=True, track_
running_stats=True)
```

```
    (nl_1): ELU(alpha=1.0)
    (conv_2): Conv2d(70, 256, kernel_size=(3, 3), stride=(2, 2))
    (bn_2): BatchNorm2d(256, eps=1e-05, momentum=0.1, affine=True, track_
running_stats=True)
    (nl_2): ELU(alpha=1.0)
    (conv_3): Conv2d(256, 10, kernel_size=(5, 5), stride=(1, 1))
  )
  (model): NN(
    (conv_0): Conv2d(1, 20, kernel_size=(5, 5), stride=(1, 1))
    (bn_0): BatchNorm2d(20, eps=1e-05, momentum=0.1, affine=True, track_
running_stats=True)
    (nl_0): ELU(alpha=1.0)
    (conv_1): Conv2d(20, 70, kernel_size=(4, 4), stride=(2, 2))
    (bn_1): BatchNorm2d(70, eps=1e-05, momentum=0.1, affine=True, track_
running_stats=True)
    (nl_1): ELU(alpha=1.0)
    (conv_2): Conv2d(70, 256, kernel_size=(3, 3), stride=(2, 2))
    (bn_2): BatchNorm2d(256, eps=1e-05, momentum=0.1, affine=True, track_
running_stats=True)
    (nl_2): ELU(alpha=1.0)
    (conv_3): Conv2d(256, 10, kernel_size=(5, 5), stride=(1, 1))
  )
)
```

11. 모델이 예상대로 작동하는지 확인하고자 온전성 검사sanity check를 한다.

```
preds, labels = predict_on_batch(traditional_model, batch, 5)
print(f"예측값\t실제값")
print(f"------------")

for i, pred in enumerate(preds):
    print(f"{pred:>4}\t{labels[i]:>4}")
```

결과는 다음과 같다.

```
예측값   실제값
------------
  1       1
```

```
9    9
6    6
2    2
3    3
```

12. foolbox를 사용해 전통적인 모델을 포장한다.

```python
if traditional_model.code_base == "tensorflow":
    fmodel_traditional = foolbox.models.TensorFlowModel(
        traditional_model.x_input, traditional_model.pre_softmax, (0.0, 1.0),
        channel_axis=3,
    )
elif traditional_model.code_base == "pytorch":
    traditional_model.eval()
    fmodel_traditional = foolbox.models.PyTorchModel(
        traditional_model, bounds=(0.0, 1.0), num_classes=10, device=utils.
dev()
    )
```

13. 전통적인 CNN 모델을 공격한다.

```python
GE = foolbox.gradient_estimators.CoordinateWiseGradientEstimator(0.1)
fmodel_traditional = foolbox.models.ModelWithEstimatedGradients(fmodel_
traditional, GE)

adversarial_traditional = foolbox.adversarial.Adversarial(
    fmodel_traditional, criterion, images[0], labels[0], distance=metric
)
attack(adversarial_traditional)
```

14. 발견한 적대적 예제를 표시한다.

```python
plt.imshow(adversarial_traditional.image[0], cmap="gray")

plt.title("adversarial image")
plt.axis("off")
plt.show()
```

적대적 이미지는 다음과 같다.

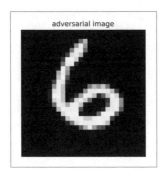

예측 결과를 다음과 같이 확인한다.

```
print(f"모델 예측값: {np.argmax(fmodel_traditional.predictions(adversarial_
traditional.image))}")
```

결과는 다음과 같다.

```
모델 예측값: 6
```

레시피 설명

1단계에서 미리 훈련한 ABS 모델을 들여오는 것으로 시작한다. 2~3단계에서 MNIST 이미지 배치를 예측하고 모델이 제대로 작동하는지 검증하는 편의 함수를 만든다. 다음으로 4단계에서 적대적 강건성 테스트를 준비하고자 foolbox를 사용해 모델을 포장한다. foolbox는 한번 포장한 같은 API를 사용해 텐서플로TensorFlow나 파이토치PyTorch 모델에 대한 공격을 용이하게 만든다. 5단계에서 공격 매체로 사용할 MNIST 이미지를 선택한다. 분명히 말하자면 이 이미지는 결과가 모델을 속일 때까지 조정되고 변형된다. 6단계에서 구현할 공격 유형을 선택한다. 큰 적대적 섭동adversarial perturbation에서 시작해 적대적인 것을 유지하면서 섭동을 차근차근 줄여나가는 의사결정 기반 공격decision-based attack인 경계 공격boundary attack을 선택한다. 이 공격에는 초매개변수 튜닝hyperparameter tuning이 거의 필요 없어 대체 모델substitue model과 경사 계산gradient computation이 없다. 의사결정 기반 공격에 대한 자세한 정보는 https://arxiv.org/abs/1712.04248에서 확인할 수 있다.

또한 여기서 사용한 측정 지표는 **오차제곱의 평균**으로 적대적 예제가 원래의 이미지와 얼마나 가까운지 또는 멀리 떨어져 있는지를 결정한다. 사용한 기준은 오분류misclassification로 대상 모델이 이미지를 잘못 분류하면 검색이 종료된다. 다른 기준으로 신뢰 수준confidence level이나 특정 유형의 오분류를 사용할 수 있다. 7~9단계에서 원본 이미지와 이 이미지에서 만들어진 적대적 예제를 표시한다. 다음 두 단계에서 표준 CNN 모델을 인스턴스화하고 모델이 제대로 동작하는지 확인한다. 12~14단계에서 표준 CNN 모델에 대해 이전 단계의 공격을 반복한다. 결과를 보면 이 실험이 평범한 CNN 모델보다 ABS 모델이 적대적 섭동에 더 강건하다는 강한 시각적 지표라는 것을 알 수 있다.

▍ 텐서플로 프라이버시를 사용하는 차등 프라이버시

텐서플로 프라이버시TensorFlow Privacy(https://github.com/tensorflow/privacy)는 텐서플로 제품군에 새롭게 추가된 제품이다. 이 파이썬 라이브러리에는 차등 프라이버시differential privacy 머신러닝 모델을 훈련하기 위해 구현된 텐서플로 최적화기TensorFlow optimizer가 포함돼 있다. 차등적이고 비공개로 훈련한 모델은 데이터셋에서 단일 훈련 인스턴스를 제거해도 모델이 크게 변경되지 않는다. (근사) 차등 프라이버시는 단일 훈련 예제에서 모델의 민감도sensitivity가 얼마나 변하는지를 측정하는 엡실론epsilon[5]과 델타delta[6]를 사용해 정량화할 수 있다. 프라이버시 라이브러리를 사용하는 것은 (RMSprop이나 Adam 또는 SGD와 같이) 친숙한 최적화기를 포장해 차등 프라이버시 버전으로 변환하는 것만큼 간단하다. 이 라이브

---

5 데이터의 잡음이나 비공개 정도를 측정하는 값으로 잡음이나 프라이버시와 반비례 관계가 있으며 엡실론 값이 낮을수록 데이터의 잡음(또는 비공개) 정도가 높다. 출처: 차등 개인 정보 및 WhiteNoise 패키지(미리 보기)를 사용해 데이터 개인 정보 유지 (https://docs.microsoft.com/ko-kr/azure/machine-learning/concept-differential-privacy) - 옮긴이

6 데이터가 완전 비공개가 아닐 확률의 척도다. 델타가 높을수록 엡실론도 높다. 엡실론과 델타는 상관관계가 있어 엡실론이 더 자주 사용된다. 출처: 차등 개인 정보 및 WhiteNoise 패키지(미리 보기)를 사용해 데이터 개인 정보 유지(https://docs.microsoft.com/ko-kr/azure/machine-learning/concept-differential-privacy) - 옮긴이

러리도 프라이버시 보장privacy guarantee, 엡실론, 델타를 측정하는 편리한 도구를 제공한다.

이 레시피에서는 케라스와 텐서플로 프라이버시를 사용해 MNIST에 대한 차등 비공개 심층 신경망differentially private deep neural network을 구현하고 훈련하는 방법을 살펴본다.

준비

이 레시피를 위한 준비는 pip로 keras, tensorflow, tensorflow-privacy, keras tensorflow 패키지를 설치하는 것이다. 준비를 위한 명령어는 다음과 같다.

```
pip install keras tensorflow tensorflow-privacy
```

TensorFlow Privacy 설치에 관한 설명은 https://github.com/tensorflow/privacy에서 찾아볼 수 있다.

실행 순서

1. MNIST 데이터셋을 전처리하기 위한 함수 2개를 만들면서 시작한다.

```
import tensorflow as tf

def preprocess_observations(data):
    """ MNIST 이미지를 전처리한다. """
    data = np.array(data, dtype=np.float32) / 255
    data = data.reshape(data.shape[0], 28, 28, 1)
    return data

def preprocess_labels(labels):
    """ MNIST 레이블을 전처리한다. """
    labels = np.array(labels, dtype=np.int32)
    labels = tf.keras.utils.to_categorical(labels, num_classes=10)
```

2. MNIST를 가져오는 load_mnist 함수를 만든다.

```
def load_mnist():
    """ MNIST 데이터셋을 가져온다. """
    (X_train, y_train), (X_test, y_test) = tf.keras.datasets.mnist.load_data()
    X_train = preprocess_observations(X_train)
    X_test = preprocess_observations(X_test)
    y_train = preprocess_labels(y_train)
    y_test = preprocess_labels(y_test)
    return X_train, y_train, X_test, y_test
```

3. MNIST 데이터셋을 가져온다.

```
import numpy as np

X_train, y_train, X_test, y_test = load_mnist()

print(f'훈련 데이터: {X_train.shape[0]:,}개')
print(f'테스트 데이터: {X_test.shape[0]:,}개')
```

훈련 데이터는 60,000개이며, 테스트 데이터는 10,000개다.

```
훈련 데이터: 60,000개
테스트 데이터: 10,000개
```

4. 차등 비공개 최적화기differentially private optimizer를 들여오고 학습률learning rate과 차등 프라이버시의 범위를 제어하는 몇몇 매개변수를 정의한다.

```
from tensorflow_privacy.privacy.optimizers.dp_optimizer import DPGradientDesce
ntGaussianOptimizer

optimizer = DPGradientDescentGaussianOptimizer(
    l2_norm_clip=1.0, noise_multiplier=1.1, num_microbatches=250, learning_
rate=0.15
)
```

```
loss = tf.keras.losses.CategoricalCrossentropy(
    from_logits=True, reduction=tf.losses.Reduction.NONE
)
```

5. 프라이버시를 측정하고자 엡실론을 계산하는 함수를 만든다.

```
from tensorflow_privacy.privacy.analysis.rdp_accountant import compute_rdp
from tensorflow_privacy.privacy.analysis.rdp_accountant import get_privacy_
spent

def compute_epsilon(steps):
    """ 프라이버시 엡실론을 계산한다. """
    orders = [1 + x / 10.0 for x in range(1, 100)] + list(range(12, 64))
    sampling_probability = 250 / 60000
    rdp = compute_rdp(
        q = sampling_probability, noise_multiplier=1.1, steps=steps,
orders=orders
    )
    return get_privacy_spent(orders, rdp, target_delta=1e-5)[0]
```

6. MNIST에 대한 표준 케라스 CNN 모델을 만든다.

```
NN_model = tf.keras.Sequential(
    [
        tf.keras.layers.Conv2D(
            16, 8, strides=2, padding="same", activation="relu", input_
shape=(28, 28, 1)
        ),
        tf.keras.layers.MaxPool2D(2, 1),
        tf.keras.layers.Conv2D(32, 4, strides=2, padding="valid",
activation="relu"),
        tf.keras.layers.MaxPool2D(2, 1),
        tf.keras.layers.Flatten(),
        tf.keras.layers.Dense(32, activation="relu"),
        tf.keras.layers.Dense(10)
    ]
)
```

7. 모델을 컴파일한다.

```
NN_model.compile(optimizer=optimizer, loss=loss, metrics=["accuracy"])
```

8. 모델을 적합하고 테스트한다.[7]

```
NN_model.fit(
    X_train, y_train, epochs=1, validation_data=(X_test, y_test), batch_
    size=250
)
```

9. 프라이버시 측도인 엡실론 값을 계산한다.

```
eps = compute_epsilon(1 * 60000 // 250)
print(f"privacy epsilon = {eps:.6f}")
```

결과는 다음과 같다.

```
privacy epsilon = 1.024483
```

레시피 설명

1~3단계에서 MNIST 데이터셋을 준비하고 가져오면서 레시피를 시작한다. 다음으로 4단계에서 모델이 차등 비공개differentially private가 되도록 최적화기 DPGradientDescentGaussianOptimizer를 들여온다. 이 단계에서 많은 매개변수가 사용되며 이 매개변수의 값들은 명확해야 한다. l2_norm_clip 매개변수는 미니배치minibatch에서 개별 훈련 데이터포인트에서 계산되는 각 경사gradient의 최대 노름maximum norm을 의미한다. 이 매개변수는 최적화기의 민감도sensitivity를 개별 훈련 포인트로 한정해 모델을 차등 프라이버시로 만든다. noise_multiplier 매개변수는 경사에 추가되는 무작위 잡음random noise의 양을 조절한다.

---

7 TensorFlow 2.0+에서는 AssertionError가 발생하지만 코드 실행에는 문제가 없다. – 옮긴이

일반적으로 잡음이 많을수록 프라이버시는 높아진다. 이 단계를 마치면 5단계에서 차등 프라이버시의 엡실론-델타 정의에 따른 엡실론을 계산하는 함수를 만든다. 6단계에서 표준 케라스 신경망을 인스턴스화하고 7단계에서 모델을 컴파일한 다음 8단계에서 차등 프라이버시 최적화기를 사용해 MNIST에 대해 모델을 훈련한다. 마지막으로 9단계에서 모델이 차등 비공개인 정도를 측정하는 엡실론의 값을 계산한다. 이 레시피의 일반적인 엡실론의 값은 약 1이다.

.

부록

부록에서는 사이버 보안 데이터에 관한 머신러닝 도전 과제를 다룰 수 있도록 인프라를 구축하는 방법을 소개한다. 특히 안전하고 효과적으로 악성코드를 분석할 수 있는 가상 환경을 설정하는 레시피를 소개한다. 파이썬 패키지의 충돌을 피하면서 다른 여러 가지 파이썬 프로젝트를 원활하게 작업할 수 있는 가상 파이썬 환경을 사용할 수 있는 방법도 소개한다.

부록에서는 다음과 같은 레시피를 다룬다.

- 가상 환경 설정
- 파이썬 가상 환경 사용하기

▌ 가상 환경 설정

악성코드를 다루고 분석할 때 여러분과 네트워크를 보호하고자 예방 조치를 취해야만 한다. 가장 좋은 방법 중 하나는 독립된 가상 환경isolated virtual environment을 설정하는 것이다. 가상 환경은 독립된 네트워크에서 하나 이상의 **가상머신**VM, Virtual Machine으로 구성된다. 네트워크를 분리하면 실제 악성코드의 동작에 부담을 주지 않으면서도 악성코드가 네트워크를 통해 퍼지는 것을 막을 수 있다.

준비하기

이 레시피를 위해 아래의 내용을 수행한다.

1. 하이퍼바이저hypervisor 설치

   하이퍼바이저는 가상머신을 제어할 수 있는 소프트웨어다. 한 예로 버추얼박스 VirtualBox가 있으며 https://www.virtualbox.org에서 내려받을 수 있다.

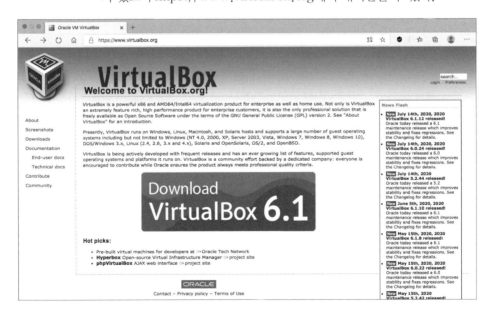

2. 가상 이미지^{virtual image}를 내려받는다.

가상 이미지는 가상머신의 템플릿^{template}이다. 몇 가지 윈도우 가상 이미지를 https://developer.microsoft.com/en-us/microsoft-edge/tools/vms/에서 내려받을 수 있다.

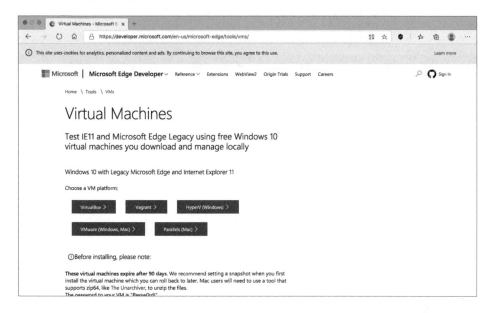

실행 순서

간단한 가상 환경을 설정하고 사용하려면 다음 단계를 수행한다.

1. 가상 이미지를 사용해 가상머신을 만든다.

    가상 이미지를 가져올 때 화면은 다음과 같아야 한다.

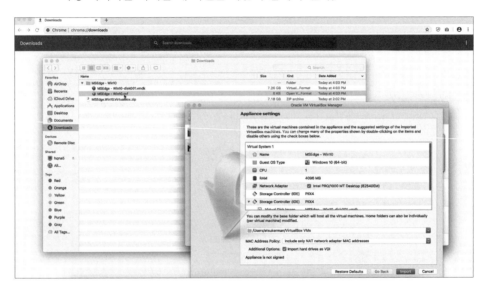

2. 성능과 안전을 위한 가상머신을 구성한다. 예를 들어 가상머신의 모든 것을 네트워크로부터 분리시킬 수 있다. 아래 화면은 가상머신의 네트워크를 끊는 방법을 보여 준다.

3. 스냅숏snapshot[1]을 만든다.

아래 화면과 같이 스냅숏을 만들 수 있는 메뉴 옵션을 볼 수 있다.

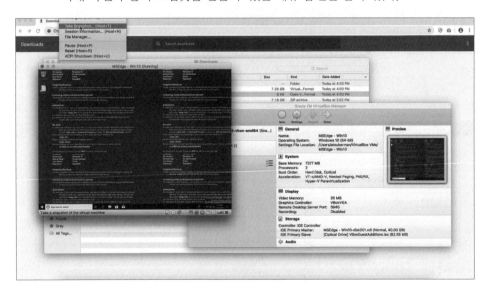

---

1 한국정보통신기술협회 정보통신용어사전과 국립국어원에서는 스냅샷이 아닌 스냅숏을 표준어로 사용하고 있다. – 옮긴이

4. (선택 사항) 가상머신에서 악성코드를 실행하고 분석한다.

예를 들어 나는 아래 화면과 같이 가상머신에서 랜섬웨어ransomware를 실행했다.

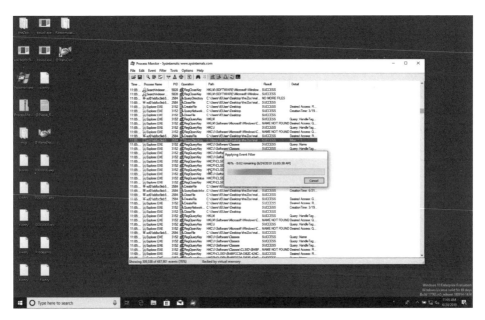

5. (선택 사항) 가상머신을 이전 스냅숏으로 되돌린다.

아래 화면과 같이 Restore(복원) 버튼을 클릭한다.

레시피 설명

이미지로 가상머신을 만드는 것으로 이 레시피를 시작했다(1단계). 가상머신 생성은 주어진 이미지 형식에 따라 달라진다. 가져온 가상 이미지에 대해 가상 이미지의 .ovf 파일을 더블클릭하면 가상머신을 설정할 수 있다. 다른 경우에는 운영체제를 새로 설치하고 가상 이미지를 마운트해야 할 수도 있다. 2단계에서는 악성코드 분석을 위한 가상머신을 구성했다. 원하는 대로 몇 가지 구성을 변경할 수도 있다. 여기서 기본 메모리와 프로세서의 개수, 비디오 메모리, 가상 CD/DVD 드라이브 설정과 적절한 네트워크 설정을 선택, 공유 디렉터리를 만들 수 있다.

3단계에서 중요한 모든 상태 정보를 저장해 둘 수 있도록 스냅숏을 만들었다. 스냅숏의 가장 큰 장점은 가상머신에서 발생한 변경 사항을 쉽게 복원^{roll back}할 수 있게 해준다는 것이다. 그러니 실수를 하더라도 큰 문제가 되지 않는다. 그냥 이전 스냅숏으로 되돌아가면 된다. 4단계에서는 가상머신에서 악성코드를 실행했다. 이 단계에서 주의를 기울이고 여러분이 무엇을 하고 있는지 알고 있을 때에만 그 작업을 수행할 것을 권고한다. 이 경우 이 책에 대한 저장소에서 악성코드 데이터셋을 찾을 수 있다. 마지막으로 5단계에서 스냅숏을 만들었을 때의 상태로 되돌리고자 버추얼박스의 Restore 버튼을 클릭했다.

마지막으로 맥 운영체제^{macOS}에서 버추얼박스를 설치할 때에는 어도비^{Adobe} 소프트웨어가 보안 설정을 사용할 수 있도록 보안 예외로 설정해야 한다는 야세르 알리^{Yasser Ali}의 조언을 남겨 둔다.

▌ 파이썬 가상 환경 사용하기

파이썬 라이브러리 요구 사항^{library requirements}이 충돌하는 A 프로젝트와 B 프로젝트가 있다고 생각해 보자. 예를 들어 A 프로젝트는 사이킷런 0.21 버전을 사용하지만 B 프로젝트는 사이킷런 0.22 이상의 버전을 사용한다. 아니면 어떤 프로젝트는 파이썬 3.6을 사용하지만 다른 프로젝트는 파이썬 3.7을 사용할지도 모른다. 한 프로젝트에서 다른 프로젝트로 전환할 때 적절한 라이브러리나 파이썬을 제거한 다음 다시 설치할 수 있지만, 이는 지루하면서도 실용적이지 않을 수 있다. 요구 사항 충돌 문제를 해결하려면 파이썬 가상 환경을 사용하는 것이 좋다. 이 레시피에서는 파이썬 가상 환경 사용법을 설명한다.

준비

가상 요구 사항virtual environment 모듈인 venv는 파이썬 3.3부터 파이썬 표준 라이브러리에 포함돼 있다.

실행 순서

가상 파이썬 환경을 만들고 활성화하려면 다음 단계를 수행한다.

1. (가상 환경 생성) 터미널이나 명령 프롬프트에서 다음 명령어를 실행한다. 일반적으로 가상 환경은 프로젝트 디렉터리 안에 .venv 이름으로 지정한다.

   Python3만 설치돼 있는 경우

   ```
   mkdir 프로젝트_디렉터리
   cd 프로젝트_디렉터리
   python -m venv .venv(또는 가상 환경 이름)
   ```

   Python2와 Python3가 함께 설치돼 있는 경우

   ```
   mkdir 프로젝트_디렉터리
   cd 프로젝트_디렉터리
   python3 -m venv .venv(또는 가상 환경 이름)
   ```

2. (가상 환경 활성화) 리눅스나 맥OS 터미널에서는 프로젝트 디렉터리 경로에서 다음 명령어를 실행한다.

```
source .venv/bin/activate
```

윈도우에서는 프로젝트 디렉터리 경로에서 다음 명령어를 실행한다.

```
.venv/Scripts/activate.bat
```

3. 원하는 패키지를 설치한다. 가상 환경이 활성화되면 명령 프롬프트 앞에 괄호로 가상 환경의 이름(이 경우 venv)이 표시된다.

```
(venv) $ pip install 패키지
```

4. (가상 환경 비활성화) 가상 환경을 비활성화하려면 다음 명령어를 실행한다.

```
(venv) $ deactivate
```

레시피 설명

가상 파이썬 환경을 만드는 것으로 이 레시피를 시작했다(1단계). -m 옵션은 사용할 모듈을 나타내며, 이 경우에는 venv 라이브러리 모듈이다. 2단계에서 파이썬 환경을 활성화해 가상 환경을 사용하고 변경할 수 있도록 했다. 파이썬 가상 환경의 디렉터리 구조는 리눅스나 맥 또는 윈도우마다 다르다. 터미널에서 현재 활성화된 환경의 이름을 다음과 같이 볼 수 있다.

```
(가상_환경_이름)
```

3단계에서는 아래 예와 같이 평소대로 패키지를 설치할 수 있다.

```
pip install numpy
```

그리고 이렇게 설치한 패키지는 이 환경 밖에서의 패키지에는 어떠한 영향도 미치지 않을 것이라는 점을 명심하길 바란다.

| 찾아보기 |

expected pattern 56

explanatory model 178

사이버 보안을 위한 머신러닝 쿡북

파이썬으로 구현하는 80가지 머신러닝 알고리듬

발 행 | 2021년 10월 28일

지은이 | 엠마누엘 츠케르만
옮긴이 | 장 기 식 · 김 우 석

펴낸이 | 권 성 준
편집장 | 황 영 주
편 집 | 조 유 나
디자인 | 송 서 연

에이콘출판주식회사
서울특별시 양천구 국회대로 287 (목동)
전화 02-2653-7600, 팩스 02-2653-0433
www.acornpub.co.kr / editor@acornpub.co.kr